U0331304

国家出版基金项目
NATIONAL PUBLICATION FOUNDATION

新时代外国语言文学
新发展研究丛书

总主编　罗选民　庄智象

法律话语新发展研究
——基于司法领域的法律话语研究

Legal Discourse in Judicial Field: New Perspectives and Development

张　清 赵洪芳 赵永平 / 著

清华大学出版社
北　京

内 容 简 介

　　法律话语在法治中国建设中承担着时代使命，是法治文化的重要载体，法治文化的建设离不开法律话语的运用和实践。本书梳理了法律话语研究的起源和发展，介绍了法律话语的研究理论和方法，从研究现状、话语特征和策略以及具体案例分析三个方面对司法领域中的警察话语、法官话语、检察官话语、律师话语和证人话语研究五个部分进行了较为全面、系统的诠释，最后总体展望法律话语尤其是司法领域中法律话语的发展方向。本书通过梳理与展望新时代法律话语研究，为法治中国建设和涉外法治人才培养贡献语言学上的力量。

版权所有，侵权必究。举报：010-62782989，beiqinquan@tup.tsinghua.edu.cn。

图书在版编目（CIP）数据

　　法律话语新发展研究：基于司法领域的法律话语研究 / 张清，赵洪芳，赵永平著.—北京：清华大学出版社，2022.12
　　（新时代外国语言文学新发展研究丛书）
　　ISBN 978-7-302-62400-4

　　Ⅰ.①法…　Ⅱ.①张…　②赵…　③赵…　Ⅲ.①法律语言学—研究　Ⅳ.① D90-055

　　中国版本图书馆 CIP 数据核字（2022）第 258350 号

策划编辑：郝建华
责任编辑：郝建华　刘　艳
封面设计：黄华斌
责任校对：王凤芝
责任印制：丛怀宇

出版发行：清华大学出版社
　　　　网　　　址：http://www.tup.com.cn, http://www.wqbook.com
　　　　地　　　址：北京清华大学学研大厦 A 座　　邮　　编：100084
　　　　社 总 机：010-83470000　　　　　　　　邮　　购：010-62786544
　　　　投稿与读者服务：010-62776969, c-service@tup.tsinghua.edu.cn
　　　　质量反馈：010-62772015, zhiliang@tup.tsinghua.edu.cn
印　刷　者：大厂回族自治县彩虹印刷有限公司
装 订 者：三河市启晨纸制品加工有限公司
经　　销：全国新华书店
开　　本：155mm×230mm　　　印　张：19.5　　　字　数：299 千字
版　　次：2022 年 12 月第 1 版　　　　　印　次：2022 年 12 月第 1 次印刷
定　　价：118.00 元

产品编号：088109-01

中国英汉语比较研究会
"新时代外国语言文学新发展研究丛书"
编委会名单

总主编

罗选民　　庄智象

编　委

（按姓氏拼音排序）

蔡基刚	陈　桦	陈　琳	邓联健	董洪川
董燕萍	顾曰国	韩子满	何　伟	胡开宝
黄国文	黄忠廉	李清平	李正栓	梁茂成
林克难	刘建达	刘正光	卢卫中	穆　雷
牛保义	彭宣维	冉永平	尚　新	沈　园
束定芳	司显柱	孙有中	屠国元	王东风
王俊菊	王克非	王　蔷	王文斌	王　寅
文秋芳	文卫平	文　旭	辛　斌	严辰松
杨连瑞	杨文地	杨晓荣	俞理明	袁传有
查明建	张春柏	张　旭	张跃军	周领顺

总　序

外国语言文学是我国人文社会科学的一个重要组成部分。自 1862 年同文馆始建，我国的外国语言文学学科已历经一百五十余年。一百多年来，外国语言文学学科一直伴随着国家的发展、社会的变迁而发展壮大，推动了社会的进步，促进了政治、经济、文化、教育、科技、外交等各项事业的发展，增强了与国际社会的交流、沟通与合作，每个发展阶段无不体现出时代的要求和特征。

20 世纪之前，中国语言研究的关注点主要在语文学和训诂学层面，由于"字"研究是核心，缺乏区分词类的语法标准，语法分析经常是拿孤立词的意义作为基本标准。1898 年诞生了中国第一部语法著作《马氏文通》，尽管"字"研究仍然占据主导地位，但该书宣告了语法作为独立学科的存在，预示着语言学这块待开垦的土地即将迎来生机盎然的新纪元。1919 年，反帝反封建的"五四运动"掀起了中国新文化运动的浪潮，语言文学研究（包括外国语言文学研究）得到蓬勃发展。中华人民共和国成立后，尤其是改革开放以来，外国语言文学学科的发展势头持续迅猛。至 20 世纪末，学术体系日臻完善，研究理念、方法、手段等日趋科学、先进，几乎达到与国际研究领先水平同频共振的程度，取得了令人瞩目的成绩，有力地推动和促进了人文社会科学的建设，并支持和服务于改革开放和各项事业的发展。

无独有偶，在处于转型时期的"五四运动"前后，翻译成为显学，成为了解外国文化、思想、教育、科技、政治和社会的重要途径和窗口，成为改造旧中国的利器。在那个时期，翻译家由边缘走向中国的学术中心，一批著名思想家、翻译家，通过对外国语言文学的文献和作品的译介塑造了中国现代性，其学术贡献彪炳史册，为中国学术培育做出了重大贡献。许多西方学术理论、学科都是经过翻译才得以为中国高校所熟悉和接受，如王国维翻译教育学和农学的基础读本、吴宓翻译哈佛大学白璧德的新人文主义美学作品等。这些翻译文本从一个侧面促成了中国高等教育学科体系的发展和完善，社会学、人类学、民俗学、美学、教育学等，几乎都是在这一时期得以创建和发展的。翻译服务对于文化交流交融和促进文明互鉴，功不可没，而翻译学也在经历了语文学、语言学、文化学等转向之后，日趋成熟，如今在让中国了解世界、让世界了解中国，尤其是"一带一路"建设、人类命运共同体构建，讲好中国故事、传递好中国声音等方面承担着重要使命与责任，任重而道远。

20世纪初，外国文学深刻地影响了中国现代文学的形成，犹如鲁迅所言，要学普罗米修斯，为中国的旧文学窃来"天国之火"，发出中国文学革命的呐喊，在直面人生、救治心灵、改造社会方面起到不可替代的作用。大量的外国先进文化也因此传入中国，为塑造中国现代性发挥了重大作用。从清末开始特别是"五四运动"以来，外国文学的引进和译介蔚然成风。经过几代翻译家和学者的持续努力，在翻译、评论、研究、教学等诸多方面成果累累。改革开放之后，外国文学研究更是进入繁荣时代，对外国作家及其作品的研究逐渐深化，在外国文学史的研究和著述方面越来越成熟，在文学理论与文学批评的译介和研究方面、在不断创新国外文学思想潮流中，基本上与欧美学术界同步进展。

外国文学翻译与研究的重大意义，在于展示了世界各国文学的优秀传统，在文学主题深化、表现形式多样化、题材类型丰富化、批评方法论的借鉴等方面显示出生机与活力，显著地启发了中国文学界不断形成新的文学观，使中国现当代文学创作获得了丰富的艺术资源，同时也有力地推动了高校相关领域学术研究的开展。

进入21世纪，中国的外国语言学研究得到了空前的发展，不仅及时引进了西方语言学研究的最新成果，还将这些理论运用到汉语研究的实践；不仅有介绍、评价，也有批评，更有审辨性的借鉴和吸收。英语、汉语比较研究得到空前重视，成绩卓著，"两张皮"现象得到很大改善。此外，在心理语言学、神经语言学和认知语言学等与当代科学技术联系紧密的学科领域，外国语言学者充当了排头兵，与世界分享语言学研究的新成果和新发现。一些外语教学的先进理念和语言政策的研究成果为国家制定外语教育政策和发展战略也做出了积极的贡献。

习近平总书记指出："要着力推进国际传播能力建设，创新对外宣传方式，加强话语体系建设，着力打造融通中外的新概念新范畴新表述，讲好中国故事，传播好中国声音，增强在国际上的话语权。"为贯彻这一要求，教育部近期提出要全面推进新工科、新医科、新农科、新文科等建设。新文科概念正式得到国家教育部门的认可，并被赋予新的内涵和定位，即以全球新技术革命、新经济发展、中国特色社会主义新时代为背景，突破传统的文科思维模式与文科建构体系，创建与新时代、新思想、新科技、新文化相呼应的新文科理论框架和研究范式。新文科具备传统文科和跨学科的特点，注重科学技术、战略创新和融合发展，立足中国，面向世界。

新文科建设理念对外国语言文学学科建设提出了新目标、新任务、新要求、新格局。具体而言，新文科旗帜下的外国语言文学学科的发展目标是：服务国家教育发展战略的知识体系框架，兼备迎接新科技革命的挑战能力，彰显人文学科与交叉学科的深度交融特点，夯实中外政治、文化、社会、历史等通识课程的建设，打通跨专业、跨领域的学习机制，确立多维立体互动教学模式。这些新文科要素将助推新文科精神、内涵、理念得以彻底贯彻落实到教育实践中，为国家培养出更多具有融合创新的专业能力，具有国际化视野，理解和通晓对象国人文、历史、地理、语言的人文社科领域外语人才。

进入新时代，我国外国语言文学的教育、教学和研究发生了巨大变化，无论是理论的探索和创新，方法的探讨和应用，还是具体的实验和实践，都成绩斐然。回顾、总结、梳理和提炼一个年代的学术发展，尤其是从理论、方法和实践等几个层面展开研究，更有其学科和学术价值及现实和深远意义。

鉴于上述理念和思考，我们策划、组织、编写了这套"新时代外国语言文学新发展研究丛书"，旨在分析和归纳近十年来我国外国语言文学学科重大理论的构建、研究领域的探索、核心议题的研讨、研究方法的探讨，以及各领域成果在我国的应用与实践，发现目前研究中存在的主要不足，为外国语言文学学科发展提出可资借鉴的建议。我们希望本丛书的出版，能够帮助该领域的研究者、学习者和爱好者了解和掌握学科前沿的最新发展成果，熟悉并了解现状，知晓存在的问题，探索发展趋势和路径，从而助力中国学者构建融通中外的话语体系，用学术成果来阐述中国故事，最终产生能屹立于世界学术之林的中国学派！

本丛书由中国英汉语比较研究会联合上海时代教育出版研究中心组织研发，由研究会下属 29 个二级分支机构协同创新、共同打造而成。罗选民和庄智象审阅了全部书稿提纲；研究会秘书处聘请了二十余位专家对书稿提纲逐一复审和批改；黄国文终审并批改了大部分书稿提纲。本丛书的作者大都是知名学者或中青年骨干，接受过严格的学术训练，有很好的学术造诣，并在各自的研究领域有丰硕的科研成果，他们所承担的著作也分别都是迄今该领域动员资源最多的科研项目之一。本丛书主要包括"外国语言学""外国文学""翻译学""比较文学与跨文化研究"和"国别和区域研究"五个领域，集中反映和展示各自领域的最新理论、方法和实践的研究成果，每部著作内容涵盖理论界定、研究范畴、研究视角、研究方法、研究范式，同时也提出存在的问题，指明发展的前景。总之，本丛书基于外国语言文学学科的五个主要方向，借助基础研究与应用研究的有机契合、共时研究与历时研究的相辅相成、定量研究与定性研究的有效融合，科学系统地概括、总结、梳理、提炼近十年外国语言文学学科的发展历程、研究现状以及未来的发展趋势，为我国外国语言文学学科高质量建设与发展呈现可视性极强的研究成果，以期在提升国家软实力、构建人类命运共同体过程中承担起更重要的使命和责任。

感谢清华大学出版社和上海时代教育出版研究中心的大力支持。我们希望在研究会与出版社及研究中心的共同努力下，打造一套外国语言文学研究学术精品，向伟大的中国共产党建党一百周年献上一份诚挚的厚礼！

罗选民　庄智象

2021 年 6 月

前　言

　　语言是法律的表现形式，法律是语言的具体运用，法律与语言密不可分。作为新兴交叉学科，法律语言研究不仅是语言学理论在法律语境中的具体应用，也是从语言、社会及文化等层面为司法建设提供指导的迫切需求。鉴于法律与语言的密切关系，深入研究法律语言对于发展语言学和法学均有重要的现实意义。将语言学研究成果运用到法学研究中来，既是法学家们对自身研究范式的突破和创新，也是法学研究的新路径，更是语言学为法学研究提供的重要智力资源；同时，作为语言学新的研究领域，法律语言学也必然会丰富和启发更多语言学研究。2021年4月5日，中共中央办公厅、国务院办公厅印发了《关于加强社会主义法治文化建设的意见》，指出社会主义法治文化是中国特色社会主义文化的重要组成部分，是社会主义法治国家建设的重要支撑。作为一种重要的法律语言，法律话语是法治文化的重要载体，法治文化的建设离不开法律话语的运用和实践。在我国大力推进社会主义法治国家建设、推动"一带一路"和"人类命运共同体"建设等新时代背景下，对法律话语的系统研究将更具现实意义。

　　法律话语是法律语言的重要组成部分，侧重实践当中、使用当中的法律语言，尤其是法律话语研究领域的话语。国外的法律话语研究始于20世纪70年代的西方，是随着西方社会语言学、语用学等语言学理论的发展、话语分析方法以及语音识别、笔迹鉴定等研究手段的成熟而诞生的，也是为了顺应司法实务界对于专业语言专家的需求而发展起来的。我国法律话语研究源于20世纪90年代外语界学者对西方法律话语研究的引介，并于21世纪的前十年结合国内司法实践进行了本土化探讨；近十年来，国内法律话语研究领域不断拓展，无论是研究的广度还是研究的深度，都有新的突破。

　　纵观国内外司法话语研究，可以发现国外学界对司法领域法律话语的关注度较高，研究起步较早，研究视角较广，研究成果也较为丰富。相较之下，国内法律话语研究起步较晚，并且侧重对静态的立法语言的分析与研究，对司法话语的研究则相对较少，且研究内容较为单一。虽然司法话语内容丰富、形式多样，是具有广阔前景的研究领域，但目前的司法话语研究，尤其是国内的司法话语研究在理论基础、研究方法以及研究视角方面仍然存在一些不足，在未来仍然具有广阔的发展空间。

本书以司法领域中的法律话语为研究对象，系统探讨法律话语的理论与实践。本书首先梳理法律话语的肇始和发展沿革以及法律话语的研究方法，然后根据司法领域中法律话语的生产和使用过程进行主体话语研究，最后展望法律话语尤其是司法领域中法律话语的未来发展趋势，为法治中国建设献言献策。具体而言，本书包含九章内容：第 1 章为绪论，概述本书的研究意义、研究对象和研究内容；第 2 章为法律话语研究概述，系统梳理法律话语研究的源起、法律话语研究的重要发展阶段以及法律话语研究的最新发展；第 3 章为法律话语研究的理论与方法，从语言学、法学及其他学科视角系统论述法律话语研究的理论基础与研究方法；第 4 章至第 8 章基于不同的法律话语主体，分别探讨警察话语、法官话语、检察官话语、律师话语和证人话语，综述近十年来不同主体法律话语研究现状，并结合实际案例分析不同法律话语主体的话语特征和话语策略；第 9 章为结论，总结司法话语研究存在的问题并展望司法话语研究的未来发展方向。尽管新时代法律话语研究取得了重大进展，但不可否认的是现在确实还存在一些尚未解决的问题，因此本书也提供了未来法律话语研究的可能方向及思考，以供参考。

法律话语研究是一门新兴交叉学科。我们写作本书的初衷是通过介绍法律话语的研究现状和发展情况让读者了解司法程序中话语研究的实际应用价值。同时，我们也希望本书能有助于法学学者和语言学学者继续进行法律话语相关研究，并吸引更多的年轻力量涉足这一研究领域，为学者们提供更多维的研究视角和更多样化的研究方法，从而对法律话语研究领域进行更深一步的探索和创新。

本书由中国政法大学张清教授、赵洪芳副教授以及甘肃政法大学赵永平副教授共同完成，其中，第 1 章、第 5 章和第 9 章由张清撰写，第 4 章、第 7 章和第 8 章由赵洪芳撰写，第 2 章、第 3 章和第 6 章由赵永平撰写，最后由张清统稿，对全书的内容、格式、参考文献等进行了统一和调整。在本书的资料收集、整理、写作以及统稿过程中，中国政法大学博士生汤文华、刘冬梅，硕士生高嘉楠、司雨晴和徐港给予了诸多的帮助，在此表示感谢。同时感谢清华大学出版社将本书列入"新时代外国语言文学新发展研究丛书"，感谢王立非教授和张法连教授的大力支持与帮助！特别鸣谢中国政法大学科研处！

　　本书付梓在即，在整个写作过程中，作者字斟句酌，根据专家及编辑的修改建议不断完善，虽不想"示人以朴"，但如有疏漏之处，恳请广大同仁和读者不吝指正，以便将来进一步充实与完善。

　　本书获得"中央高校基本科研业务费专项资金"资助，也是中国政法大学科研创新项目（项目编号：202FY75003）的研究成果。

张清

2022 年年末

目　　录

第 1 章
绪　　论

　　2021 年 4 月 5 日，中共中央办公厅、国务院办公厅印发了《关于加强社会主义法治文化建设的意见》，指出社会主义法治文化是中国特色社会主义文化的重要组成部分，是社会主义法治国家建设的重要支撑。法律话语在法治中国建设中承担着时代使命。在习近平法治思想的指导和引领下，对司法领域中的法律话语进行研究尤其重要且必要。法律与语言的关系、法学发展、语言学发展以及"一带一路"倡议带来的新要求，对分析研究新时代司法领域中的法律话语具有现实意义。对司法领域中法律话语进行研究的必要性从根本上是由法律与语言密不可分的关系决定的。法学、语言学与其交叉学科法律语言学发展的要求以及时代发展的要求又使得司法领域中的法律话语研究重要且必要。

1.1　法律话语研究的意义

　　由于 20 世纪的西方哲学不再将语言看作讨论传统哲学的使用工具，而是将其作为回溯和思考自身传统的缘起和基础，语言开始在学界崭露头角，语言问题成为人文社会科学研究的焦点。此时，语言学理论和法学问题互融互通，催生了以"法学的语言学转向（Linguistic Turn）"为特征的各类理论和学派（常安、朱明新，2003）。以哈特（Hart）为代表的语义分析法、以佩雷尔曼（Perelman）为代表的新修辞法学、盛行在欧洲和美国的法律解释学、以索绪尔（Saussure）符号学理论为基础的结构主义符号法学派以及基于福柯（Foucault）话语观进行法律史研究的法国学派均得益于语言学理论与法学问题的创造性结合。

法学家和语言学家在"法学的语言学转向"中开始关注并不断著书立说，研究渐趋紧密的法律与语言的关系。德国著名法学教授考夫曼（2003）在其所著的《法律哲学》一书中指出，"法律是被语言所建构的"。美国法学教授蒂尔斯马（Tiersma，1999）在其撰写的《法律语言》（*Legal Language*）中表示，法律是词语的法律，任何法律都由字词句组成，语言形成法律条文。法律职业要依靠由字词句组成的法律进行，无论是制定法、法规、司法意见还是其他形式的法律都由语言组成。还有许多学者，如孔莱和奥巴尔（2007）等，认为法律问题就是语言问题。到目前为止，学界关于法律与语言的关系已经形成如下共识：语言是法律的载体，语言也是表述法律的工具；法律的产生、发展和变化均依赖语言；法律的意义由语言决定；法律思维要借助语言表达（宋北平，2012）。正因为语言和法律之间密不可分的关系，时至今日，已有很多法学学者及语言学学者从语言学的方法入手，探索法学问题的解决途径，因而，语言学方法对于解决法学问题的贡献越来越多，例如语言学家参与法典编撰及法条解释，司法语言学专家为语言方面有争议的案件提供专家证据、为司法界提供语言方面的咨询服务等。近年来，越来越多的语言学家以及语言学工作者开始关注并研究法律领域内语言的形成、使用及特点，致力于扩充并丰富人类语言的整体研究，进一步探究人类语言在法学领域的奥秘。法律语言学专家梅林科夫（Mellinkoff，1963）在《法律的语言》（*The Language of the Law*）中精辟地概括了法律语言的九大特征、四大怪癖，揭示了语言在这一特殊语域中的特殊范式。

鉴于法律与语言的紧密关系，深入研究法律语言对于发展语言学和法学均有重要的现实意义。将语言学研究方法运用到法学研究中来，既是法学家们对自身研究范式的突破和创新，也是法学研究的新路径，更是语言学为法学研究提供的重要智力资源；同时，作为语言学新的研究领域，也必然会丰富和启发更多语言学研究（张清，2013a）。

本书的研究对象为司法领域中的法律话语，聚焦司法领域中被说出、写出的实际使用中的话语。本书将在明晰法律与语言关系的基础上，结合中国新时代发展背景，从法学、语言学以及"一带一路"倡议下和全球化背景下提出的新要求三个角度，探讨研究司法领域中法律话语的重要性和必要性。

1.1.1　助力法学研究

1. 解决司法中的语言问题，为法律实践服务

西方世界已经对法律语言的研究价值形成共识，其中吉本斯（2007）曾在其所著的《法律语言学导论》（*Forensic Linguistics: An Introduction to Language in the Justice System*）一书中明确提出，法律语言与法律活动密不可分，研究法律语言可直接分析法律的特点和特色。近年来，随着法律语言研究的不断深入，西方法律语言研究成果已经从多种维度证明了法律语言的研究价值。其一，研究法律语言可以发现并解决立法、司法等法律实践过程中出现的语言问题或者由语言导致的法律问题，指导并辅助法律实践顺利进行；其二，语言研究能为法治的可能性和局限性研究提供新鲜视角；其三，研究不同法律语境中的话语使用有助于揭示法律机构的实际运行，一是帮助普通人了解法律机构的运作过程，二是揭示法律机构运作过程中产生的问题，解决问题并完善法律制度（宋北平，2012）。除此之外，研究司法领域中的法律话语一定程度上可以监督司法机关的权力使用，例如以语言学中的礼貌原则作为理论基础研究法庭话语，观察分析法官及双方律师在审判过程中是否违反礼貌原则，进而判断这一法庭活动中的权力博弈情况以及是否存在权力失衡问题等。换言之，通过法庭中的法律话语的使用情况研究法庭中的权力博弈情况，不但能判断司法过程是否公平正义，还可以监督司法机关权力的正确使用。

2. 指导司法理性化实现过程，为司法改革服务

自党的十八届三中全会和四中全会后，司法改革成为我国社会主义政治文明建设的关键词。其中，推进"以审判为中心的司法改革"是司法改革的重点。"以审判为中心"意味着三方面，一是司法过程的其他环节（如侦察、起诉、执行等）都要围绕庭审程序展开；二是司法审议过程要符合透明的标准，达到公平正义的要求；三是庭审过程的抗辩双方能够举证、表达观点，审判人员要在充分审议、多次讨论的基础上进行理性的司法判决（杨帆，2018）。"以审判为中心"的司法改革重在强

调推行司法过程的理性化，原因在于司法判决的可接受度和司法文明的提升在于司法理性化的深入，因此理性化成为司法改革中的规范化目标（吴英姿，2017）。但"司法理性化"是抽象的目标，需要更切实完善的衡量方法来判断，这就为当下的司法研究提出了新的研究问题。而语言学的研究内容及方法可以为回答这个问题提供新的研究思路。以福柯为代表的话语分析（Discourse Analysis）学派主张话语是社会实践中权力等要素的载体，而法律实践是社会实践的重要组成部分，因而在某种程度上通过研究立法或司法活动中的话语可以从中窥探和感知权力博弈体现出的理性、公正和透明程度。从此角度出发，在语言学视域下研究分析司法领域内的法律话语能够助益判断立法或司法理性化程度，指导实现庭审程序的司法理性化，从而推动我国司法改革进程。通过借用话语分析的哲学思想、实证化研究和语篇分析研究方法，已有法学家发现话语分析方法在司法研究中的独特作用，研究结果证实研究分析司法过程中的法律话语不仅可以评价判断庭审理性化的实现程度，还可以批判和揭示庭审话语背后隐藏的权力关系，进而丰富司法文明研究的方法论。

对司法领域中的法律话语进行话语分析，可以采用多种语言学理论作为指导，如目的原则、顺应论等语用理论；也可以分析某一类句法结构的语用意义及功能实现。这些语用分析可以将单独的话语与相关的人联结起来，对话语进行分析也是对人进行分析，换言之，分析话语即分析产出话语之人的真实意图。话语分析可以评价抗辩方的举证及主张，以及判断司法判决的标准是否充分、是否符合司法理性化等。但话语分析并不到此结束，话语分析还能在分析结果上，从话语的使用层面提出引导意见，提高话语使用的规范性。总而言之，对司法领域中的话语进行分析是将司法审议的实证研究与评价相结合，它可以令哲学层面探讨的理性化、规范化问题具备切实的可操作性和实践性。

3. 阐释司法过程中的权力关系，为实现公平正义服务

2020 年 11 月 17 日，习近平总书记在中央全面依法治国工作会议上指出："要坚持全面推进科学立法、严格执法、公正司法、全民守法。要继续推进法治领域改革，解决好立法、执法、司法、守法等领域的突出矛盾和问题。公平正义是司法的灵魂和生命。要深化司法责任制综合

配套改革，加强司法制约监督，健全社会公平正义法治保障制度，努力让人民群众在每一个司法案件中感受到公平正义。"[1] 可见，司法公正成为法治中国建设的重中之重。司法过程，尤其是庭审环节，本质上是一种语言的操作活动（张清，2009）。法国著名哲学家福柯（Foucault，2010）认为法律的制定和实践都是话语的实践，背后隐含着各种权力的运行和博弈。福柯（Foucault，2010）提出了权力话语理论，他认为不能将权力限于法官根据国家法律法规、用国家赋予的权力对危害国家安全、人民利益的不法行为进行判决和处罚，而应该延伸至日常生活，即话语是社会权力斗争的焦点，人与人之间的关系是话语控制关系。具体而言，话语生产者之间的权力并不平衡，尤其在话语实践活动中，占据主导地位的话语生产者要比非主导地位的生产者具备更多的话语力量、更能控制话语活动发展走向（杨德祥，2009）。话语权力的不平等在司法实践中的表现尤为明显。例如，在英美"对抗制"法庭审判体系中，证人交叉询问过程中回答的内容和方式均被提问律师严格控制，根源在于律师通过控制提问方式控制证人回答，而证人企图在回答中作出进一步解释的过程就是话语权力相互博弈的过程。在"纠问制"体系下，法官发问，双方回答的模式也体现了话语权力的不平等。随着我国司法制度的不断改革，我国法庭审判中法官的角色由法庭问话的主体演变为指导庭审的主体，法官的话语权力在不断地弱化，但法官的审判话语仍然可能被多种因素所束缚，即便法官有意识弱化自身的话语权力，也可能会产生有倾向的话语形态，从而可能导致庭审的不公正性。研究庭审过程中使用的法律话语可以揭示法庭话语活动参与者之间话语权力的关系，例如平等、依附、控制等，进而能够判断司法过程是否公正，例如平等和控制关系可以判断庭审过程中是否存在诱供等可能，依附关系则可以判断庭审参与者之间是否存在行贿的可能等，从而促进实现司法的公平正义。除此之外，对庭审过程中使用的法律话语策略进行研究还能展现庭审各方权力博弈过程中使用的策略及效果[2]，可以为后来者提供借鉴，提高法庭辩论技巧。

---

1 参见习近平系列重要讲话数据库。

2 目前已有许多研究涉及此方面，如：官春红. 2015. 法庭话语的语用预设分析. 哈尔滨：黑龙江大学；赵洪芳. 2009. 法庭话语、权力与策略研究. 北京：中国政法大学等。

4. 揭示法律的思维框架，为建设法治文明社会服务

自 20 世纪出现了"法学的语言学转向"后，针对法院法律运作的研究也开始受到语言学的影响。法院法律运作研究在 20 世纪 90 年代开始从实践分析走向话语分析（朱涛，2010）。受到语言学界语言的建构性理论的影响，法院法律运作研究开始探索司法过程的知识论建构，聚焦于回答在司法过程中什么被认为是发生了，即人们是如何依据以及依据何种框架来理解法律的。语言具有影响并建构人的认知、社会存在、精神及意义世界的功能（辛斌，2016）。简言之，人只有通过语言才能感知世界，才能描绘社会存在，才能体会实在的自身的精神与意义世界。根植于建构性思想，法律语言通过对司法过程中产出的话语进行分析，进一步探究人是如何在司法话语交错组成的网络中构建自身的感知、存在以及精神和意义世界。具体来讲，在语言的构建性视角下研究司法领域的法律话语可以剖析司法活动参与者是如何通过话语构建事实，以及其他参与者在此过程中如何理解他人构建的事实等问题，也可以揭示司法活动参与者在这一过程中是如何理解法律发挥的作用以及法律发挥了怎样的作用、法律话语是如何被运用以及达成了何种效果等问题。将这些问题进行综合将得到民众理解法律运作的思维框架。明晰民众理解法律的思维框架后，法学研究者可以从民众的思维框架出发考虑如何提高民众的法治意识，不再仅仅局限于依靠立法语言的简明化等有限手段提高民众对法律的理解，因而加快我国普法进程，构建法治文化。

1.1.2 丰富语言学研究

1. 服务并指导法庭口译、法律翻译

语言学一向与翻译研究有紧密联系，语言学的一个重要实践应用就是指导口译和翻译。法庭口译的服务对象是其他语种国家民众、不使用汉语的少数民族以及使用罕见地方方言的民众（高建勋、刘云，2007）。法庭口译的准确性影响法律公平，保证控辩双方的辩论能够顺

利进行。法律翻译也是中外法学交流的重要媒介，是民众在不同区域保护自身合法权益的重要依靠。对司法领域中使用的法律话语进行研究，一方面可以揭示司法领域中法律话语的使用特点，另一方面也可以揭示哪类话语或者具备何种特点的话语会在司法领域内被倾向使用，从而切实指导法庭口译及法律翻译，提高其准确性，维护法律活动的公平正义。通过对司法领域中法律话语的研究，司法领域中出现的问题及可能的解决方案也会展现出来，法律翻译工作者可以根据司法领域中的切实需要，搭建国内外法学思想交流的重要桥梁，帮助寻找对策。因此，在一定程度上，对司法领域中的法律话语进行研究也可以指明未来法律翻译的发展方向。

2. 探究司法领域中的语言使用、丰富语言学整体研究

研究司法领域中的法律话语符合社会发展的研究趋势，既可以助力法律语言学的发展，也可以发展壮大语言学研究。语言学家胡范铸教授认为法律语言学的本质就是将语言学领域的研究方法和架构理论应用到法律语言中，分析并解决问题，为法律话语提供解释模型，以此提高法律语言的质量（邹玉华，2018）。法律语言的研究覆盖立法、司法、执法等环节。法庭中的言语证据研究是法庭语言学研究的重要组成部分，法庭语言学更是法律语言学的重要分支，因此司法领域中的法律话语研究是发展法律语言学的内在需求。语言学的研究对象是语言，有描写人类语言的使用和揭示人类语言能力两种趋势。而法律语言学作为语言学的一个分支，其发展已经从描写法律语言的使用开始，逐渐拓展到对其结构、功能等的研究，极大地丰富了语言学学科的研究成果，促进了语言学的发展。随着社会经济和科技人文的发展，法律语言研究的纵深发展势必带动语言学研究向着多元化发展。

研究司法领域中法律话语的使用也可以证明语言学理论的正确性，如目前已有研究涉及分析法官如何运用语言学理论来判决案件、司法机关如何运用语言学对语义的探索理论进行司法解释等。此前的研究在一定程度上说明语言学理论可以从"纸上"走向"纸下"，可以指导人类生活实践，可以为法律活动提供正确的指导。

1.1.3　助推法治建设

1. 诠释中国司法语言特点、提高中国法治国际话语权

　　中国为进一步促进与有关国家的双边合作，在 2013 年提出了"一带一路"倡议，即建设"丝绸之路经济带"和"21 世纪海上丝绸之路"。[1] 倡议的提出使中国经济发展在"引进来""走出去"的新发展历程中迈出了更大的步伐，符合国内外社会经济发展。法治可以为"一带一路"倡议保驾护航。在此背景下，中国法学、中国语言学以及中国法律语言学的发展不能仅仅聚焦于研究国内法律或是依托国内法律进行语言学研究，而应从时代洪流下中国发展的角度出发，探究时代发展对学科发展提出的新要求，使学科的发展与国家的发展相辅相成。在国家对外开放过程中，上到国家层面，下到个人，难免会出现利益冲突而产生纠纷，有些纠纷无法通过协商等方式解决，就需要法律的介入。对中国司法领域中的法律话语进行研究，一方面，其成果可以向外展示中国司法领域中的话语特点，为解决国际纠纷提供语言学参考，也可以为国外司法活动参与者深入理解中国法治话语提供借鉴，进而提高司法活动的效率并且维护司法活动的公平性。另一方面，中国法治对外交流，尤其是在法治外交背景下，需要坚实的学术研究作依托以对外提升中国法治的国际话语权（刘春一，2020）。一国法治的国际话语权是一国国际话语权的重要组成；而一国的法治形象也是一国国家形象的重要体现；更甚之，很多人认为法治国际话语权就是其国际话语权，法治形象即为国家形象。因此对中国法律话语进行研究，构建中国的法治话语，提升中国法治的国际话语权，也是在为构建中国的国家形象作出努力。从这一方面讲，中国的法律话语研究任重而道远。另外，中国法治对外交流离不开语言媒介，提升中国法治的国际话语权也必须依托语言。而司法活动是最易出现中外碰撞和融合的法律活动，研究并提升司法领域中的法律话语顺应了时代发展的需要。

1　参见《正确认识"一带一路"》，来自人民网网站。

2. 传播中国的法治文化、减少因文化不同引起的法律纠纷

既然语言可以镜射文化和社会，语言的理解不能脱离文化和社会，那么法律语言当然可以反映使用者的法治文化和法治社会，法律语言的研究也不能脱离法治文化和法治社会。可以说，研究中国司法领域中的法律话语就是在研究中国的司法文化，也是在对中国人民的社会生活方式、中国的社会经济结构和政治制度进行部分研究。一方面，通过对中国司法领域内法律话语研究的了解，原本不熟悉中国法律文化、法治文化或法律体系的外国民众可以对中国司法体系、司法文化有所了解，进而能够为理解中国司法语言形成的历史因素和社会原因打下基础，从而能够真正正确理解和使用中国法律体系下的司法语言，避免因文化不同引起的法律纠纷。另一方面，法律是文化和社会的重要组成部分，对法律的研究也能丰富对于社会和文化的研究，并提供新的研究视角。

1.2　法律话语的研究对象

1.2.1　"法律语言"与"法律话语"

1. "法律语言"的定义

"何为法律语言"同"何为语言"一样，一直困扰着其研究者。时至今日，"何为语言"一直是语言学家孜孜不倦探索的问题。西方《圣经》中，语言被认为有创世之功；哲学家柏拉图将语言描述为世界；自20世纪哲学的语言学转向席卷西方学术界后，学者们前赴后继思考用以交流"世界是什么"的语言究竟为何；在中国，《论语》中亦有言曰"言不顺则事不成"，这些言辞与行为都是在通过语言表达其对使用者的重要性。然而，直到现在，尽管语言研究者们已经从不同角度给语言——这个耳熟能详的生活组成部分——作出了说明，但关于"何为语言"这个问题尚未形成一个统一的、全面的、简洁的答案。因为语言并不是某一部分人的特殊能力，相反，它由全人类共享，而且语言之于人的生活，没有比之更常用、更重要，也没有比之更复杂的存在了。人们

看待语言的角度不同，对于"何为语言"的回答也不同，但所有人都有答案。可以预想，关于"何为语言"的哲学思考在未来很长一段时间里仍会是哲学家、语言学家们集中探讨的内容。

同样，"何为法律语言"也是其研究者持之以恒探索的问题。但"何为法律语言"这一问题与"何为语言"不同。"法律语言"中"语言"前面修饰词"法律"的存在，将"法律语言"限定为了"语言"的一种组成，或者说是语言的一个种类，即语言学上法律语言是语言的下位词。因此，解答"何为法律语言"实则是在解答"如何从语言中辨认法律语言"。本节即是要探讨这个问题。当我们辨认或者区分某样物体时，往往需要一个标准，将物体与标准相对应，以找出符合标准的物体，然后在辨认成功的基础上成功地进行区分。标准可以被定义，例如是否可以被 2 整除可用来定义奇数和偶数；但是当定义无法清晰给出时，标准也可以是这个物体具备的一个或一些特点，前提是这些特点具有区分度。但是若要辨认法律语言或将法律语言与语言其他下位词代表的语言组成区分开来，后一种方式并不可行。一方面，法律语言下亦有分支，这些分支的产生具有必然性，由法律的概念和语言的概念决定。另一方面，"法律"有着广义和狭义之分，前者指抽象的"法"和具体的法条法规及其解释，后者指全国人大及常委会制定的规范性文件。

当"法律"与被其规范者的生活产生交叉时，会产生第三种指称，在被其规范者的意识中，"法律"一词的含义往往被扩大为"与法律相关的"，包括但不仅仅局限于作为受国家强制力保障的人的行为规则本身（宋北平，2012）。"法律"的第三种含义使"法律"的概念不局限于成文的、约束的，而是包含了口头的、相关的，这种相关可以是普法的、警告的、强调约束的，等等。由此"法律"这一概念之广导致"法律语言"这一概念同样广泛，其下必然也会有许多分支。语言本身也具有多种样态，最常见的有书面语言、口头语言、肢体语言，根据多模态理论，方位构置等也是语言。因此法律语言可以根据"法律"和"语言"的含义产生许多分支，这些分支代表的法律语言种类往往具有其自己的特点，这些分支各自具备的特点不仅难以被区分，它们的共同点也难以将法律语言与其他语言区分开。而且，对于特点的概述往往基于对于概念的共识，否则即便能够辨认并区分出物体，也不能说明物体是什么。所以，若想回答"何为法律语言"或者"如何从语言中辨认法律语言"，必须要给"法律语言"下定义。

从逻辑学角度解释"定义"，其主要指准确而简要地说明事物的本质特征或概念的内涵和外延。因此，按照逻辑学的要求，给"法律语言"这个概念下定义，首先要明确"法律语言"的内涵和外延。

1）法律语言的内涵

若从传统逻辑学角度解释词项的内涵，可将其定义为反映该词项所指对象的本质属性之和，简言之，则是反映事物的特有属性。以"商品"为例，其内涵是"为交换而生产的劳动产品"（柯匹、科恩，2007）。事物的本质属性是将此物区别于彼物的特有属性，也属于特有属性之一。特有属性并不等同于特点。特点强调"具有其他事物不具有的"，而特有属性作为属性的一种，强调"具有其他事物不具有的"同时还强调"具有的对象是事物本身固有的性质，是物质必然的、基本的、恒定的且不可分离的性质"（柯匹、科恩，2007）。由此可见，"法律语言"这一词项的内涵是"法律语言"所反映的对象的本质属性的总和，也即"法律语言"代表对象的特有属性的反映。而且，要找出"法律语言"的本质属性，要关注为何"法律语言"成了"法律语言"。这一问题可以从"法律语言"概念的名称中寻得启示。

"法律语言"，英文的对应表达是"legal language""the language of law"或者"law language"。最早针对法律语言的系统研究从西方开始，"法律语言"这一中文表达的形成以及中国法律语言研究的萌芽很大程度上都是在追随西方的步伐。从"法律语言"的英文表达中可以看出，"法律语言"的本质定位是语言，法律只是这一语言种类的限定词。同样，中文的"法律语言"也应该理解为偏正结构，即中心词在后，限定词在前，而不能理解为并列结构，一方面，中文中甚少有并列名词实词形成的四字词语；另一方面，中文语法规则要求实词并列短语要有连词或标点符号（冯志纯，2006；李艳惠，2008；吴云芳、陆俭明，2004）。因此，法律语言的本质属性应建立在"法律语言"的本质是语言的一种，其特有属性由限定词"法律"的含义决定的立场上进行探讨。上述已经提到"法律"一词有三种含义，范围最广的一种含义是当法律与被其规范者生活交叉时产生的第三种含义,"法律"指一切与法律有关的。理解这句话,首先需要理解"被法律规范者"的范围。尽管法律是统治阶级意志的体现,但并不意味着统治阶级可以不受法律的规范。因此"被法律规范者"应当指所有社会人。再次,要理解"一切与法律有关的"中"法律"的含义。此意包含法律的基本含义,即"由国家制定并认可且以国家强制力保证实施的,反映由特定物质生活条件所决定的统治阶级意志的规范体系"(《思想道德修养与法律基础》编写组,2018)。法律是由国家立法机关(确切为全国人民代表大会及其常务委员会)制定,根据法定权限、依照法定程序制定的规范性法律文件的总和。对成文法进行的基于文本主义的文本解释也归属于这类。因为基于文本主义的解释不考虑立法者的意图而且反对法意解释[1],它强调文本的自治含义(刘翀,2013)。但在此意义上要区分法律和法。法律和法的区别一直是法学界孜孜不倦探讨明晰的问题[2]。一般来说,法反映经济生活的权利关系和权利要求。广义的法是指所有与规制和约束有关的现象和规则,如党纪、校纪、厂规等,甚至还有民间所称的"家法"等。狭义的法专指自然法,是与法律相对照的,其指社会中的价值观念、正义原则和道德公理。由此可见,"法"的概念和"法律"的概念是有明显区分的。最后,这句话中的"法律"还应包括法律的存在原因,最基本的原因在于调整、规范和约束,法律的存在是社会整体中人的和谐相处的基本保障。"法律语言"中的"法律"应包含这个范围,因为法律的存在原因从根本上决定法律的内容,也即哲学上所言,存在的原因是事物的价值。但就本书探讨的问题来说,"法律语言"中的法律是一个大的概念,既指广义的"法",也指一般意义上的"法律"。

语言的本质属性中包含对于其使用主体的确切描述,语言由且仅由人类使用,是人类与自然界其他生命体的重要区分。《春秋·谷梁传》

---

1 法意解释是法律解释的一种,又称历史解释,强调通过立法者的意图来确定文本的含义。

2 本部分对于"法"和"法律"的区别参见郭道晖. 1994. 论法与法律的区别——对法的本质的再认识. 法学研究,(6):13-20. 李力争,梅艳. 2008. "法"和"法律"的关系浅析. 法制与社会. (5):21-22. 刘士国. 2004. "法"与"法律"的区别与民法解释. 法制与社会发展,(6):152-157. 公丕祥. 1989. 再论法与法律的区别. 江苏社联通讯,(1):65-72. 几位学者在文章中提出的观点。本部分在此只是强调"法"和"法律"有不同的含义,不过多展示它们之间的区别。

言："人之所以为人者，言也。人而不能言，何以为人！"法律语言作为语言的一种，界定其内涵也需要阐释法律语言的使用主体。法律和语言的使用主体仅为人类，法律语言与两者的使用主体是否一致？梅林科夫（Mellinkoff，1963）教授所著的《法律的语言》是法律语言研究的奠基之作，他认为法律语言是由显著特征的词语、词和表达方式组成的，是法律人使用的语言。梅林科夫对于法律语言的界定影响了很大一批法律语言研究者对于法律语言的认知。虽然将法律语言使用主体范围缩小，可以为法律语言的辨认和区分提供一条捷径，但事实并非如此，因为非法律人也会使用法律语言。例如，非法律人在法庭上为自己辩护时也可能会使用常见的法律专业词汇，而且未来随着普法力度的增加，会有越来越多的法律专业表达进入普通人的语言体系。毫无疑问，我们不能否认这些词汇表达不属于法律语言。但这只是对梅林科夫这句话的一种理解。法律人使用特定的语言用以交流与法律有关的内容，形成"群体思维模式"（宋北平，2012），使彼此间沟通更有效率，而且易于降低甚至消除沟通障碍。在这一过程中会有固化的语言模式留存下来，可能是词汇、含义、词组、句子等各种语言形式。而非法律人只能使用这些固化留传下来的语言模式而不能在语言模式的固化过程中作出贡献。因此，从这一角度讲，法律语言的使用主体是全体被法律规范者，但其创造主体却是法律人。但这里仍需要对创造主体作出说明，这里的创造并不是指法律人创造了与日常语言完全不同的语言模式。相反，法律语言体系中的许多构成均借自日常用语，只不过被赋予了法律特有语境中的意义、结构或使用方式等。如法律语言中的"占有"和日常语言中的"占有"是意义发生了变化，法律英语中的"consideration（对价）"与日常英语中的"consideration（考虑）"也是产生了意义变化。虽然作为一种特殊的语言体系，法律语言庄重且严密，其风格独树一帜、句型别具一格，且具备较多的惯用语并受制于全民共同语影响，但是其没有独立语音、语法和词汇系统（邹瑜，1991）。从过往对于法律语言的研究来看，法律语言研究对于法律理论研究和法律实践具有重大的意义，对于语言学发展也具有深刻影响。

综合以上两方面对于"法律语言"两个构成要素"语言"和"法律"的讨论，法律语言的内涵可以表述为：法律语言是法律人在产生、表达、沟通法律或法律意义过程中逐渐固化形成的一种语言种类。

2）法律语言的外延

词项的外延是指具有该词项所反映的本质属性的一切对象，也即词项指代的事物所组成的类，如"商品"的外延就是各种商品对象所组成的类（柯匹、科恩，2007）。法律语言的外延就是法律语言对象组成的类。对于法律语言外延的理解归根结底即是回答法律语言有哪些种类。前述已经对法律语言的内涵作出解释，据其内涵，法律语言是法律人在法律的产生或使用过程中固化的语言模式，是法律人群体思维模式的反映，也是法律人倚仗的提高沟通效率、减少或消除沟通隔阂的工具。因此，考虑法律语言的外延，可以从考虑法律人产生及使用法律的过程的角度出发。法律人依托法律职业成为法律人。法律职业贯穿于立法、司法、执法各环节，法律语言也贯穿其中，成为三种语言类型。再者，根据语言形式的划分，法律语言还可以划分为口头法律语言以及书面法律语言。前者指动态的、互动的语言，是与法律有关的言语活动的产物，是法律话语的一种，如法庭语言、警察调查语言（侦查语言）、律师与律师间、律师与当事人之间的言语互动产物等（Gibbons，2003）。书面法律语言则指法典化的语言，主要是立法的书面语言以及其他法律参与过程中产生的法律文件（Gibbons，2003）。著名法律语言学专家蒂尔斯马（Tiersma，1999）在其著作《法律语言》中对书面法律语言进行了进一步细化，将其分为三种：第一种是操作性文件，这类文件"创造或修正法律关系"，包括立法文件（法条、命令、条例）、答辩状、起诉书、判决书以及能表达此含义的私人法律文件；第二种是解释性文件，通常是对成文的法律进行客观解释，包括出台的解释法条的文件、律师给客户的信函或备忘录，关于法律写作和教育的材料也包含在此类；第三种是说服性文件，指为说服法官或诉讼对应方而提交的书面文件。除口头法律语言和书面法律语言外，还有肢体法律语言。但目前有关肢体法律语言的研究不多。原因主要有两方面：一是目前语言学界关于肢体语言的研究多以多模态理论为支撑，学界内部仍在探索多模态理论与其他语言学理论交叉的研究视角，关于肢体语言的研究尚不丰富，但肢体语言研究一直是诸多其他学科，如心理学的热点研究方向；另一方面则是因为肢体语言具有鲜明的个人特色，与口头语言与书面语言相比，大部分人共享的肢体语言的"表义单位"少之又少，而且对于肢体语言进行分析需要大量的观察对比工作，工作量较大，因此，关于肢体语言的研究总是被忽略。但值得一提的是，目前已经有学者关注到法庭话语博弈过程中肢体语言的作用，并将之与"面子""礼貌"等问题相结合，取得了丰硕的研究成果，为法庭话语博弈研究及法庭话语礼貌性分析等研究问题提供了新颖的视角（宋北平，2012）。

结合上述关于法律语言内涵和外延的探讨，法律语言完整的定义可以表述为：法律语言是法律人在产生、表达、沟通法律或法律意义过程中逐渐固化形成的一种语言种类。根据法律人参与法律有关活动的过程，法律语言有四种分类，分别为立法语言、司法语言、执法语言以及普法语言。根据语言的分类，法律语言可以分为口头法律语言、书面法律语言以及肢体法律语言。

由此可见，法律语言的含义是非常广泛的。然而，确切地说，以"法律语言"来圈定本书的研究对象不甚准确。一方面，"法律语言"概念包含类别甚广，不仅有口头的法律语言，还有书面的、肢体的法律语言，因而只对三者之一的任何一种法律语言类别进行研究却冠以"法律语言研究"有失偏颇；另一方面，对于不甚了解"法律语言"具体内涵和外延的人而言，法律语言常被等同于书面的法律语言。再者，更重要的是，"法律语言"与"法律话语"之间存在基本的区别，不能将两者看作简单的包含关系。"法律话语"这一概念除可以表示人们口头说出的或是写出的言语活动产物，还有更加深层的含义。因此，根据本书的研究目标，我们将研究定位于"法律话语研究"，研究对象是"司法领域中的法律话语"。下文将对"法律话语"以及"司法领域中的法律话语"进行分别叙述。

2. "法律话语"的定义

"法律话语"同"法律语言"结构一样，表明"法律话语"也是"话语"的一种。因此，若要回答"何为法律话语"就要先回答"何为话语"。

学界关于"话语"概念的讨论始于"话语分析"研究方法的提出。目前语言学中的"话语"分别有"大于句子的语言单位""语言使用"和"语段"三种解释（Schiffrin，1994）。语言学中对"话语"含义的这三种解释均将"话语"看作是广义的"语言"的组成部分。从语言学学科角度来看，三种解释反映不同的语言观，折射出对"话语"含义理解的不同角度。语言研究的结构主义范式强调语言的结构，在结构主义对于语言特征以及语言学研究内容、目标界定的影响下，结构主义侧重于从语言的构成角度为话语在语言世界中找寻一方天地，因而他们首先认为"话语是语言单位"。另外，以索绪尔为主要代表的结构主义语言学派侧重从共时角度研究语言各个部分的关系，所以结构主义对于话语的认知更侧重于话语与其他语言成分的关系，尤其是句子。所以，从结构主义范式出发，话语是大于句子的语言单位。然而，结构主义对话语的这种理解遭到了许多学者，如文德森（Widdowson，2004）的猛烈批评。从语言学研究的功能主义范式出发，话语被看作是语言使用。功能主义对话语的解释更能体现话语的个体性，因为语言使用的主体是个人，由于个体的独特性，个体的语言使用也就会具有鲜明的个人特点，进而也具有独特性。功能主义对于"话语"的解释和结构主义对于"话语"的解释还有一个本质的不同：功能主义将话语看作是动态的过程，而结构主义将话语看作是静态的结构。两种语言观指导下产生的对"话语"的两种不同解释导致在话语分析方法出现后的很长一段时间内，话语分析学者不仅要界定何为要研究的"话语"，还要区分"话语"（discourse）与"文本"（text）。许多学者认为"话语"是语言使用的过程，而"文本"则是语言使用的产物，如系统功能语法提出者韩礼德（Halliday），希费林（Schiffrin，1994：311）指出，"Discourse is a multidimensional process; 'a text'...is the product of that process."；"Text is something that happens, in the form of talking or writing, listening or reading."。这些不同声音的产生主要还是因为学界尚未对"话语"的内涵和外延形成一致或比较一致的看法。"话语是话段"的说法由语言学学者希弗林（Schiffrin，1994）折中以上两种观点提出。希弗林（Schiffrin，1994）综合功能主义语言学和结构主义语言学的语言观，将"话段"定义为"位于结构与功能的相交之处"。文德森（Widdowson，2004）也表达了他对希弗林观点的认可。近年来，随着话语分析理论的不断完善和发展，对于"话语"概念的探讨也愈加丰富。总而言之，目前学界对于话语分析中的"话语"为何已经基本达成共识，即话语指连接在一起的口头或书面的语言使用片段，是比一句话大的任何口头或书写单位。

尽管目前学界针对话语分析方法要研究的"话语"语料已经有了基本共识，但是在不同话语分析理论指导下，"话语"会被赋予其他的含义。因此，若要完全理解"话语"以及"法律话语"，本研究认为对于话语分析学派进行介绍是必不可少的。

目前话语分析理论已经形成多个学派，且分别具有不同的研究目标、研究方法、理论来源以及研究重点。美国语言学家哈里斯（Harris，1952）在20世纪50年代指出语言不是打散的词句而是连贯的话语，而且最先指出话语分析应作为学术概念。哈里斯的话语观与系统功能语言学系出同源，主要关注话语的句法结构和词组的形态与结构（杨絮，2018）。尽管在20世纪40~60年代，现代语言学已经发生"话语转向"，传统结构主义语言学受到多方面挑战，不少语言学家已经注意到将研究视角聚焦于"纯粹语言"研究的局限性，从而转向关注语言使用中的内在意义和情境因素，但这一时期的语言学研究仍未打破语言研究的学派及学科壁垒，因而哈里斯在这一时期提出的话语分析方法仍具有浓重的传统结构主义色彩。随着20世纪70~90年代语言学研究出现的跨学科化趋势以及后现代主义思潮的兴起，语言学研究已不再完全聚焦于"纯粹语言"研究，转向探寻以非语言学研究方法研究语言的可行性，在这一时期结构主义符号学的地位被进一步削弱，话语分析开始兴起，尤其是福柯提出的基于解构主义，融合社会学思考的话语分析方法。自此以后，话语分析研究持续升温，一直是学界研究的热点。因为生活离不开语言，话语分析方法也被广泛应用于语言学之外的其他领域，如社会学、法学、心理学、人类学、图书情报学，等等。

本书采用库克（Cook，1989）归纳的三个话语学派进行研究，即英美学派（British-American School）、福柯学派（Foucault School）以及批评话语分析（Critical Discourse Analysis）学派。英美学派完全基于语言学，又称作基于语言学的话语分析。这一学派得名"英美学派"

的主要原因在于，一方面，其话语分析的理论框架受伦敦学派"语境"的思想影响非常大，聚焦于研究语境中的语言应用；另一方面是因为话语分析提出者为继布龙菲尔德（Bloomfield）之后"美国新语言学的发言人"哈里斯，所以话语分析这一研究方法最早从美国开始，进入英国后，才形成以英、美两国为中心向外影响的辐射圈。英美学派重点研究语言和语言的使用，分析话的衔接与连贯，探讨语篇和信息结构，解决篇章语法、会话分析等问题（黄国文、徐珺，2006）。总而言之，英美学派仍在语言学范围内进行研究，即便从发展的角度来看，英美学派研究重点发生了从研究语言结构的使用（如语境）逐渐到图式、体裁研究，但其改变也是发生在语言学内部，并未引入跨学科视角或方法，而且英美学派也没有对"话语"的含义进行超出语言学的再定义。这也是英美学派与其他两种话语分析学派的主要区别。但值得一提的是，英美学派对语境之于话语分析的重视影响了其后很大一批学者对于话语的理解。

福柯学派的研究重点、理论基础与研究方法均与英美学派有本质不同。福柯学派侧重于从社会的视角看待话语，这与福柯本人的哲学追求密不可分。福柯是西方后现代哲学的重要代表，他的思想新颖，分析方法独特，而且研究主题多样，尤其关注社会、癫狂、知识、权力与性欲几大课题。在福柯哲学志趣的影响下，福柯的话语观将话语与社会、知识、权力紧密结合，在其著作中提出并不断完善其话语分析方法论。福柯（2004）认为"话语"与社会制度和社会实践无法分割，"话语是作为社会实践的语言"，而且否定"话语"是自足交流工具的话语工具观。这也就使得福柯学派与英美学派产生本质不同。福柯学派认为话语不是反映而是构建社会秩序、实践、事实以及人与社会的互动，其关注话语秩序（order of discourse）、意识形态、社会中的关系、实践、制度和变革而非语言使用本身。因此，无论以何种形式存在的话语都能建构社会、调控知识、权力、关系和机构，也都能体现人的社会行为和身份（黄国文、徐珺，2006）。在此种话语观的影响下，福柯学派所研究的话语被赋予了其他含义。首先，话语最基本的特质是话语与社会实践之间具有复杂的联系；其次，话语可以赋予权力（吴猛，2004）。

福柯（2002，2010）认为话语结构是一套固有规则，指导说话或者认识行为的方式和内容，且能在更深层次上发挥作用。话语绝不只是语言，它与权力密切相关（辛斌，2006），而且话语的结构这套固有的规则决定知识、权力以及伦理：它控制人们可以谈论和书写的内容与形式，而且因人而异，规则也决定谁的内容必须被认真对待。在此基础上，话语不断与知识、权力、伦理产生交互，并最终决定它们。福柯深入探讨了话语与权力的关系并指出其有三项功能：其一可承载情景权力、分配人与人之间的权力，塑造社会关系；其二可承载结构性权力，内化为习惯、惯例、制度等结构性的力量；其三可维护权力的根基，构建意义、产生真理，超越了工具性具有功能性。此外，福柯进一步论证话语与知识的关系，即人与世界的关系是"话语"关系，"话语"决定人处在世界何位（庄琴芳，2007）。由此，可以看出福柯学派强调话语的功能，而且并不从语言学角度思考话语的功能，也不甚关注话语的形式特点。正因为福柯的话语分析方法跳出了语言学的界限，以更广阔的视角思索生活中普遍存在的话语，所以话语分析方法从福柯提出他的话语分析方法论时就不再仅仅是语言学学者用以探寻语言奥秘的工具，越来越多的语言学以外领域的专家，如心理学家、社会学家、哲学家、人工智能专家等也加入了话语分析的队伍。但相较英美学派话语分析，国内以福柯学派话语分析方法为理论基础进行的研究尚少。

批评话语学派是语言学理论、英美学派及福柯话语分析相结合的产物。批评话语学派从英美学派及福柯学派话语分析方法中获得启示，但其最重要的理论来源却是批评语言学以及韩礼德系统功能语法中关于"语言是社会符号"的系列论述（Cook，1998）。从人类学和社会学角度出发，韩礼德关注语言与社会的关系，将语言与社会结构、需要、发展及文化背景相结合，认为社会文化筑造社会现实的意义，即构建了总的符号系统，而话语是此系统的组成之一。但是因其自身特殊性，语言承担着表现社会文化等其他符号系统的作用（丁建新、廖益清，2001）。因此，韩礼德指出只有将语言置于社会文化背景中探讨，才能揭示其意义。与福柯学派类似，批评话语学派也从功能角度出发理解话语，论述了三个基本问题（丁建新、廖益清，2001）。一是话语与意识形态的关系，认为社会制度通过强制意识形态和限制话语来构建意识形态和话语的双重主体（Fairclough，1995），例如法律世界中常言的"像律师一样说话"，就是说要成为一名合格的律师，就要掌握社会制度附加于律师这一主体之上的话语要求和意识形态规范，即要说律师会说的话，用律师的方式思考。二是话语与控制和权势间的关系，认为语言不仅用于交际更用来控制（Fowler et al.，1979），话语结构调节思想和行为，通过区分并划分人物、事件和物体种类和等级证明制度或人的地位（Fowler et al.，1979）。话语将社会中的权力、权势支配及不平等结构关系合理、合法化，换言之，用来控制和调节的权力和权势与话语相互作用、相互影响。三是话语与社会的关系，批评话语学派基于韩礼德提出的语言和社会之间的关系，认为话语与社会结构和社会实践相互构建。由于社会因素渗透在惯用（usage）语和使用（use）语中，因此语言自身就是社会实践（黄国文、徐珺，2006）。基于此，批评话语学派对话语学派进行了再解释。费尔克劳（Fairclough，1995）认为话语可视为一种三维概念：一维是语篇、口语或书面语；二维是包含语篇生成和解释的话语实践；三维是社会实践。

由此可见，"话语"的概念在福柯学派和批评话语学派的理论框架下更加广泛。然而库克（Cook，1998）对于话语分析学派的分类并未包含当下论述的全部话语分析分类，当下的话语分析还应包括关注语言及语言外如图像、声音、颜色等其他表意系统的多模态话语分析理论。但需要说明的是，尽管多模态话语分析也被冠以"话语分析"，其研究的"话语"并不符合目前学界针对话语分析方法要研究的"话语"语料形成的对"话语"的认识。多模态话语分析的研究对象侧重于对"话语"以外表意系统的分析，研究其表达的含义或不同模态（modality）的选择和使用是如何引导读者理解语篇和语境意义的。不过，值得一提的是福柯在其著作论述"话语"时，也有关注到语言之外的表意系统，并且认为"话语"这一概念也应包含这些表意系统。因此，话语还有除口头语和书面语的其他形式。本书认为关注这种语言系统以外的表意系统构成的话语可以为司法或执法领域中的法律活动场景中的话语研究，尤其是法庭背景下的相关研究提供新颖的视角，而且与其余三种话语分析方法相结合或许能够有更加全面、重要的发现。目前也已经有学者（如李文、王振华，2019）关注到多模态话语分析用于司法话语分析的可能性，并从多种角度探讨了可行的分析框架。身份多模态话语构建也已进入诸多学者（如郑洁，2019）的视线中，用以探究司法活动主体的身份构建模式及其影响，并取得丰硕的实践成果。

除理解"话语"的含义外，要真正理解"何为法律话语"还需要关注"法律"一词为"法律话语"注入的特殊含义。接下来，本节将主要从法学视角下讨论"法律话语"因其限定词"法律"而产生的含义。

第一种含义是法律话语的基本含义。首先法律话语是产生、表达、沟通法律或法律意义的话语。这种对法律话语含义的认识将法律话语看作一种表意系统的合集。其实许多表达都蕴含对法律话语的这层理解，比如"像律师一样说话"即是对话语接收者运用法律思维并使用法律话语这一表意系统合集的要求，"法言法语"这一四字短语也不仅是指狭义的法律语言，还包含法律话语，而法言法语的产生即是法律思维发挥作用的结果。除此之外，法律话语的这一含义还有一层引申义，指法律话语是与政治话语和道德话语相当的一种话语体系。生活中常常出现这样的现象，当有社会争议的案件出现时，人们往往根据心中的道德这杆秤为犯罪嫌疑人定罪，并且使用道德话语来为自己论证，而且往往无法接受根据法律得出的判决，甚至会用道德话语攻击作出判决或论证判决合理的法律话语。法律话语这一引申义的提出背景即是针对这类问题的解决，是法学家们为解决当前法治困境现象作出的一种努力。他们针对法律界以外，法律话语的地位及其民众接受度不如道德话语甚至政治话语的情况而提出，要将法律话语体系融入日常的话语体系，增加法律话语在日常话语体系中的权重，逐渐改善法律话语地位不如道德话语地位的状况，提升全民众的法治意识。如陈金钊（2011）所言，若想真正改变日常生活中法律话语在人们思维中不如道德话语，甚至不如政治话语的状况，就要重视法律是一种话语系统。话语贯穿于生活之中，重视法律的话语系统本质实则是在为法律贯穿于人们生活中开辟一条道路，这样普法才会真正踏出重要一步。

第二种含义是将法律话语看作独立的、整体性的观念世界。这种看法将法律话语看作一个抽象概念的实体反映，而且强调语言与法律的关系，即法律通过语言表达，亦强调法律作为一种思维方式的独立性和特殊性。这种对法律话语含义的理解更为宏观，原因在于他们对"话语"这一含义的理解角度也更为宏观。基于福柯和维特根斯坦

（Wittgenstein）等哲学家的语言观，他们认为语言和话语并不在相同的存在层次上，话语意指超越不同语言而存在的意义世界（李旭东，2009）。如拥有相同职业但语言不同的人，觉得在交流他们共同职业领域内的话题时，通过翻译依然能够进行高效的沟通。在这种沟通中，语言不同并不是障碍，因为他们共享一个超越不同语言而存在的意义世界，这个意义世界就是话语。他们还认为同一语言中同一类型的专业语言中也会区分出不同的意义世界，这可能是因为不同价值观的存在。在这种话语观的影响下，法律话语被看作是法律人拥有的共同的认识架构，是法律人极力关注的法律意义世界，是法律人在现代多元社会中从事着的职业内在精神，也是存在于法律专业人士脑海中生动的法律科学，是一种虽然在社会现实中经常与其他话语混同存在却能够抽象为一个独立的、清晰的思维实体的存在（李旭东，2008，2009）。在他们看来，法律话语的内涵包括其构成与语境。构成包含四个结构性要素（李旭东，2008，2009），分别是：（1）形式系统要素，包括法律话语的形式理念和形式系统的逻辑规则，前者指对于法律话语形式系统的成立具有指导意义的形式理念，其中最重要的是法律规范和法律体系，后者则指法律话语各个概念之间关系的运行规则的总体，所有的形式规则，成为一个形式系统的具体形式规则；（2）概念体系要素，概念体系是法律话语架构的核心内容，其中最核心的是法律权利；（3）价值理念要素，主要包含三种：自由理念、正义理念、秩序理念，自由理念是法律话语的首要理念，自由理念是法律话语的根本要求，表达群体至上要求的正义理念，最后一个则为秩序理念；（4）规范性要素，这是指法律话语的特殊性质是法律所赋予的规范性。法律话语的语境是对法律话语背景的介绍，探讨法律话语语境与探讨法律话语不同，原因在于前者的视角是外在的，而后者的视角是内在的，因此，只有两种视角共同讨论，相辅相成才能完全揭示法律话语的内涵。从语境角度理解法律话语的意义需要关注以下问题（李旭东，2008，2009）：法律话语与与其相关的其他话语类型的关系；法律话语与现实世界的关系；法律话语历史性变化特点以及法律话语各种类型的内在差异。在这里，学者对于法律话语的各种类型进行了细分，在不同法学派理念指导下会形成不同的法律话语类型，这些法律话语类型在构成形式上各有特点，其传达的理念也各有不同，如自然法学理念指导下形成的法律话语类型与社会法学理念指导下形成的法律话语类型就具有不同的话语体系特点和内容侧重点。其实，持有这种观点的学者也是从功能视角理解法律话语，但学者对于语言功能的关注点和思考角度均与持有自然法理念指导下的法律话语类型观点不同。这种观点更强调语言与思维之间存在的辩证关系，对于这种辩证关系的思考建立在思维和语言有其相关性也有其独立性的见解之上，他们的这一立场使他们严格区分了"语言"和"话语"，与语言学看待"语言"和"话语"的立场全然不同。"话语关注说话人之间的差异性，说话人虽然使用同一语言，在说话的形式上是相同的或相近的，但在内容上却可能存在深刻的差异和根本的对立。此种言说显然与语言所能表达的内容是不同的，而只有使用一个新概念——话语——进行表达。"（李旭东，2009：343）由此，这一观点丰富了"法律话语"的含义，同时也为针对法律话语进行的话语分析打开了新思路。

持此观点的学者对于法律话语概念讨论的重要性的言说非常发人深省："法律话语概念更多地属于一种建构性的理论工作，它把一个法治国家所可能存在的法律话语方式和言说方式抽象地、整体性地描绘出来，告诉大家：有此一种认识世界的视角，有此一种表达利益和调整社会关系的方式，包括此种方式本身固有的优点和缺点。然后，借此展开对于法学的反思性理解，提高法治国家建设的主动性，增强对于法治事业的理性认识。"（李旭东，2008：96）本书对于司法中的法治话语探讨也带有如此希冀，研究对于语料的选择与确定可以展现一部分我国目前法治语境中存在的法律话语形式，通过对这种形式的研究与讨论也可以传达一种社会认识视角，并进而切实为推动我国法治建设作贡献。

当后现代哲学思考话语的角度与法律赋予法律话语的特殊含义相结合时，对于法律话语的探讨重点和视角会再次发生变化。后现代哲学对于"话语"的探讨使得"话语"产生了不同于语言学中"话语"的含义。自福柯的话语观问世后，福柯以后的哲学家，特别是哈贝马斯（Habermas）认识到，除了表意之外，话语更为深刻的功能就是以一套特定符号体系，总结、表达和丰富特定的理论和实践，而并不仅仅是叙述行为、事件、理论本身（邢路，2020）。受福柯影响的批评话语学派更认为话语就是社会实践。法律与话语的结合缩小了社会实践的范围，可以说法律话语就是与法律相关的社会实践。然而，对于法律话语在哲学层次的探讨，我国一直是以移植自国外的法律概念、理论和叙事为主体，讨论视角也多从国外研究中获取，然而这些主体与视角均与中国国内与法律相关的社会实践不具有共同的社会结构基础，因而导致这些探讨无法准确阐述和表达中国不断发展的法治实践的意向。而且，随着中国法治建设的不断深入，越来越多的学者们认识到我国法治建设的痛点在于尚未出现人们思维方式的改变，因而学者们从各种层面探讨如何推动我国的法治建设，而法律话语作为沟通、表达的桥梁，再次进入学者们的视野。由此学者们对于法律话语的探讨转向更宏观的层面，开始讨论建构中国法律话语体系的必然性、重要性和途径等。一方面，建构中国法律话语体系可以提高国内法律话语体系的接受度，推进我国的普法进程；另一方面，对于建构中国法律话语体系的研究必然需要分析已存在的法律话语，通过分析它们存在的原因可以为有关法律本身的思考提供见解，也能推动中国法学的发展；更重要的是，中国法律与国外法律沟通的桥梁就是法律话语，构建中国法律话语体系有助于国外理解中国法律，进而可以提升中国法律的国际话语权。由于司法领域活动的特殊性，司法领域中的法律话语比立法领域及执法领域中的法律话语更能直接与国外法律话语产生互动，因此，对司法领域中的法律话语进行研究对于构建中国法治的话语体系十分关键。

1.2.2　司法领域中的法律话语

司法，指拥有司法权的国家机关，依照法定职权和程序，把法律用于对刑事、民事、行政等案件的处理，以及对这些案件的处理进行法律监督的法律活动（孙国华，1997）。司法是实施法律的一种方式，对实现立法目的、发挥法律的功能具有重要的意义。司法活动的对象是案件，主要内容是裁决涉及法律问题的纠纷和争议及对有关案件进行处理。因此，司法活动中交织着各种各样的法律话语。一方面，司法就是运用由法律语言构成的法律的过程，在这一过程中必然会产生各种各样的有关法律及其意义的法律话语；另一方面，在司法语境中，尤其是法庭语境中，司法活动主体，如法官、律师都被要求说法律语言以进行高效便捷的沟通，甚至可以说，法庭上的司法活动是原告和被告间进行的一场场以法律语言为媒介进行的话语博弈。本书的研究对象就是这些产生于司法活动过程中的法律话语，即司法领域中的话语，或者司法话语。据此，结合司法的含义，司法领域中的法律话语可详述为我国司法机关及其工作人员依照法定职权和法定程序，在具体运用法律处理案件的专门活动中使用、产生、表达、沟通法律或法律意义的话语。根据上文对"法律话语"含义的多重描述，法律话语不仅仅是指司法活动中产生的口头或书面形式的言语活动及其产物，还有其他层次的含义。因此，本书所指的司法领域中的"法律话语"是指这一概念的所有含义指向的内容。

按现行刑法第 94 条，"根据本条之规定，司法工作人员是指在人民法院、人民检察院、公安机关、国家安全机关、司法行政机关中执行侦查、检察、审判、监管职责的人员。此外，人民陪审员在人民法院执行职务期间，由于同审判员有同等权利，因而也属于司法工作人员"[1]。因为话语的产生者一定是人，即便是以机关名义发布的司法解释、文件等，其背后也一定是人在运作，所以根据司法机关工作人员的身份，法律话语可以依照其使用者分为警察话语、法官话语、检察官话语、律师话语、证人话语等几种形式。本书将按照法律话语的这一分类探讨司法领域中的法律话语。

根据生产和使用主体，司法领域中的法律话语研究大致涵盖了警察话语、法官话语、检察官话语、律师话语和证人话语研究等五个方面。警察话语承载着警察的职责和使命，因此，其表达形式不仅要符合法律规定，还要富有情感，否则不仅不能解决问题，还可能激化矛盾。法官话语在庭审活动中占据重要位置，直接影响庭审过程的效率和质量，甚至关涉司法的公平和正义，因此，研究法官话语对促进我国司法改革、加快建设更加公正、高效的司法制度不可或缺。检察官在司法和执法过程中的作用不言而喻，肩负着侦察和监督的双重责任，其话语更是对打击罪犯、保障人权、监管权力、祛除腐败的表达，因此表达形式更加庄

1　参见《中华人民共和国刑法典》。

重严谨、合法合规。律师话语经由学者从语用、会话分析、语言学理论以及目的论等角度分析研究后，为法律实践提供了有益参考，但是随着司法改革的进一步推进以及社会经济的发展，律师话语研究需要更加深入，尤其是针对其在庭审过程中与不同主体的话语互动和策略存在差异性控制和支配等问题需要深入研究。证人证言因其在案件的调查、审理和判决过程中的证据性作用一直是法律语言学研究的热门话题，其话语研究更是融合了法学、语言学、心理学等多学科，对司法审判能够正确且公正地进行至关重要。

本书的研究内容基本如上所述，旨在通过研究司法领域中的法律话语为全球化背景下司法改革贡献语言学上的力量。作为具体法律话语研究的基础，接下来的两个章节将对法律话语作进一步的综述和分析，为第四章至第八章具体分析司法领域中的法律话语奠定理论基础和提供研究方法。

第 2 章
法律话语国内外研究概述

　　法律话语研究源于法律语言，是法律语言研究发展到一定阶段的产物。相比法律语言，法律话语更倾向于动态方面，侧重实践当中、使用当中的法律语言，尤为突出司法领域的话语。总体而言，法律语言研究最初发端于西方，而到了 20 世纪 70 年代后开始出现本书所关注的动态的法律话语研究。相比而言，国内法律语言研究，特别是法律话语研究，相对比较滞后。本章系统梳理国内外法律话语研究，首先讨论法律话语研究的缘起，然后梳理国内外法律话语研究的重要发展阶段，最后简述推动法律话语研究发展的平台。

2.1　法律话语研究的缘起

　　法律话语是法律语言研究发展到一定阶段的产物，法律话语缘起的讨论需从法律语言谈起。现代意义上的法律语言研究源于 20 世纪后半期的西方，特别是 20 世纪 70 年代后有了新发展，产生了本书讨论的法律话语研究。根据廖美珍（2004b），国外法律语言学研究可分为 20 世纪 70 年代前和 70 年代后两个阶段，前一阶段主要是针对立法语言和法律文本本身进行的研究，着眼点在法律语言的静态特征上；70 年代之后的研究热点转向语用研究、话语分析等动态研究上，法律话语研究缘起于此时。

　　20 世纪 70 年代之前，法律语言研究着眼于法律文本本身，研究的重点在于法律语言有别于日常语言的词汇、句法、文体、标点等自身的特征。这种研究从总体来看属于将法律语言作为客体的研究（language as object），研究的一个重要目的和动机在于揭示法律语言的独特性及其原因，并倡导改革法律语言，以促进法律语言能被法律人之外的普通平民百姓所理解，其代表性著作是梅林科夫（Mellinkoff，1963）的《法律语言》。此阶段的研究属于法律语言本身的静态研究，尚未达到本书讨论的法律话语层面。

国外法律话语的研究源于20世纪70年代之后，是随着语言学以及其他相关学科的发展而产生并逐渐发展的。具体而言，70年代后法律语言研究的焦点由法律文本和语言作为客体的研究，转向法庭话语或法律活动的口头互动，转向话语的生成和理解，转向语言作为过程和工具的研究，语料多为法庭口头互动的录音转写形式（廖美珍，2004a）。这些研究正是本书讨论的法律话语研究。

法律语言研究从静态文本分析转向动态话语研究，究其原因，既有相关理论范式的演变，也有与之相应的研究方法的革新与突破，还有相关的司法实践的需求。具体来讲，法律话语研究的缘起主要有如下三个方面的因素：（1）理论基础，即语言学学科本身的发展，尤其是社会语言学和语用学的理论范式的出现；（2）方法论基础，即研究方法的更新，尤其是话语分析方法的兴起以及音谱分析、笔迹鉴定等技术手段的引入；（3）实践基础，即司法领域本身的需求，尤其是对相关语言证据的分析需求和语言学家作为专家证人分析相关语言争议的需求。

2.1.1 理论基础：语言学的发展

法律语言学的落脚点在语言上，其研究主体主要是语言学家，语言学的研究状况直接决定了法律语言学的发展状况。早期的结构主义语言学和转换生成语法决定了法律语言研究只能局限于对法律文本本身的静态分析，20世纪70年代后出现的功能主义语言学、社会语言学和语用学等开始关注语言的使用及其相关的功能、情境等因素，为法律话语研究奠定了坚实的语言学基础。

1. 注重语言结构的静态语言学

20 世纪 70 年代之前，主导西方语言学的主要是由索绪尔开启的结构主义语言学和乔姆斯基（Chomsky）开创的转换生成语言学。虽然侧重不同，但这两者均注重对语言本身进行的静态分析，忽视了语境和社会文化因素。

现代语言学源于 20 世纪初以索绪尔为代表的结构主义语言学。索绪尔被公认为是现代语言学的奠基人，因为在 20 世纪之前，主导语言学研究的是历史比较语言学，采用历史比较的方法对语言之间的系统对应现象作出解释，从而揭示语言的历史渊源、演变规律及其亲缘关系。20 世纪初，索绪尔的《普通语言学教程》（*Course in General Linguistics*）提出的一系列理论突破了历史比较语言学的局限性，开创了对语言进行静态描写的结构主义语言学的新纪元。索绪尔主张区分内部语言和外部语言研究，区分语言的共时性研究和历时性研究。一方面，虽然他承认社会文明发展等因素与语言发展有很大的关系，但认为这些因素不会触动语言的内部系统，因此，他认为语言学就是一门研究语言内部系统的科学；另一方面，之前的历史比较语言学一味地从历时视角追溯语言的发展并据此来解释语言现象，甚至认为唯有历时性研究才是科学的，而索绪尔认为对语言进行共时性的研究，即对语言作出静态描写也是一门科学，而且这种研究更有意义。这样，索绪尔开启了对语言内部结构进行共时性描写与分析的先河，确立了语言学作为一门独立的学科所必需的特点，标志着现代语言学的诞生。

索绪尔把语言看作是语言各个成分之间的关系组成的结构系统，其中词汇、句法和语音是构成语言这一大系统的三个主要子系统。他主张区分语言和言语这两个不同的概念，认为言语是语言的具体体现，而语言则是对言语的抽象；虽然言语是可以直接接触到的素材，但语言学的研究对象应是语言。索绪尔认为语言本质上是一种形式系统，是一套规则体系，而不是具体材料的实体，语言学的重要任务就是要对语言的内部结构进行精致的描写与分析，以揭示不同语言的本质特点。受此影响，20 世纪前半段的语言学研究多关注语言系统本身的结构特点，注重语言形式的分析，其实质是将语言作为客体的静态研究。

20世纪50年代末，美国的语言学大师乔姆斯基提出了转换生成语法，开启了新的语言学研究领域。乔姆斯基认为语言研究应致力于探索人的内在的语言能力，而不应满足于对言语行为这种表面现象的观察和描写。乔姆斯基主张语言是创造的，人们获得语言并不是去学会特定的句子，而是利用语法规则去理解和创造句子；语法是生成的，儿童与生俱来具有一种语言习得机制，这种机制主要体现为普遍语法，其实质是一种大脑本身具有的与语言知识相关的特定状态，婴儿能够凭借这个普遍语法去分析和理解后天语言环境中的语言素材，实现从普遍语法向个别语法的转换，最终习得具体语言。

乔姆斯基的生成语法学理论使我们在一定程度上摆脱了行为主义言语获得理论的束缚，认识到认知能力（神经系统和心理机制等）在语言习得中的重要作用，具有重要的理论价值，但同结构主义语言学一样，忽视语言的社会性和语境依赖性，其本质仍然是对语言本身的静态研究。

可见，在20世纪70年代之前，语言学本身的研究限于语言本体的静态描写和分析，与此相应，法律语言学研究也为法律文本本身的静态分析，包括法律语言的词汇、句法、标点和文体特征及其形成原因，而法律话语的研究尚未出现。

2. 注重语言使用的动态语言学

从20世纪60年代开始，人们逐渐对结构主义语言学只关注语言形式而忽视语言的功能和现实使用越来越不满，研究的重心逐渐从语言本体转向语言的使用，探讨语言实现交际的功能，并将语言置于社会大环境中，讨论语言与相关社会现象的关联，以及语言产生意义的诸语境因素，诞生了语言学的三个重要方向——功能语言学、社会语言学和语用学。正是在这种强调对语言进行动态分析的诸语言学理论下，对法律语言进行动态分析的法律话语研究得以产生。

一方面，从20世纪60年代末到70年代，语言研究的重点逐渐从语言形式转向语言功能的研究，认为语言是一种社会现象，其基本的功能是实现交际，因此，语言不仅要分析结构形式，更主要的是要分析其产生意义的社会文化情境，即语言各单位在实现交际过程中所体现的功能。据此诞生了功能语言学，其代表人物是韩礼德。

与此同时，人们逐渐意识到语言是一种社会现象，因此应将语言放到其得以产生和运用的人类社会的广大背景中去研究和考察，研究语言与社会多方面的关系，便诞生了社会语言学，其代表人物为美国学者拉波夫（Labov）。社会语言学的确立以 1964 年在美国召开的第 9 届国际语言学大会为标志，社会历史的需要、技术手段和研究方法的改进以及语言学自身发展的必然规律是促使它产生的三个重要原因（赵蓉晖，2003）。不难看出，功能语言学和社会语言学有诸多相通之处，均源于对结构主义语言学的批判与反思，以及对语言的社会功能的重视。两者从学科的发展来看基本上是同步的，也具有共享的特征：确认语言与社会文化的关系，且从系统功能语言学的整个发展过程看，它本身具有社会语言学的思想渊源（胡壮麟，2008）。

对法律话语研究产生重要影响的另一个语言学分支是语用学。随着人们对语言功能和社会因素的进一步认识，学者开始系统探讨语言实现交际功能的各种语境因素，讨论语言符号和其使用者和理解者之间的关系。虽然在 20 世纪 30 年代莫里斯（Morris）、卡尔纳普（Carnap）、皮尔斯（Peirce）等学者对语言符号的研究中已经体现了广义的语用学思想，但是在当时结构主义语言学一统天下的时代，语用学没有立足之地。在此之后较长时间内，语用学一直被视为"废物箱"，解决语义学、句法学不能诠释的问题与现象。直到 20 世纪 70 年代末和 80 年代初，语用学的学科地位得以确立（冉永平，2005）。其中，英国哲学家奥斯丁（Austin）提出的言语行为理论（Speech Act Theory）对后世影响巨大，对法律话语研究也产生了重要影响。

总之，20 世纪 70 年代是语言学研究的分界点。在此之前，语言学的主流是结构主义语言学，研究的重心在语言的结构和形式，其本质为语言本体的静态研究。20 世纪 70 年代之后，随着人们对语言的功能和社会属性的认识，语言学研究的重心逐渐从关注语言的结构和形式转向语言的功能及其实现意义的语境，语言学的研究开始呈现语言功能和语用的动态属性。与此相应，法律语言研究的重心在 20 世纪 70 年代后也开始转向动态的语言分析，即法律话语。不难看出，法律语言学研究的发展进程完全和语言学的发展进程相对应：20世纪70年代之前法律语言的静态描写研究与结构主义语言学相对应，而20世纪70年代后法律语言作为过程和工具的动态研究与语言学中以社会语言学、语用学为主导的语言使用研究相对应。

2.1.2 方法论基础：研究方法的更新

与语言学的发展相一致的是相关研究方法的更新，尤其是话语分析方法的引入，使得具体司法话语中通过精致的语言分析成为可能，极大地促进了法律话语研究的发展。此外，声纹鉴定、笔迹学、文体风格分析等相关学科领域研究方法和技术手段的出现与发展，也为法律语言领域提供了更为广阔的研究空间，促进了法律话语研究的发展。

1. 话语分析

话语分析方法是随着语言的动态研究而出现的。如前文所述，在20世纪70年代，主导语言学研究的结构主义语言学以及转换生成语法逐渐失去了统治地位，功能语言学、社会语言学、语用学等新兴语言学方向不断涌现，人们对语言的关注从静态的文本本身转向语言的功能，转向其意义实现的方式和语境，转向实体使用的语言，即话语。与此相应，话语分析的方法应运而生，并迅速成为"社会语言学、语用学、人类文化学、语言哲学、心理语言学和计算语言学等研究领域共同关注的一个跨学科研究领域"（李悦娥、范宏雅，2002：9）。

话语分析方法的出现与语言学的发展密切相关，语言哲学家奥斯丁所创立的言语行为理论、语用学家利奇（Leech）提出的礼貌原则（Politeness Principle）和格莱斯（Grice）提出的合作原则（Cooperative Principle）成为话语分析重要的理论渊源；此外，人类学家海姆斯（Hymes）和冈佩尔兹（Gumperz）在70年代初开创的话语文化学（Ethnography of Communication）成为现代话语分析的一种理论框架。现代意义上的话语分析源于20世纪70年代社会学家萨克斯（Sacks）、谢格洛夫（Schegloff）、杰斐逊（Jefferson）等开创的会话分析

（Conversational Analysis），通过对大量真实录音材料的分析，探索社会交往中日常谈话的原则和规律，分析的主要手段包括话轮转换（turn-taking）、相邻对（adjacency pair）、可取结构（preference structure）、话题管理（topic management）、修正机制（repair apparatus）、轮换系列（sequence of turn-taking）等（李悦娥、范宏雅，2002）。

话语分析通过分析话轮（turn）、话语权、话题等解释言语使用背后的权力，其研究范畴最初为日常会话语篇，后扩展至机构语篇（新闻、法律、医疗、教育等）。通过话语分析研究权力的一个基本观点是：话语选择度越大，则其权力越大；话语表达愈受限制，说话人权力就愈低，拥有权力的人决定交际的过程和话题（吕万英，2011）。这种机构性权力的典型代表便是法律话语，因此，话语分析从其诞生之时便成为法律话语研究的有效方法。

总之，话语分析在 20 世纪 70 年代后逐渐成为语言学、社会学、人类学等社会科学研究领域的一个重要方法，关注的对象从最初的日常会话逐渐扩展至法律、新闻、医疗、教育等机构性语篇。其中，作为机构性权力话语的代表，法律话语研究学者开始有效利用话语分析方法对司法领域的法律话语进行系统研究，深入分析司法实践中不同主体的话语策略、话语风格、话语结构等，讨论法律语言是如何在互动中生成和理解的，出现了"语言作为过程"的法律话语动态研究。

此外，20 世纪 70 年代末至 80 年代初，基于话语分析的局限，根据韩礼德的系统功能语言学理论，费尔克劳（Fairclough）、富勒（Fowler）、范戴克（van Dijk）、克雷斯（Kress）、沃达克（Wodak）等人提出了"批评话语分析"，通过分析语篇的语言特点和它们生成的社会历史背景来考察语言背后的意识形态，进而揭示语言、权力和意识形态之间的关系以及话语对意识形态的反作用，两者是如何源于社会结构和权势关系，又是如何为之服务的。批评话语分析学者认为：（1）话语是社会权力关系生成和再现的场所；（2）话语从事意识形态工作，话语结构展现、加强、再生社会中的权力和支配关系，并使其合理化或对其进行质疑；（3）话语是社会活动的形式，它揭示权力关系的隐晦性；（4）权力意味着控制，权力控制涉及行为和认知，而对人们认知的控制往往比控制人的行为更有效（吕万英，2011）。

批评话语分析与普通话语分析的区别主要在于前者关注的是社会问题，通过分析话语的结构，揭示语言使用的特定方式所具有的意识形态内涵，以及在这些语言使用方式下所暗含的、不为人所知的各种权力关系，将分析语言、意识形态和权力之间的关系作为自己的主要任务。其中，费尔克劳提出了语篇（text）、话语实践（discourse practice）和社会实践（social practice）的三维框架和描写（describe）、阐释（interpret）和解释（explain）的研究模式，成为分析机构性话语（包括法律话语）的重要框架（曾范敬，2016）。

作为机构性话语的典型代表，法律话语研究与批评话语分析有天然的契合度，自其诞生以来就成为法律语言学领域的重要研究方法和框架，通过司法领域实体话语结构特征的分析讨论法律语言背后所反映的权力运作，出现了"语言作为工具"的法律话语动态研究。

总之，随着话语分析和批评话语分析方法的诞生及其应用，法律语言研究者开阔了研究视野，更新了研究思路，丰富了研究手段。研究者们将其用于司法领域，进行法律话语的动态分析，促使20世纪70年代后法律语言逐渐从作为客体的静态研究演变成为将其作为过程和工具的动态研究，成为法律话语研究兴起的重要方法论基础。

2. 现代化的技术手段

随着科学技术的发展，一些现代化的技术手段（如声谱分析、笔迹鉴定、多模态分析）逐渐进入司法实践领域，成为解决司法争议的有效手段，也有力助推了法律话语研究。

这其中的典型代表为语音识别的重要手段——声谱仪和声谱图像分析的应用。20世纪70年代后期的声谱研究和声谱图像的应用，促使法律语音学（Legal Phonetics）的诞生，其应用的领域主要为语音识别。声谱图像分析利用声谱仪将人们以听觉形式说的话转化为以视觉形式呈现的图像特征，并在纸上或屏幕上用图像显示出来，以便进行科学的分析。法律语音学的另一个主要概念是说话的基本频率，每个人的声音都有独特的基本频率，发音器官的差异、发音部位的不同以及发音时力度的大小，使每一个说话人发出与众不同的声音，于是出现了与指纹相对的概念——声纹（吴伟平，2002）。通过现代化的技术手段，专家可以较为准确地描绘出某个人的声纹特征。通过分析声谱图像和声纹，可以确定特定说话人的身份，即语音识别。此外，录音机的发明使人们可以对特定的录音材料进行反复的辨别与分析。这些现代化的技术手段极大地促进了法律话语分析的可行性和可靠性，在帮助解决司法实践中的相关难题的同时，也促进了法律话语的相关研究。

与语音分析相似的另一个需要技术支撑的领域是笔迹鉴定或风格分析，用以确定特定书写文字或书面文本的作者。这种分析常涉及可疑文件鉴定技术，常见的技术分析手段包括笔迹分析（handwriting analysis）、变化分析（form variation analysis）和内容分析（content analysis）。笔迹分析多从物理学角度进行，通常借助于一些现代化的科技手段，如紫外线灯，比较显微镜，紫外线、红外线、分色摄影技术等，通过这些先进的技术手段，可以看出很多肉眼无法看到的细微之处。变化分析常涉及所写字的大小、端正程度、字母与字母之间的间隔、是否有拼写错误、书写两边的空白、笔尖压力等；内容分析侧重所写内容，重点分析内容分类以及所涉及的知识结构（吴伟平，2002）。

总之，随着现代化技术手段的发展，一些与语言相关的分析工具和手段被广泛应用于司法领域，以帮助解决司法实践中与语言相关的难题。这些现代化技术手段的发明和应用，既是法律实践领域解决司法难题的有效手段，也在科学研究层面有效推动了法律话语研究的发展。

2.1.3　实践基础：司法领域本身的需求

法律话语研究的一个重要初衷和推动力量是语言学家凭借自己在语言学方面的专业知识帮助法学界解决有关语言争议的实际司法难题，因此，司法领域本身对相关语言分析的需求会直接推动法律话语研究的发展。一方面，司法领域经常会遇到语言相关问题，比如案件中争议声音或文本的鉴定，需要进行专业的语言分析；另一方面，随着语言学本身的发展和各种相关研究方法的成熟和广泛使用，语言研究的价值和可信度也逐渐得到认可。因此，司法领域与相关语言学家的合作水到渠成，相应的法律话语研究应运而生。

具体来讲，随着语言学和现代科学的发展，案件中的有关语言材料已经成为一种被刑侦工作广泛利用的犯罪痕迹，我们可以称之为语言痕迹。语言痕迹有口语和书面语两类，司法领域常见的语言痕迹分析包括语音识别、录音会话分析、语素分析、笔迹鉴定和书面语言风格分析等。法律语言分析的作用与价值包括：通过言语识别判断当事人的性别、年龄、家乡、文化程度、性格类型、职业等自然特征情况；通过声音和字迹辨识犯罪嫌疑人；通过语素分析辨析是否构成知识产权侵权；通过话语分析识别言语伪装（精神病患者的真伪）；通过风格分析鉴别作家作品、遗言、契约等的真伪。

1. 语音识别

语音识别是语言学分析方法最早引入司法实践的领域。随着科学技术手段的发展，人们可以通过一些科学仪器对人的声音进行较为全面的描写和分析，录音机的发明使人们可以对录音进行反复的辨析。在绑架、抢劫、敲诈勒索、欺诈以及强奸等案件中，司法机关经常需要通过识别相关声音来确定犯罪嫌疑人的身份，于是便出现了语音识别技术。语音识别的研究对象是声音，可分为两种：直接的，即耳闻者在案发现场听到的声音；间接的，比如通过电话录音录下来的嫌疑犯声音。专家利用声谱仪分析声音的频率、音高、音长、音域等来确定特定的语音主体。

语音识别最常见的手段是"说话者司法比较"（Forensic Speaker Comparison，FSC），被广泛用于绑架、抢劫、敲诈勒索、欺诈等案件中，通过比较警方获取或受害人提供的语音材料和犯罪嫌疑人的语音特征来确定嫌疑人的身份。其分析的技术手段涵盖语音学、音系学、声学、社会语言学、话语分析等领域，分析框架包括分析声音性质（如声音类型、喉部摩擦方式、喉部不规则度等）的听觉分析（auditory analysis）和分析声音特征（如音频、音长、音响等）的声学分析（acoustic analysis），该方法被广泛用于英美和欧洲大陆主要国家的司法实践中（Foulkes & French，2012）。听觉分析主要是对语音信号接收和加工处理的分析，声学分析是对语音符号本身所作的物理分析。在语音识别中，前者叫随机辨认，后者叫技术辨认（廖美珍，2004a）。

此外，普通人也可以通过辨认熟悉之人的声音（如受害人对犯罪嫌疑人声音的辨认）来确认其身份。与此相关的一个真实案例是1988年5月在美国发生的一起强奸案，该案定案证据主要靠语音识别，并通过声音识别为强奸案，从而给嫌疑犯定罪。警察将疑犯的声音录下来合成4分钟的语料，并请四名成年男子录制同样内容的语料，形成了5份录音语料，然后请6名受害者辨别。大部分受害者不约而同地指向疑犯的录音，法庭据此给嫌疑犯定罪（吴伟平，2002）。

随着相关技术的不断发展和司法实践中新的难题出现，语音识别技术也被用于新的司法领域，如通过分析难民的语音以确定其来源的确定来源地语言分析（Language Analysis for Determination of Origin，LADO）。确定来源地语言分析在20世纪90年代被欧洲国家广泛使用，用以应对越来越多的难民身份确定（Refugee Status Determination，RSD）问题，其出发点为一个人的说话方式与其出生地密切相关，通过系统分析没有相关记录的寻求庇护的难民的话语，可以确定其出生地、国籍等身份信息（Patrick，2012）。

2. 录音会话分析

在司法实践中经常存在取证难的问题，尤其是证人证言。通过秘密的窃听装置对嫌疑人的谈话进行录音，并据此对嫌疑人的话语进行深入分析，寻找可能的相关证据，成为美国20世纪70年代后打击有组织犯罪活动的一种重要手段，于是出现了录音会话分析。录音会话分析是指通过录音设备，将嫌疑人的声音录制下来并进行相关的语言分析，以找出其犯罪证据的过程。录音会话分析兴起于美国20世纪70年代，是跟美国联邦调查局打击罪犯的实际需要紧密相连的。从20世纪70年代起，美国联邦调查局根据国会立法的要求打击有组织犯罪活动，但这种犯罪具有取证难、证人不愿作证的难题，经国会授权，在侦查中可经法院许可进行窃听录音，获得录音会话并作为控方证据。录音会话分析的代表人物是社会语言学家夏伊（Shuy），短短十年间他作为专家出庭作证的案例超过了200个，涉及的案件包括贿赂、杀人、恐吓、勒索等。

录音会话分析常见的一种方法是话题分析（topic analysis）。通过系统分析对话中不同参与者的话题分布与参与度，可以分析各个参与者对犯罪事实的态度，用以确定其参与犯罪的程度。具体来讲，会话者对所述话题所持的态度有五种：积极参与型、支持型、配合型、被动型、消极否定型。例如在一起毒品案中，涉及三个人，一人为警方密探，一人为被告（大学的一名运动员），还有一人为毒贩，三人的聊天记录成为法庭上的证据。被告律师邀请语言学家帮助分析谈话录音，以求从专业角度为被告辩护。分析表明，会话中密探问题特别多，毒贩话题多，不断提出新话题，而被告话少，提问少，提出和参与的话题也少，关于毒品的话题根本没参加。辩方据而得出结论，找不到可以给被告定罪的语言证据，法庭采纳该结论，被告被无罪释放（吴伟平，2002）。

3. 语素分析

随着商业的日益繁荣，商标、专利、版权等知识产权方面的争议日渐增多。其中与语言本身有密切关联的是商标，尤其是由语言符号本身构成的商标。此类争议一旦发生，往往需要求助语言学家，让其从专业角度判别特定语言商标是否构成侵权，于是出现了相应的语素分析。

有关语词（语素）的争议经常涉及商标侵权案，相关的经典案例为1987 年的"麦当劳公司诉国际品质酒店案"（McDonald's Corporation v. Quality Inn International）。国际品质酒店（Quality Inn International）宣称未来几年将开设两百多家低档连锁酒店，名称为"McSleep Inn"，麦当劳公司声称 Mc 是其注册商标的重要组成部分，国际品质酒店使用McSleep 构成侵权。语言学家作为辩方专家为其出谋划策，通过检索全国报纸和刊物带 Mc 前缀的词语，取得一手资料，分析得出结论：涉及 Mc 的 150 篇文章中有 56 篇讨论麦当劳，其余 94 篇与此无关，有相当一部分将 Mc 作为一个普通词素（如"McPaper""McArt""McLaw"等），表示基本、方便、便宜、标准化等。辩方认为，Mc 作为一个词素已经具备了独立的意义，实际生活中对其的使用与麦当劳并没有实质性联系。因此，McSleep 不构成对麦当劳的侵权，麦当劳败诉（吴伟平，2002）。

4. 笔迹鉴定和书面语言风格分析

特定文本内容的作者归属问题也是司法实践中经常遇到的难题。这种分析也需要语言专家的介入，通常有两个方向：一是笔迹鉴定，通过专业分析手写文本字体的特征，用以确定某一文本是否系特定嫌疑人所为；另一个是语言风格分析，通过系统分析某一书面文本的用词、句法、标点等风格特征，用以确定某一文本的作者是否为特定嫌疑人。笔迹鉴定侧重书写的笔迹特征，是一种物理分析；语言风格分析侧重书写内容的特点和表达习惯，是一种文本分析。两者各有侧重，常用于恐吓、诈骗、绑架案中书面材料的专业分析，目的是找出其作案者。

随着人们对笔迹鉴定和书写风格的研究以及相关分析模式的成熟，产生了司法风格学（Forensic Stylistics），其应用领域主要包括相似度（resemblance）、一致性（consistency）和人群确定性（population）分析。相似度分析用于确定或排除特定书写或书面文本和嫌疑目标文本是否是同一作者，一致性分析用以确定多个书写或书面文本是否是同一作者，而人群确定性分析用于在众多的人群中确定某一书写或书面文本的特定作者（McMenamin，2010）。

使用语言风格分析的一个典型案例是 1989 年的黑人迈克尔（Michael）被指控枪杀警察案。该案中，三名黑人结伙入室行窃，巡警发现遂进行盘问，盘问中有人开枪杀死警察，但无法确定谁开的枪。检察官认为是外面望风的迈克尔开的枪，证据是审问中得到的供词。控方以迈克尔签名认可的供词为证据指控其一级谋杀。语言学家为被告作证，分析证明该供词不可能是迈克尔自己作的。首先，书面供词中有许多词汇不像是这个黑人说出来的（如反身代词）；其次，句型繁杂程度远超出被告的句法能力；最后，该供词中有许多完整的符合主流英语语法的语句，也是被告不可能表达出来的。辩方据此得出结论：该供词明显不是被告迈克尔本人写的。最后该证据被法院排除，被告因证据不足而被无罪释放（吴伟平，2002）。

总之，司法实务界在处理案件时，经常会碰到与语言相关的证据问题，需要借助语言学专家对此进行专业的分析与解读，语言学家作为专家证人参与司法实践成为英美国家的常规与惯例。语言学家的这种专业分析不仅对解决司法案件作出了贡献，也有力推动了法律话语相关研究的发展。

据此，结合前文的分析，我们可以对西方法律话语研究的缘起做一简要概括：西方法律话语研究从早期的法律语言静态研究中衍生出来，成为法律语言研究的主导领域，与当时的相关学科理论发展和社会司法实践需求密切相关。其中：

（1）语言学本身的发展为法律话语的出现奠定了理论基础。20世纪70年代后功能语言学的出现，以及社会语言学、语用学等成为主流的语言学理论，使得语言学研究对象从静态的语言文本的结构分析，转向对语言意义实现的机制、功能、语境、影响因素等动态层面的研究；这种语言学理论范式的转变直接导致法律语言学研究范式的转变，从20世纪70年代之前对法律语言本身的结构特征进行的静态分析，在20世纪70年代后逐渐转向对法律语言作为过程和工具的动态的研究。

（2）话语分析方法和语音识别、笔迹鉴定等现代科学技术手段的出现为法律话语研究提供了方法论基础。话语分析方法的成熟使得在具体司法实践中通过精致的语言分析来解决语言相关难题成为可能，声纹鉴定、笔迹鉴定、文体风格分析等技术手段和研究方法的出现，为解决司法领域中的可疑语音和文本鉴定提供了方法支撑和技术保障，这些方法和技术层面的突破为法律语言领域提供了更为广阔的研究空间，极大地促进了法律话语研究的发展。

（3）司法实务中对语言证据进行专业鉴定的需求为法律话语研究提供了实践基础。语音识别、录音会话分析、语素分析、笔迹鉴定和风格分析等专业语言分析使得语言学家日益成为司法实践的参与者，既帮助司法界解决了实际难题，也有力助推了法律话语研究的发展。

2.2　国外法律话语研究的发展阶段

法律话语研究在西方始于20世纪70年代，而我国法律话语研究则要晚30年左右的时间，总体是遵循西方法律话语研究模式而发展的。在此，我们首先简要梳理国外法律话语研究的发展，然后再梳理国内法律话语研究的发展。国外的法律话语研究是随着西方社会语言学、语用学等语言学理论的发展以及话语分析方法、语音识别、笔迹鉴定等研究方法的成熟而诞生的，也是为了顺应司法实务界对于专业语言专家的需求而发展起来的。总体而言，西方的法律话语研究具有较好的延续性，难以区分出明显的发展阶段。根据法律话语的总体发展，国外法律话语研究可大体分为初创期（20 世纪 70 年代）、发展期（20 世纪 80~90 年代）、深化期（21 世纪以后）三个阶段。

2.2.1　初创期（20 世纪 70 年代）

根据廖美珍（2004a），国外法律语言研究以 20 世纪 70 年代为界，之前主要为法律文本的静态分析，即语言作为本体的研究；20 世纪 70 年代后开始法律语言的动态研究，包括将法律语言作为过程的研究、将法律语言作为工具的研究以及语言证据应用研究。其中，20 世纪 70 年代后的法律语言的动态研究即法律话语研究，但这些研究并非是从 70 年代便立即产生的，而是经过了一段时间的过渡和酝酿，主要是在 20 世纪 70 年代。

从 20 世纪 70 年代之前的将法律语言作为客体的静态分析，到将其作为过程和工具的动态研究，其间有一个转化的过程，主要是 20 世纪 70 年代，代表性研究是埃尔沃克等人（Elwork et al.，1977）和查罗和查罗（Charrow, R. P. & Charrow, V.，1979）对陪审团指示语（jury instruction）的研究。研究者分析了陪审团对这些指示语的理解问题，但与之前研究不同的是，他们的研究不局限于句法，而是超句间的连贯、衔接等语言手段对理解这些指示语的作用。研究结果表明，法律专业术语和行话等词汇特征并非是法律语言难以理解的唯一障碍，许多句法结构和话语特征也是法律语言难以理解的重要原因。无论是 20 世纪 70 年代之前的法律文本的静态研究还是 70 年代的过渡期，对法律语言特征研究的一个重要假设是，只要能总结出法律文本和话语的语言特征，那么语言学家就可以通过解读或翻译的方式把外行人对法律语言理解的困难彻底解决。但事实证明，这只是学者们的一厢情愿，于是他们开始寻找新的途径，即研究法律语言理解的过程（廖美珍，2004a）。

2.2.2 发展期（20世纪80~90年代）

经过20世纪70年代的过渡，从80年代开始，西方法律话语研究进入了良性发展的轨道，形成了较为明显的研究领域和较为成熟的研究模式，并产生了一大批代表性研究成果，出现了廖美珍所说的法律语言作为过程的研究、法律语言作为工具的研究以及语言证据应用研究等三方面的研究，标志着法律话语研究的成熟。

1. 法律语言作为过程的研究

法律语言之前的研究主要讨论法律文本本身的特点，而过程研究的重点是分析法律语言是如何在互动中生成和理解的，这种研究注重分析不同法律主体在司法话语实践中使用的不同话语策略、话语风格和话语结构等，研究的方法主要是话语分析法，理论依据主要是言语行为理论。

这种研究的代表人物有奥巴尔（O'Barr）以及列维和沃克（Levi & Walker）。奥巴尔（O'Barr，1982）的《语言证据：庭审中的语言、权力与策略》（*Linguistic Evidence: Language, Power and Strategy in the Courtroom*）是体现过程研究的一大力作。该研究以北卡罗来纳州法庭150多小时的庭审录音为语料，以人种志（ethnography）的田野调查法和社会心理学实验方法为研究方法，研究了如下四组语言变量对证人证词的影响：（1）"有力"与"无力"言语（"powerful" v. "powerless" speech）；（2）矫枉过正与正式言语（hypercorrect v. formal speech）；（3）完整叙事与支离破碎的证词（narrative v. fragmented testimony）；（4）证人和律师的同时言语（simultaneous speech by witnesses and lawyers）。研究结果表明，使用"有力"言语风格和正式言语、能够完整叙事的证人会被认为更有能力、更加聪明、更加可信，其证词也更容易被陪审团采信；但"无力"风格并非一定是女性证人，一些男性证人也会呈现出"无力"言语；且证人话语要受法律话语规则的支配，其作证的话语风格也会受询问律师问话的影响。

列维和沃克（Levi & Walker，1990）主编的《司法过程中的语言》（*Language in the Judicial Process*）源于 1985 年 7 月在乔治敦大学举行的"司法过程中的语言"研讨会，共收录了 12 位颇有影响力的法律语言学者的论文，包括："司法程序中的语言研究"（The Study of Language in the Judicial Process）、"交叉询问中律师与证人较量的策略"（Strategies in the Contest Between Lawyer and Witness in Cross-Examination）、"辩诉交易中的叙事和叙事结构"（Narratives and Narrative Structure in Plea Bargaining）、"小额索赔法院叙述中的诉讼人满意度与法律充分性"（Litigant Satisfaction v. Legal Adequacy in Small Claims Court Narratives）、"律师与客户沟通中的法律现实主义"（Legal Realism in Lawyer-Client Communication）、"双语法庭程序"（Bilingual Court Proceedings）、"法律工作语言"（Language at Work in the Law）、"作为解释言语事件证据的语言学会话分析"（Linguistic Analysis of Conversation as Evidence Regarding the Interpretation of Speech Events）、"论社交会话作为证据在法庭上的运用"（On the Use of Social Conversation as Evidence in a Court of Law）、产品责任中的语言和认知（Language and Cognition in Products Liability）、"香烟包装警告语的充分性"（Adequacy of Cigarette Package Warnings）等，研究的内容涵盖司法实践中的语言交流与沟通、庭审言语互动、庭审话语策略、庭审叙事、庭审语言转换、准法律语言分析（如警告语）等。

不难看出，这些研究已经跳出了法律文本的静态分析，开始关注司法实践中的语言互动与交流，研究法律话语的理解与生成，探讨司法实践（尤其是庭审中）不同诉讼主体的话语策略、话语风格及其影响等，其实质为本书所讨论的动态的法律话语研究。

2. 法律语言作为工具的研究

将法律语言作为工具的研究注重语言对实现司法功能的建构作用以及通过语言所反映的权利、权力等的实现。这种研究主要包括两方面内容：一是法律界内部是怎么通过语言来运作的；二是法律语言作为权利／权力实现的手段（廖美珍，2004a）。

第一种研究的代表作为索兰[1]（Solan, 1993）所著的《法官的语言》（*The Language of Judges*），主要探讨了法官怎么用语言来断案，以及怎么处理法律中的语言问题。这是一部将语言学理论和法律解释有机地结合起来的著作，运用乔姆斯基的转换生成语言学理论来论述法官的语言，尤其是法官对立法的解释，突出了语言对于法律从业者的重要作用。

第二种研究的代表作为孔莱和奥巴尔（Conley & O'Barr, 1998）所著的《法律、语言与权力》（*Just Words: Law, Language and Power*），该书主要讨论法律话语实践中的权力与不平等现象，旨在揭露法律权力在日常的法律实践中如何通过语言的使用得以行使、实现、滥用甚或受到挑战。作者从语言的视角出发，对司法实践中的诸多不平等现象作出了解释，认为语言是法律借以完成其大多数工作的中介，是法律权力得以实现、运用、复制以及间或受到挑战和被推翻的根本机制。作者采用微观的话语分析方法，详细分析了司法实践中女性、强奸案受害者等弱势群体在语言方面的不利地位。分析表明，男女在庭审中的不平等表现在法律本身的父权制和男女不同的叙述类型上。首先，法律话语背后暗含着一种父权制，法律制度和诸多法律话语实践给以强有力的、断言的方式说话的男性话语以明显的偏爱和更多的信赖。其次，法庭申诉者经常使用的叙述类型有两种：规则导向型和关系型，规则导向型叙述常常诉诸法律规则和法律权利，常常经过有效组织并有序展开；关系型叙述则常常散漫，倾向于利用诸多情境性内容。法律强烈地倾向于规则导向型叙述，相比而言，男性比女性更有可能作出规则导向型叙述，而习惯于情境化的关系型叙述的女性往往处于不利地位。此外，在强奸案中，强奸犯的辩护律师在交叉询问时所使用的语言策略都是支配式的，通过问话处理、评论、话题管理、质疑受害人的知识能力等策略，迫使受害人在遭受身体强暴后再次遭受语言的强暴。

此外，沃什（Walsh, 1994）探讨了澳大利亚少数民族（或土著）群体在司法实践中语言方面的不利地位。研究结果表明，由于这些土著

1　劳伦斯·索兰（Lawrence M. Solan），曾担任国际法律语言学协会主席，是国际语言与法律协会的创始人之一；他在哈佛大学获得法律博士学位（J. D.），马萨诸塞州大学获得语言学博士学位（Ph.D.），在语言与法律、语言学和语言心理学方面著述颇丰。《法官的语言》（1993）是索兰的代表作。

的英语语言能力及用法上与白人主流英语的巨大差异，再加上文化方面的差异，他们在诉讼中往往处于极为不利的地位，难以实现既定的诉讼利益。例如，由于其语言能力的限制和文化方面的差别，这些土著不管对方律师问什么，都倾向于作出肯定的回答，即使没明白对方问什么；而当认为对方提出的问题不妥时也往往用"I don't know"或"I don't remember"来被动应对；此外，他们在对话中喜欢沉默。这些特征往往让陪审团产生误解，从而使自己处于极为不利的地位。

另外，蒂尔斯马（Tiersma，1999）在《法律语言》一书的第三部分"在法庭上"（In the Courtroom），系统分析了法庭上律师如何凭借其话语权并通过各种语言策略来控制证人，实现其既定的诉讼目的。分析表明，相比证人，律师掌控庭审问话的话语权，且具有专业法律知识和语言技巧方面的绝对优势，从而主导了整个庭审问话。律师通过叙事的方式构建有利于己方的故事模型，并试图说服陪审团接受自己的故事版本；此外，掌控话语权的律师会用各种问话策略，如诱导性问题（leading questions），来控制对己不利的证人，实现其既定的庭审目标。相反，证人的话语权极为有限，在庭审问话中处于被控制和主导的地位，难以形成连贯、有效的叙事，因而难以实现其诉讼的初衷。

总之，将法律语言作为工具的研究者不再将法律语言本身的结构特点作为研究的目标，而是通过对语言（尤其是口头的话语）的分析，来探讨司法实践中不同主体的权力地位以及权利的实现方式，揭示司法实践中女性、土著、证人等弱势群体的不利地位及其语言机制，从而表明看似公正的法律和司法程序是如何因为语言问题（话语权、话语风格、话语策略等）而难以实现其既定的目标的。这些研究的出现，标志着法律话语研究的不断成熟与深入。

3. 语言证据应用研究

语言证据研究是随着司法领域对相关语言证据的分析要求而产生的，语言学家作为专家证人在司法活动中参与司法诉讼，既协助司法实务界解决了实际难题，作出了语言学家的应有贡献，也有力推动了语言证据应用研究。在法律语言研究中，语言证据应用研究始终占据了重要的地位，成为西方法律话语研究中最重要的组成部分，也是研究成果最为丰富的领域。根据研究对象和研究手段，语言证据应用研究主要包括语音识别、录音会话分析、语素分析、笔迹鉴定和文体风格分析等。相关内容我们已在前文详细论述，在此只对相关研究作简要综述。

语音识别被广泛用于绑架、抢劫、敲诈勒索、欺诈等案件中，通过比较收集的语音材料和犯罪嫌疑人的语音特征，用于确定嫌疑人的身份。诺兰（Nolan，1983）系统论述了语音识别分析方法的相关问题，区分了听觉分析和声学分析两种识别技术，前者指对语音信号接收和加工处理的分析，在识别技术中可称之为随机辨认；后者指对语音符号本身所作的物理层面的分析，在识别技术中可称之为技术辨认。

录音会话分析通过分析录制的特定会话来获取有用的证据信息，源于 20 世纪 70 年代美国联邦调查局打击罪犯的实际需求。录音会话分析的代表人物是社会语言学家夏伊，此方面研究的代表是他（Shuy，1993）所著的《语言犯罪：法庭上语言证据的使用和滥用》（*Language Crimes: The Use and Abuse of Language Evidence in the Courtroom*）。夏伊是美国乔治敦大学的语言学教授，美国应用语言学协会前主席，在该书出版的前十年中，他在 200 多个刑事和民事案件中作为语言专家接受咨询，并在 35 个审判中作为专家证人出庭作证。《语言犯罪：法庭上语言证据的使用和滥用》讲述了夏伊担任顾问或专家证人的一些著名刑事法庭案件的故事，这些有趣的案例显示了语言分析如何帮助法庭解开证据中录音对话的模糊性。

语素分析主要用于商标侵权案中，通过分析特定语词或语素，判定某一争议语素是否构成商标侵权。此方面研究的代表人物依然是美国社会语言学家夏伊。如在"汽车王国有限公司诉阿克米商业公司卡麦克斯分公司案"（AutoNation, Inc. v. Acme Commercial Corp. d/b/a CarMax）一案中，"汽车王国"（AutoNation）指控卡麦克斯的商标 AutoMation（汽车之友）侵权。夏伊和巴特斯（Butters）两位语言学家作为原被告双方证人发表意见。巴特斯认为 AutoNation 中的元音"o"发长音，而 AutoMation 中的"o"发中性元音，这一差异帮助避免了混淆。夏伊则强调两个商标中"n"和"m"发音相似，很容易让听众产生误解与混淆，且两个商标在视觉上极为相似。此外，在词素方面，巴特斯认为两个商标中的"Auto"词素意义不同，AutoMation 中的"auto"为"自身"，而 AutoNation 为"汽车"；夏伊则指出这两个词素用法均起源于希腊词"automata"（自我控制、自我推进），是潜在的误解之源。两位专家在相关词素专业性问题上你来我往纠缠不休，但最后两人都没有出庭作证。最后陪审团作出了有利于"汽车王国"的判决（Conley & O'Barr，1998）。

笔迹鉴定和文体风格分析主要用于分析书面文本的书写痕迹和措辞风格，用于确定特定书面文本的作者。如伊格尔森（Eagleson，1994）记录了对一起谋杀案中争议遗嘱进行的文体风格的个案分析。澳大利亚一名男子被指控谋杀其妻子，该男子向警方提供了一封自称是其妻子留下的遗书，用以证明其清白。由于无法找到受害人的尸体，判断该遗书的真伪成为该案中对该男子定罪的关键，为此，语言学家伊格尔森作为专家证人，设法收集了该男子和其妻子的一些书面文本，然后将这些文本和争议遗书从拼写（错误率、大小写等）、语法（动词时态的使用特点和错误率等）、句法（句子结构）以及标点等层面作了深入的比对分析，结果发现该男子的书写风格与争议遗书极为相似，而与其妻子的文本风格完全不对应，最终该男子不得不认罪。

语言证据的研究是与司法实践的需求紧密相连的，彰显了法律语言研究及相关学者对社会的贡献，充分体现了法律语言学本身的学科价值。这种研究注重司法实践中的语言问题，通过现代化的技术手段和专业的语言分析为司法实务界提供专业意见，属于典型的司法领域的法律话语研究，始终是西方法律话语研究的重点和热点问题。

除此之外，此阶段西方法律话语研究领域还包括法律翻译、司法执法过程中的口头用语（如法官用语、陪审团指示语、证人用语）、口语笔录（法律语体的转换）、准法律文字（如产品标签、警告语）等（吴伟平，2002）。

2.2.3　深化期（21 世纪以后）

讨论法律语言本身的特点、20 世纪 90 年代成立的国际法律语言学家学会（International Association of Forensic Linguists, IAFL）以及《言语、语言与法律国际期刊》的创立极大地促进了法律话语研究的发展。进入 21 世纪以来，西方的法律话语研究不断深入，且有了新的发展，主要表现在：一方面，传统的研究领域不断深入，研究成果日益丰富；另一方面，研究领域不断拓宽，出现了新的研究方向。

进入新世纪以来，之前讨论的法律语言作为过程的研究、法律语言作为工具的研究以及语言证据研究等传统研究领域依然存在，且不断深入。此方面承上启下的代表性著作是曾任国际法律语言学家学会第四任主席的吉本斯（Gibbons, 2003）的著作《法律语言学导论》。该著作是用英文写作的第一部以"法律语言学"为名的著作，是对"法律语言学"这一迅速崛起的研究领域在国外的总体情况的全面介绍，对语言与法律问题提供了一种完整的、全面的理论化理解，提供了许多有用的、来自真实的法律语境和文本的例子，深入分析了社会弱势群体（少数民族人群、儿童和受虐待的妇女等）在法律面前处于不利地位的语言根源。该著作共分九章，具体内容包括：读写能力与法律、追求精确、互动与权力、故事讲述、法律系统中的交际问题、语言与法律前的不利地位、沟通桥梁的搭建、有关语言的法律、语言证据。不难看出，此前所述的有关语言作为过程的研究、语言作为工具的研究和语言证据研究此书均有论及，对这些传统研究领域作了系统的梳理，并进行解读。此外，该著作中也有一些创造性研究成果，如对社会弱势群体在法律面前处于不利地位的语言根源分析、有关首要现实（primary reality）和次级现实（secondary reality）的区分以及相关分析框架的论述、对司法互动过程中权力实现方式（策略）的深入分析、有关语言立法和语言证据问题的讨论等。

进入 21 世纪以来，西方的法律话语研究不断深入，研究成果日益丰富，难以逐一分类梳理，此处我们以两本代表性的法律语言学论文集为例简要说明新世纪以来西方法律话语研究的重要领域。一是国际法律语言学家学会首任会长库特哈德和约翰逊（Coulthard & Johnson, 2010）主编的《劳特利奇法律语言学手册》（*The Routledge Handbook of Forensic Linguistics*），由世界领先的人文和社会科学学术出版商劳特利奇出版社于 2010 年出版，包括了国际重要的法律语言学大家的最新研究成果。该论文集涵盖三大领域八个主题的研究。

（1）法律语言与法律过程（The Language of the Law and the Legal Process）。讨论法律语言本身的特点、司法实践中的语言互动以及体现的权力／权利等问题，是传统的法律语言作为过程和法律语言作为工具的研究，但其研究的视角和讨论的范畴较之以前均有所深入。具体包括四个主题：①法律语言（Legal Language），讨论法律口语、法律书面语以及法律翻译的相关问题，但这些研究并非是早期的对法律语言本身的静态文本分析，而是突出实际使用中的法律语言的动态特征，如警察讯问和庭审问答中法律话语的"社会—语用"考察，立法文本的可理解性、语义透明度、权力和控制的分析，复杂的法律文本对于普通公众的可理解性考察，基于语料库方法的最高法院判决书中副词表达的情态分析，等等。②警察讯问和调查中的参与者（Participants in Police Investigation, Interviews and Interrogation），讨论警察在执法过程中与普通公众的语言互动及其反映的权力／权利问题，突出非法律职业的普通公众在执法实践中面对警方这一权势主体所体现的被动状态和不利地位，研究的内容包括：民众向警方报案的话语分析，"米兰达权力"语言问题所折射出的警方讯问中的强迫性，警方讯问证人和嫌疑犯的过程中问话笔录的忠实性，儿童性侵者在警方调查中的语言不利地位，警方讯问嫌疑人时代理律师在场的重要性，警方讯问笔录作为庭审证据的潜在问题，等等。③法庭语体（Courtroom Genres），讨论庭审过程中的语言互动及其反映的权力／权利问题，研究的内容包括：英国庭审实践的历时考察，庭审中的叙事构建，庭审中结案陈词（closing argument）的有效策略，量刑听审中谋杀犯的最后陈词（请求宽大处理），等等。④司法过程中的非法律职业参与者（Lay Participants in the Judicial Process），讨论非法律职业的普通公众在司法过程中的不利地位，研究的内容包括：陪审团指示语的修改，强奸案审理中的话语分析，黑帮案诉讼中的社会语言问题，刑事诉讼体系中证人的不利地位，反恐案中嫌疑人的不利地位和虚假供述，等等。这种法律行业内外的语言交流成为国外法律话语研究的一个重点，另见赫弗等（Heffer et al., 2013）的著作《法律行业内外的语言交流：法律文本之旅》（*Legal-Lay Communication: Textual Travels in the Law*）。

（2）法律程序中的语言学专家（The Linguist as Expert in Legal Process）。讨论司法实践中语言学家的作用以及语言证据问题，是对传统的语言证据问题研究的深入和拓展。具体包括三个研究主题：①专家与法律过程（Expert and Process），讨论司法实践中语言学专家的重要性及其专业要求，研究的内容包括：商标案中语言专家的作用以及所应具备的素养，产品警告语的语言问题以及语言专家的作用，语言专家参与的语音识别技术的应用，对抗制诉讼模式中语言专家的资质和认证问题，等等。②法律语境中的多语现象（Multilingualism in Legal Contexts），讨论多语情境下的语言认定及法律翻译问题，研究的内容包括：通过语言分析确定寻求避难的难民的来源，对非本族语拘留者的英语语言能力分析，庭审口译中译者的角色和能力要求，警察讯问、保释、监狱等庭审外场所法律翻译的重要性及其存在的问题，等等。③作者身份和观点（Authorship and Opinion），讨论语言专家在书面文本鉴定中的作用，研究内容包括：司法风格学的理论与实践，文本信息的个人语型（Idiolect）分析，疑似剽窃文本的语言专家认定，语言专家本身的可信度问题及其相应的对策，等等。

（3）新讨论与新方向（New Debates and New Directions）。分析了一些新的研究领域，包括多模态司法话语分析，恐怖主义案件中的法律语言分析，计算机法律语言学，跨文化交流中的法律语言分析，等等。

另一本有影响力的法律语言学论文集是由前国际法律语言学家学会会长蒂尔斯马和索兰（Tiersma & Solan，2012）主编的《牛津语言与法律手册》（*The Oxford Handbook of Language and Law*），由牛津大学出版社于2012年出版。该书同样收录了全球重要的法律语言学专家最新的研究成果，包括我国学者廖美珍教授有关中国庭审话语的分析。该书包括九个部分，涵盖法律语言学研究的九个领域，其中，绝大部分均为动态的法律话语分析。

（1）法律语言（Legal Language）。该部分系统讨论法律语言的特点，其本质为法律语言作为客体的研究，但其讨论不限于法律语言的词汇、句法等早期的静态研究范畴，而是在更为广泛的视野下基于不同视角的分析，具体包括：法律语言的发展历史，法律词汇的多维度分析，法律文本的语法与结构，法律文本与语体，简明语言运动，等等。

（2）法律文本的解释（The Interpretation of Legal Texts）。该部分系统讨论法律文本解读所涉及的语言问题，研究内容包括：制定法解释中的语言学问题，言语行为视野下的合同分析，宪法解释中的语言问题，法律解释中的模糊性，法律解释与语言哲学，等等。

（3）多语现象与翻译（Multilingualism and Translation）。该部分详细讨论多语交流中的法律翻译问题，研究的内容包括：加拿大双语制所体现的语言权力，语词含义与全球化的法律秩序问题，法律译者的挑战，欧盟法律实践中的多语现象，等等。

（4）语言权利（Language Rights）。该部分系统论述法律实践中的语言权利和相关的语言政策问题，研究的内容包括：人类的语言权利，美国的语言政策，欧盟语言少数群体的法律权利，非洲语言状况调查，等等。

（5）语言与刑法（Language and Criminal Law）。该部分深入讨论刑事司法实践中的语言问题，研究的内容包括：沉默权中"沉默"的语义解读，青少年犯罪嫌疑人的语言能力对其理解"米兰达警告"的可能影响，英国警察告知语的分析，警察执法中当事人的"同意"语言，犯罪的语言，警方讯问中的语用含义，等等。

（6）庭审话语（Courtroom Discourse）。该部分系统分析全球不同法系和不同国家的庭审话语以及庭审中的相关语言问题，研究的内容包括：美国的庭审话语，新司法体系下日本的庭审话语，中国的庭审话语，大陆法系纠问制模式下刑事诉讼中的语言分析，庭审司法解释中的语言问题，陪审团指示的语言问题，等等。

（7）知识产权（Intellectual Property）。该部分讨论知识产权案例中的语言问题，具体研究内容包括：商标案中的语言问题，语言与版权，商标法中"独特性"的心理语言基础，等等。

（8）作者身份识别与欺骗（Identification of Authorship and Deception）。该部分集中讨论书面文本的作者认定问题，包括：司法环境中的作者认定，作者身份识别中的语料库语言学方法，剽窃认定，等等。

（9）说话人身份识别（Speaker Identification）。该部分系统讨论说话者的身份认定问题，研究的内容包括：确定难民身份的确定来源地语言分析，影响非专业人士识别说话人身份的因素，基于"语言学—声学"的说话者身份比较，等等。

通过梳理这两部代表性的法律语言学论文集可以看出，相比 21 世纪之前的法律话语研究，新世纪以来西方的法律话语研究无论在研究的广度还是深度上均有所突破，传统的研究论题不断深入，也出现了新的研究领域，如多模态法律话语分析、语料库法律话语分析、计算机法律语言学等。

我们以语音证据的研究为例详细说明本阶段法律话语研究的不断深入。21 世纪之前的语音证据研究主要是语音识别，通过比较获取的语音材料和犯罪嫌疑人的语音特征来确定嫌疑人的身份。随着相关技术的不断发展和司法实践中的需要，进入新世纪以来，语音证据研究有了新的研究方向和应用领域，具体包括四个方向（张清、段敏，2019）：（1）对某一特定语音的研究。通过分析不同语言或同一语言的不同方言之间某一特定语音的特征，探讨模仿或改变某个具体的音是否可以被机器或人工识别，从而预测不同语言之间语音辨别的可能性（Núria，2016）。（2）对人们声音影响因素的研究。如研究人们的声音是否会因为压力大小不同而有所变化（Kirchhübel et al.，2011），是否会因为醉酒而有所变化及其变化的幅度（Schiel & Heinrich，2015），是否会因为使用手机而有所不同（Jovicic et al.，2015），等等。（3）通过分析难民的语音以确定其来源的确定来源地语言分析。设置特定的语言测试，通过测试评估说话者的语言，从而对其身份及准许资格进行判定，被欧美国家广泛使用，用以应对越来越多的难民身份认定问题（Eades，2010a；Patrick，2012）。（4）对非言语特征的分析。如对个人笑声的区分（Land & Gold，2017）等。

2.3　国内法律话语研究的发展阶段

相比西方的法律语言和法律话语研究，我国当代的法律语言研究起步较晚，法律话语研究的出现则更为迟晚，大体是在 20 世纪末，且遵循了西方的法律话语研究传统。法律话语研究在国内的出现，与外语界相关学者的贡献是分不开的，且其发展受到相关专业学会、学术会议以及学术期刊的积极影响。

我国法律话语研究源于 20 世纪 90 年代外语界学者对西方法律话语研究的引介，并于 21 世纪的前十年结合国内司法实践进行了本土化探讨，产生了大量的相关研究成果，标志着我国法律话语研究的创立。2010 年之后，国内法律话语研究领域不断拓展，无论是研究的广度还是研究的深度，都有新的突破，我国法律话语研究进入多元化发展阶段。据此，我国法律话语可以分为酝酿期（20 世纪 90 年代）、创立期（21 世纪前十年）和深化期（2010 年以后）三个阶段。

2.3.1　酝酿期（20 世纪 90 年代）

我国当代的法律语言研究始于 20 世纪 70 年代末的汉语界学者，直至 20 世纪 90 年代，法律语言学的主导者为"汉语模式"。这些研究内容上以法律文书语言为主，涉及的范围广泛；方法上以现代汉语知识运用为主，兼及逻辑学、心理学、方言学、司法精神病学等；学科上局限于语言本身的研究，没有打通其与法学、法律的联系（宋北平，2008）。汉语模式的研究始于 20 世纪 70 年代末我国法制建设的伊始，源于司法实践对法律文书研究的实际需求，研究的重点领域在立法文本、法律文书等法律书面语言，其实质为法律语言的静态描写。汉语模式的法律语言学者对我国汉语法律语言作了深入而系统的研究，对于规范我国法律语言（尤其是立法文本语言和法律文书语言）作出了巨大贡献。此外，作为汉语语言专家，不少法律语言学者在立法文本起草和法庭庭审中担任语言专家，为规范立法文本语言、帮助司法审查作出了积极的贡献。但传统的汉语模式的研究主要为法律文本的静态分析，尚未出现本书讨论的法律话语研究。

从 20 世纪 90 年代开始，尤其是 1993 年国际法律语言学家学会成立以及专业期刊《法律语言学期刊》（*Forensic Linguistics*）创刊，法律语言学的独立学科属性在国际学界得以确立。国际法律语言学家学会的成立极大地推动了全球法律语言研究的发展，包括中国。1993 年之后，一些学者对国外法律语言研究成果的引介，引发了我国外语界学者对法律语言研究的兴趣和热情，我国外语界的一些学者迅速和国外法律语言学界接轨，通过积极参会、交流，引介国外研究成果和研究范式，并尝试性地结合我国的司法实践开展相应的实证分析，为我国法律话语研究的起步和法律语言研究"外语模式"的到来作好了铺垫和准备。

首先向国内引介国外法律语言学的是旅居海外的吴伟平博士，他在研究法律语言并积极参与国际法律语言学相关学术活动的同时，在第一时间向国内介绍了西方法律语言学研究进展以及相关的学术活动。1994年吴伟平在《国外语言学》期刊发表了《法律语言学：会议、机构与刊物》一文，在第一时间向国内介绍了国际法律语言学家学会及其学术期刊《法律语言学期刊》创建的经过和相关情况，并简要梳理了国外法律语言学的研究范畴，包括法律程序中的口语问题、法律文本中的书面语问题、语言学分析在法律中的应用问题、法庭中的多语／双语问题、语言学家出庭作证所涉及的问题。此外，吴伟平于 2002 年所著的《语言与法律——司法领域的语言学研究》对西方法律语言（法律话语）研究作了全面介绍，包括西方法律语言学的形成与现状、学科分类、研究方法等学科本体，以及语音识别、录音会话分析、司法语言、法律书面语言、立法语言、准法律文字、笔迹学、法庭翻译、语言证据等实体研究领域，使国内对西方法律语言学有了一个全面的认识。

吴伟平对国外法律语言学的积极引介极大地激发了我国外语界学者研究法律话语的兴趣与热情。随后，从 20 世纪末到 21 世纪初，中国外语界的学者凭借外语的先天优势（如杜金榜、廖美珍、袁传有、张清、程乐、董晓波、赵军峰、余素青、张新红、陈金诗、刘蔚铭等一大批学者）积极参与国际法律语言学相关学术会议，并参照西方法律语言学的研究范式，结合我国司法实践开展了大量的法律语言学研究，法律话语研究在国内逐渐开启。

2.3.2　初创期（21 世纪前十年）

虽然吴伟平早在 1994 年就已经系统介绍了国外法律语言学的相关情况，且我国外语界学者也开始关注并参与国际学术活动，但国内法律话语研究成果的出现是在进入 21 世纪以后。经过了十年左右的酝酿，在 21 世纪初的前几年国内开始出现 "外语模式" 的研究成果，代表人物为杜金榜和廖美珍。

国内最早系统研究法律话语的当属廖美珍教授，以他的博士论文改编而成的专著《法庭问答及其互动研究》（廖美珍，2003a）以话语分析和言语行为理论为基础，以目的原则为解释框架，以法庭现场审判转写的近 60 万字的录音文字为语料，系统探讨了法庭审判的各个主体间和主体内的互动机制、互动结构特征及其策略，并以目的原则解释了法庭问答互动中的目的关系和合作问题。该书是国内第一部真正从语用和实证视角研究法律话语的力作，开创了国内法律语言研究的新纪元，标志着我国法律话语研究的诞生，并影响了之后国内法律话语研究的主流模式。

此外，廖美珍还发表了一系列论文，包括《中国法庭互动话语对应结构研究》（廖美珍，2003b）、《答话研究——法庭答话的启示》（廖美珍，2004b）、《目的原则与法庭互动话语合作问题研究》（廖美珍，2004c）、《"目的原则" 与目的分析——语用研究新途径探索》（廖美珍，2005a，2005b）、《目的原则与语篇连贯分析》（廖美珍，2005c）、《中国法庭互动话语 formulation 现象研究》（廖美珍，2006b）等，对庭审话语作了深入而系统的探讨，有力推动了国内法律话语研究的发展。

另一位推动国内法律话语研究的诞生与发展的学者是曾任中国法律语言学研究会（China Association of Forensic Linguistics，CAFL）会长、广东外语外贸大学法律语言学研究所负责人的杜金榜教授。其论文《论法律语言学研究及其发展》（杜金榜，2003）从新世纪对法律语言学学科的要求、法律语言学研究的起步情况、研究内容、研究展望等几个方面阐释了法律语言学学科发展的重要性，论证了学科发展的有利条件，并详细列举了法律语言学的研究方向，包括理论研究和应用研究两个方面，理论研究包括法律语言与哲学、法律语用学、法律语言与文化、法律语言逻辑学、法律语言修辞学、法律语音学、法律语言心理学、法律方言学、法律语义学等方向；应用研究包括法庭语言研究、法庭翻译、专家作证、法律双语或多语研究、语料库建设等方向。这一清晰的研究内容规划为之后国内法律话语研究指明了方向。

次年出版的专著《法律语言学》（杜金榜，2004）可以看作是对上述论文的系统深化和拓展，是我国外语界学者首次对法律语言学所作的系统的教科书式的总结，运用语言学、法学、社会学、心理学等学科的理论方法论证法律语言学的一系列重要问题，包括学科的理论构架、主要研究领域、研究方法、研究现状、未来发展、与相邻学科的关系等。同 21 世纪之前汉语界学者有关法律语言的专著不同，该著作基于西方法律语言研究范式，侧重于动态的法律话语研究。该专著的出版，标志着国内法律语言研究"外语模式"的到来，对于推动国内法律话语发展具有重要的意义。

此外，中国法律语言学研究会从 2004 年起由杜金榜担任会长，至此之后，外语界学者成为国内法律语言研究的主力军，每两年召开一次的"法律语言学学术研讨会暨中国法律语言学研究会年会"成为国内法律语言研究的学术盛宴，尤其是基于研讨会出版的论文集，如基于 2006 年第四届研讨会出版的《中国法律语言学展望》（杜金榜，2007）和基于 2008 年第五届研讨会出版的《法律语言研究新进展》（杜金榜，2010），更是产生了长久的影响力，有力助推了国内法律话语研究的发展。

国内有学者曾对 1994~2005 年国内有关法律语言学研究的文章进行检索统计，分析结果表明：此时间段的相关研究呈明显上升趋势，研究对象侧重于法律语言的书面语和综合型研究，研究内容主要集中在国外研究成果的介绍与引进和立法语言两个方面，以理论性研究为主，实用性研究为辅（马煜，2005）。但是，从基于 2006 年和 2008 年法律语言学研讨会的论文集《中国法律语言学展望》和《法律语言研究新进展》可以看出，从 2005 年之后，国内法律语言研究发展迅速，且法律语言应用研究（包括基于司法实践的语言分析、法律翻译和法律语言教学）逐渐成为法律语言研究的重点。

基于 2006 年研讨会的《中国法律语言学展望》（杜金榜，2007）的研究内容分为法律语言学研究、法律语言应用研究、法律语言翻译研究和法律语言教学研究四个大类，前者为法律语言的本体研究，后三者均为法律语言的应用研究。其中法律语言学研究也有法律文本的静态分析，但仍然有大量的动态的法律话语研究，研究内容涉及难民庇护寻求者案件中的语言分析、庭审中法律平等的语言实现、司法判决中法律事实的话语建构、法庭论辩中的言语策略分析，等等。与此类似，基于 2008 年研讨会的《法律语言学研究新进展》（杜金榜，2010）包括法律语言学理论研究、法律语篇分析、法律翻译和法庭口译研究、法律语言研究的应用、法律语言教学等五部分，研究的重点仍然是动态的法律话语。

总之，在进入 21 世纪后，以廖美珍和杜金榜为代表的我国外语界学者开始结合我国司法实践系统探讨法律话语问题，尤其是 2005 年以后，随着法律语言研究的"外语模式"的到来，在中国法律语言学研究会及其主办的研讨会的推动下，由我国外语界学者主导的法律话语研究发展迅速，成为法律语言研究的主流，标志着我国法律话语研究的日渐成熟。

2.3.3　深化期（2010 年以后）

随着 2003 年廖美珍的专著《法庭问答及其互动研究》和杜金榜的论文《论法律语言学研究及其发展》以及 2004 年的专著《法律语言学》问世，国内法律语言研究正式步入"外语模式"时代，法律话语研究至此诞生，并在之后的几年得以快速发展并形成一定规模。

进入 21 世纪的第二个十年，国内法律话语研究领域不断拓展，无论是研究的广度还是研究的深度，都有新的突破，我国法律话语研究进入了鼎盛时期，呈现法律语言理论研究、法律话语应用研究、法律翻译研究、法律语言教学研究等多方向协同发展的态势，标志着国内法律话语学科的日趋成熟及其学科地位日渐得到学界的认可，这从国家社科项目的立项可以清楚地看出（见表 2-1）。

表 2-1　法律话语相关国家社科项目

负责人	项目名称	立项时间
王　洁	法律语言研究	1996 年
廖美珍	中国法庭话语语用研究	2006 年
袁传有	新媒体普法话语多模态研究	2012 年

（续表）

负责人	项目名称	立项时间
马 莉	基于文化视角的法律语言翻译研究	2012 年
杜金榜	基于语料库的法律信息挖掘模式研究及应用研究	2013 年
熊德米	《大清律例》英译比较研究	2013 年
张丽萍	庭审话语的社会认知研究	2013 年
杨德祥	英美法律解释中隐喻的说服功能研究（西部项目）	2013 年
董晓波	我国法律法规翻译的统一与规范化研究	2014 年
魏磊杰	全球化时代的"法治"话语霸权及中国的因应对策	2014 年
屈文生	中英中美不平等条约翻译史研究（1842—1943）	2014 年
陈海庆	中国当代庭审话语语调表征及其信息效果研究	2015 年
程 乐	基于平行语料库的法律翻译研究	2015 年
袁振华	司法话语的适用语言学研究	2016 年
赵军峰	国家战略视角下的翻译立法研究	2017 年
张法连	新时代"英语＋法律"复合型外语人才培养体系构建与应用研究（重点项目）	2018 年
屈文生	"一带一路"沿线国家法律文本翻译、研究及数据（重大项目）	2018 年
马泽军	中国当代庭审转述话语的多声源特征、功能及语用阐释研究	2018 年
张法连	美国国会涉华法案文本整理、翻译与研究（1979—2019）（重大项目）	2019 年
熊德米	《尚书》政治法律语言英译比较研究	2019 年
陈 欣	基于"法律与文学"视野的中国法治话语体系研究	2019 年
黄永平	《中华人民共和国刑法》英译的法律语言学研究	2019 年
何静秋	基于语料库的法庭话语权力互动机制研究（西部项目）	2019 年

　　如表 2-1 所示，2010 年之前国内法律语言相关国家社科项目只有 1996 年王洁的国家社科一般项目"法律语言研究"和廖美珍 2006 年的国家社科一般项目"中国法庭话语语用研究"；而从 2010 年之后，国内法律话语相关国家社科项目纷纷出现，从 2012~2019 年便有 20 多项，且在近几年出现了重大项目和重点项目立项；就研究内容而言，涵盖法律语言理论研究、法律话语应用研究、法律翻译研究、法律语言教学研究等，其中法律翻译和法律话语应用研究立项最多，各有 10 项，法律语言理论研究 2 项，法律语言教学研究 1 项。

　　总体而言，2005 年以后形成的法律语言理论研究、法律语言的应用研究、法律翻译研究、法律语言教学研究等大的研究领域在该阶段没有大的变化，但具体的研究内容和侧重点有所不同。我们以各领域新出现的代表性成果为主，对该阶段的研究作一简要梳理。

1. 法律语言理论研究

　　就法律语言理论研究而言，除了介绍西方法律语言研究之外，国内学者基于语言这一本体开始探讨新的理论交叉，其中重要的领域包括法律修辞、法律叙事、法律语篇信息研究、基于系统功能语言学的法律语言研究、法律语用理论研究等。

　　随着修辞学的复兴与繁荣，尤其是佩雷尔曼的新修辞学理论的发展，修辞学研究成为学术界研究的一个热点。国内法律修辞的研究始于2010 年之后，学者将修辞学与法学结合，产生了法律修辞学，代表性著作有《法律修辞学导论——司法视角的探讨》（焦宝乾，2012）和《法律修辞学：理论与应用研究》（焦宝乾，2015）。从文献梳理中可以看出，无论是在理论层面还是应用层面，法律修辞研究如火如荼，方兴未艾。在理论层面，学者从本体层面对法律修辞的概念、理念、理论来源、功能、限制及其与法治、公平、正义、民主等的关系作了全面的探讨。一方面，法律修辞被看作是一种跟现代法治理念相契合的思维方式，"把法律作为修辞"是这种思维方式的生动表述。另一方面，法律修辞作为一种论证方法，具有重要的方法论意义，可将其作为研究视角或研究工具，分析法律应用问题，即司法实践问题；同时，也可将其用于研究诸如民主、公正、法治等各种跟法学密切相关的问题。在实践层面，司法领域法律修辞研究也在不断拓展，逐步深入，从刚开始主要关注判决书修辞，逐步扩展到律师辩护词、法官调解、庭审论辩、事实建构等领域，且讨论时能够和法治、公正、民主等核心价值理念相勾连，拓宽讨论的维度。

　　随着叙事学的日渐完善，尤其是拉波夫对叙事学的发展，国内学者开始将叙事学引入其他领域，进行跨学科叙事研究。此方面的代表性成果为余素青（2013）所著的《法庭审判中事实构建的叙事理论研究》。该著作针对法庭叙事的理论展开探讨，具体包括法庭事实构建及其问题分析、法庭叙事的形式及结构分析、庭审叙事的特征分析、庭审叙事的连贯机制、法庭叙事的有效性分析、判决书的叙事分析等内容，是把叙事学和语言学学科的相关理论有机地运用于法庭审判中的叙事研究的一种尝试，其研究成果对法律语言学、话语语言学以及叙事学理论和应用都有所发展。

信息语篇研究的代表性成果为杜金榜（2014）所著的《法律语篇信息研究》，该著作基于作者多年来对法律语篇信息的系统研究，提出并深入阐述了"语篇信息理论"（Discourse Information Theory，DIT），对语篇信息理论的缘起、主要内容和理论模式进行了具体介绍，对重要观点、信息分析方法、语篇信息研究的操作过程和基本技术、相关工具等进行了全方位的描述和讨论。该著作结合具体的法律语篇实例分析，充分展示了语篇信息理论在法律语言学研究中的广泛应用前景。此外，赵军峰（2011）的《法律语篇信息结构及语言实现研究》也是此方面研究的力作，通过英汉语篇对比的方法系统探讨了法律语篇信息结构及其语言实现的规律。此方面的研究还包括陈金诗（2011a）的《控辩审关系的构建——法官庭审语篇处理的框架分析》、徐优平（2013）的《语篇信息视角的中国法院调解说服实现研究》等。

基于系统功能语言学的法律语言研究以系统功能语言学为理论基础，系统探讨法律语言的语篇、语义以及情态意义。语篇语义研究的代表性成果为王振华（2020）的著作《法律语言研究：语篇语义视角》，以系统功能语言学为理论基础，以法律语境下使用的"法律语篇"为研究对象，通过对词汇和语法构成的分析探究法律的内涵，内容主要涉及庭审语篇、调解语篇和立法语篇，运用语篇语义的观点分析和解释法律语篇中语言传递的意义，如概念意义、人际意义和谋篇意义。此方面的代表性研究还有程微（2015）的《刑事庭审语篇中的态度韵律研究》，该著作以系统功能语言学为理论框架，以语料库研究为基础，利用评价理论及语类理论探究了刑事庭审语篇中态度韵律的结构及其应用。

随着语用学的日渐成熟和影响力不断扩大，尤其是哲学的语用学转向和非形式逻辑的产生和发展，国内有学者从理论层面系统讨论法律的语用学维度。其代表性著作为张斌峰（2014）的《法律的语用分析：法学方法论的语用学转向》。作者提出，法学的语用学转向或者法律的语用分析维度，意味着对法律的理解须将其置于语言使用之中、言语行为活动之中、多主体的交互行为活动之中以及行为者所处的语境与人文网络之中，以生活世界和语言游戏中的语言使用和言语行为为分析对象，透过语境及其人文网络把握法律的意义。从语用视角来看，立法、司法乃至执法以及法学家们的一切活动，都是法律的言语行为活动；法律实践活动是一种由法官、当事人、律师等法律交往主体参与的交往行为活动。法律的语用分析进入了法律推理、法律论证和法律解释的领域，形成了与之交叉又具有自主性的整合型方法论。

2. 法律语言应用研究

相比理论研究，法律语言应用研究领域更多，成果也更为丰富。限于论述的侧重点和篇幅，此处对 2010 年后有代表性的法律语言应用研究作一简要梳理，包括法庭话语研究、侦查讯问话语研究、司法调解话语研究、社区矫正话语研究、法律话语的语用研究、案件事实建构研究等。

由廖美珍开创的庭审话语分析思路和研究方法影响了国内许多研究者，成为之后很长时间内法律语言实证研究的主导模式，研究的对象不仅包括庭审话语，还包括侦查讯问话语、调解话语和社区矫正话语等。其中，法庭话语研究成果较多，代表性著作包括李立和赵洪芳（2009）的《法律语言实证研究》、余素青（2010）的《法庭言语研究》、吕万英（2011）的《法庭话语权力研究》、张清（2013a）的《法官庭审话语的实证研究》、施光（2014）的《中国法庭庭审话语的批判性分析》等。这些研究均以庭审实录话语为语料，采用话语分析方法和语用学相关解释理论，从不同视角系统解读了庭审话语的互动本质（语言作为过程）及其所体现的法庭权力 / 权利关系（语言作为工具）。除了此类较为宏观的法庭话语著作之外，近年来还有大量有关庭审问话的微观层面的深入分析，比如以陈海庆为代表的一些学者对我国当代庭审话语中语调特征（陈海庆、刘乐乐，2017；陈海庆、刘文婕，2019；陈海庆、孙润好，2020a；马泽军等，2017；徐静、陈海庆，2012）和庭审话语的语用功能（陈海庆等，2018；陈海庆、李雅楠，2017a，2017b；陈海庆、刘乐乐，2017；陈海庆、孙润好，2019，2020a，2020b；高思楠、陈海庆，2016；李文举、陈海庆，2020）进行的深入而系统的分析。

侦查讯问话语的代表性研究为曾范敬（2016）的《侦查讯问话语实证研究》。该研究以侦查讯问双方的权力关系为切入点，综合利用话语分析、批评话语分析、互动社会语言学、语料库语言学等工具，对侦查讯问话语进行了批评分析，揭示了侦查讯问话语中的权力不对称现象。此外，我国学者黄萍也对侦查讯问话语作了系统分析，包括侦查讯问话语的对应结构（黄萍，2010）、侦查讯问话语的叙事结构（黄萍，2012）、侦查讯问问答互动中的言语行为选择（黄萍，2014）等。

司法调解话语研究的代表性著作为程朝阳（2015）的《司法调解语言及其效用研究》。该著作以我国"司法调解语言"为研究对象，以外在观察者的视角，综合运用法理学、语用学和社会学的相关理论和方法，并结合实录转写的语料实例，分析了我国法庭调解语言的实际使用情况，揭示了我国法庭调解活动中各调解参与者的话语行为类型、特征、结构及功能，并阐明了不同话语行为与角色、目的、权力、修辞等要素之间的互动关系及其效果。此外，柯贤兵（2012）开展了中国法庭调解话语的博弈研究，以法庭调解话语为研究对象，在整合语言博弈观、适应观和目的观的基础上，建构调解话语目的博弈论的理论框架，并结合法庭调解活动特点，对法庭调解话语运作机制和使用现状进行定性描写、阐释和规范建构。

社区矫正话语的研究者为以袁传有为代表的一些学者，其中郑洁和袁传有（2018）采用人类学田野调查和语篇分析等质性研究方法，探讨了社区矫正调查评估中被告人如何运用多模态资源构建自身身份以及被告人妻子如何运用语言和多模态资源构建被告人的身份；罗兴和袁传有（2019）运用马丁（J. R. Martin）的适用语言学理论，通过观察、录音、转写10场初始评估的语料，对社区矫正初始评估话语的语类结构以及不同阶段的交换结构进行了分析；郑洁和袁传有（2021）通过观察、录音和转写10场社区矫正语料，提出社区矫正司法社工身份话语构建的分析框架，并基于此分析了司法社工如何使用态度评价资源来构建身份。

法律话语的语用研究主要为结合语用学理论或语用学视角对法律话语的研究。其实，以廖美珍为代表的庭审话语研究［如廖美珍（2003a）

的《法庭问答及其互动研究》、李立和赵洪芳（2009）的《法律语言实证研究》、余素青（2010）的《法庭言语研究》、吕万英（2011）的《法庭话语权力研究》、张清（2013a）的《法官庭审话语的实证研究》等］本身即包含了语用学视角。郑东升（2018）的著作《中国法庭语用学研究》是国内第一部作品名中包含"语用学"的法律话语著作，通过语用学相关理论和语料分析方法，对法官在整个庭审过程中所涉及的语言使用问题作了系统研究，并结合我国司法制度的相关规定，试图构建了一种法庭语用学规范。此外，国内有大量学者以语用学相关理论为基础对法律话语作了系统研究，如赵永平等采用语用学相关理论对庭审话语的系统分析，包括法律语言研究的语用学转向的讨论（赵永平，2015a）、庭审话语的语用模糊分析（赵永平，2014）、法庭话语交际语境的顺应性分析（赵永平，2014）、法庭话语中的语用预设分析（彭洁，2014）、法庭话语中的"合作"分析（赵永平，2015b）等。另外，陈海庆等学者系统分析了不同庭审话语类型的语用功能，包括选择问句（陈海庆、李雅楠，2017a）、反问句（陈海庆、孙润好，2019，2020a，2020b）、正反问句（陈海庆、刘乐乐，2017）、特指问句（陈海庆等，2018；高思楠、陈海庆，2016）、祈使句（郝玥、陈海庆，2018）、话语标记语（陈海庆、李雅楠，2017b）等。

案件事实构建研究原本为法学界的研究范畴，但是由于事实本身需要语言来构建，所以也引发了外语界学者（或法学界学者从语言学视角）的研究兴趣。此方面的代表性成果为孙利（2013）所著的《事实构建的法律语言学研究》，基于法律心理实证研究和语用顺应理论、拉波夫的叙事理论和吉本斯提出的警察讯问结构，作者提出了"因素分析、叙事成分和体裁结构"的分析框架，并基于此框架系统分析了中国刑事案件证人证言的形式结构和影响证人证言的诸多因素，包括证人的涉案关系、年龄、警察的问话类型、案件的暴力程度、事后信息和见证时间等，并研究了每两个不同因素之间的交互作用。此外，刘燕（2017）的著作《法庭上的修辞：案件事实的叙事研究》是国内第一部系统讨论案件事实叙事构建的力作，作者以崔英杰案和邓玉娇案为切入点，系统讨论法庭上案件事实的叙事演化过程及其使用的修辞策略，是法学界学者从语言视角分析案件事实的代表性成果。

3. 法律翻译研究

　　无论是在我国法治建设还是我国司法实践中，法律翻译均扮演着举足轻重的作用。一方面，在中国现代法学的发展中，法律翻译功不可没，现代意义上的中国法学是翻译法学，法律翻译是我国法治建设的重要方面，法律翻译直接影响和促进着现代中国法治的发展与进步；此外，法律翻译也是涉外法治的重要内容，是推动"一带一路"建设的重要举措（张法连，2018a），也是提升我国法治文化软实力的重要渠道（董晓波、胡波，2020）。另一方面，在现代全球法治化时代存在大量的法律翻译实务，需要大量的法律翻译理论和实践探讨。因此，法律翻译既是西方法律语言学界关注的一个热点，同时也是我国外语界法律语言学者关注的重点，而且可以说是相关研究中成果最多的领域。由于篇幅所限，此处不再详细说明法律翻译的具体研究成果，而是按照相关综述和对中国知网（CNKI）的初步检索，简要分析法律翻译研究的相关主题和发展趋势。

　　叶洪和段敏（2019）对 2008~2017 年发表于国内 CSSCI 刊物的法律语言相关研究结果统计发现，法律翻译类论文为法律语言研究成果最多的领域，占 42.7%，远高于其他领域的研究成果（法律语言应用研究占 32%，法律语言理论研究占 17.4%，法律语言教学研究占 7.9%）。与此类似，胡朝丽（2019）对 2000~2019 年国内核心刊物发表的法律英语（分为翻译研究、教学研究和语言特征研究三个方向）相关论文统计结果表明，翻译研究占比最高，达到 43%，这与叶洪和段敏（2019）的统计基本一致，足以看出国内学者对法律翻译研究的"青睐"。的确，从中国知网检索可以发现，法律翻译既是我国外语界法律语言学者最早关注的领域[1]，也是成果最多的领域[2]，内容涉及翻译策略、翻译技巧、翻译理论、翻译实践、翻译原则、翻译方法、法律术语、法律文本、法律

1　最早可以追溯到 1986 年陈忠诚发表于《中国翻译》的论文《从一个实例看法律条文的英译》。

2　从中国知网输入关键词"法律翻译"，按"主题"搜索，可以得到近两千条文献。

翻译人才培养等[1]。

从梳理发表于国内 CSSCI 核心刊物的法律翻译相关论文可以看出，法律翻译研究兴起于 2010 年前后，2009 年之前相关研究较少（1998~2008 年每年平均 2 篇，且 2005 年之前平均每年 1 篇），2008 年之后相关研究猛增，平均每年 10 篇以上。就研究内容而言，2000 年之前的一个研究重点是讨论澳门法律的相关翻译问题。2000~2008 年仅有的十余篇论文多为较宏观的讨论，如我国法律翻译中存在的问题、中国法律法规英译的问题和解决、比较法律文化与法律翻译、法律翻译与法律意识、文本类型与法律文本、法律翻译中译者的创造性等，也有少量较为微观的深入讨论，如法律翻译中的"条""款""项""目"，法律术语"原告"和"被告"的英语译名等。从 2009 年开始，法律翻译研究猛增，研究主题日渐多元化，包括法律文本翻译、法律术语翻译、法律法规翻译、立法文本翻译、法庭口译、古代法律翻译、翻译原则、翻译策略、翻译理论、翻译实践、翻译过程、翻译问题、翻译标准、法律移植、法律翻译教学、翻译教材、法律翻译人才培养、MTI、法律译者、形式对等、法律话语、法律文体等。就研究者而言，发表论文最多的是张法连和屈文生（各 10 篇），还包括国内其他主要法律翻译学者，如李克兴、董晓波、赵军峰、吴苌弘、熊德米、程乐、徐文彬、顾维忱、刘法公等。

另外，2010 之后，尤其是近几年，国内还出版了一些法律翻译方面有影响力的专著或译著，如李克兴（2016，2018）的专著《高级合同写作与翻译》和《法律翻译 译·注·评》，张法连（2014，2017）的专著《法律语言研究：法律英语翻译》和《中西法律语言与文化对比研究》，屈文生（2018）主编的论文集《法律翻译研究》，赵军峰（2017）

1　从中国知网查找的"法律翻译"文献相关主题和统计频次结果分别为：法律翻译（1 139），法律文本（229），翻译策略（195），法律英语（191），法律术语（138），法律语言（125），翻译报告（120，）翻译实践报告（120），翻译原则（94，）翻译方法（81），翻译过程（72），法律文本翻译（67），法律英语翻译（64），功能对等（63），法律术语翻译（61），翻译技巧（50），翻译实践（46），功能翻译理论（43），功能对等理论（39），翻译理论（39），法律文化（38），立法文本（37），文本类型（35），法律法规翻译（31），汉译英（27），立法文本翻译（25），术语翻译（23），法律语言学（23），静态对等（22），实践报告（22），判决书（22），澳大利亚（21），法律翻译人才（21），文本类型理论（21），法律词汇（21），专业术语（20），平行文本（20），法律翻译原则（20），等等。

的译著《法律翻译新探》，董晓波和于银磊（2020）的专著《法律翻译》等。此外，屈文生和张法连于 2018 年和 2019 年获批的国家社科重大项目"'一带一路'沿线国家法律文本翻译、研究及数据"和"美国国会涉华法案文本整理、翻译与研究（1979—2019）"是我国法律语言领域学者获批的最高级别的项目，其系列研究将有力助推法律语言，特别是法律翻译研究的发展。

4. 法律语言教学研究

法律语言教学在我国主要指法律英语教学。法律英语教学也是我国法律语言研究者的一个重要研究领域，尤其是近几年来，随着国家对涉外法律人才培养的重视和国内各高校法律英语专业（或方向）的设立，法律英语教学和法律英语人才培养成了一个研究的热点。我们按照相关综述和对中国知网的初步检索，简要分析法律英语教学的相关主题和发展趋势。

根据胡朝丽（2019）对 2000~2019 年国内核心刊物发表的法律英语相关论文统计结果，法律英语教学研究占 39%，仅次于法律翻译的43%。从中国知网检索"法律英语教学"，可以得到近 500 条相关文献，研究的主题涉及法律英语课程、教学方法、教学改革、教学目标、课程设置、教学实践、教学现状、教学内容、教学模式、实践教学、双语教学、案例教学法、专门用途英语（ESP）、涉外法律人才、复合型人才、多模态等[1]从文献发表的年度来看，最早的文献可以追溯到 1993 年由熊一娣在《现代法学》发表的《法律专业英语的教与学》一文。此后到2005 年，相关研究成果都比较少，每年发表的文献平均 2~3 篇，2005

---

1 从中国知网查找的"法律英语教学"文献相关主题和统计频次结果分别为：法律英语（348），法律英语教学（233），法律英语课程（64），教学方法（46），教学模式（42），双语教学（38），ESP（36），教学改革（27），案例教学法（26），法制教育（22），教学目标（19），专业英语教学（19），专门用途英语（19），涉外法律人才（18），课程设置（17），英语教学（17），大学英语教学（17），教学中的应用（17），案例教学（16），学习者（16），法学专业（15），普通英语（14），教学实践（14），法律翻译（11），复合型人才（11），教学中（11），教学现状（11），教学内容（11），法律英语词汇（10），法律英语翻译（10），多模态（10），图式理论（10），法律专业（10），法律硕士（9），公共英语（9），翻译教学（8），法律双语教学（8），人才培养（8），教学模式研究（8），实践教学（7），等等。

年之后，相关研究激增，2006 年为 21 篇，此后每年的文献量均在 20
篇以上，其中 2010 年前后为文献最高值，2010 年有 53 篇，2011 年和
2012 年分别为 42 篇和 41 篇。

　　就相关研究内容来看，2010 年之前的研究多为法律英语教学本身
的宏观论述或教学现状、教学方法、教学改革、教学模式等较为浅显的
微观讨论，缺乏深入的探讨。2010 年以后相关研究逐渐深入，结合相
关理论较为深入地分析法律英语教学的特性和具体操作，如案例教学
（如王芳，2013；赵琪，2012）、多模态教学（如徐优平，2017；袁传有，
2010；赵永平，2018）、内容为依托的教学（李立、宫明玉，2016；张清，
2019）、基于语料库的教学（陈金诗，2011b；孟超、马庆林，2019）等。
另外，随着国家大力倡导涉外法治人才的培养，近几年出现了一些法律
英语学科定位及其教学和人才培养的深入讨论，如张法连（2019）从教
学目标、教学理念、学科体系、教学安排、教学方法、教学原则和教学
评估等方面界定了法律英语的学科内涵；张法连（2018b）从人才培养
目标、课程设置、师资队伍建设、法律英语人才评价机制等几个方面阐
述了构建"英语 + 法律"复合型人才培养机制的具体路径。

　　另外，2010 年 6 月，中国法律英语教学与测试研究会正式成立，
并于每年举办中国法律英语教学与测试国际研讨会以及相关的法律英语
高级论坛，为法律英语教师及相关学者搭建了学习与交流的平台，有效
促进了法律英语教学研究的发展。此外，张法连于 2018 年获批的国家
社科重点项目"新时代'英语 + 法律'复合型外语人才培养体系构建
与应用研究"是唯一一项有关法律英语教学的高级别项目，其系列研究
成果也将有力助推国内法律语言教学研究的发展。

　　总之，无论是国外还是国内，法律话语的研究均经过了从无到有、
由浅入深的过程，经历了酝酿与过渡、发展与深入等发展阶段。经过多
年的发展，国内外法律话语研究均已日渐成熟。我国的法律话语研究源
于我国外语界学者对国外法律话语研究的关注与本土化探讨，且自始至
终遵循着国外研究的范式和步伐，但也呈现出自己的特色。相比而言，
国外的法律话语研究侧重司法实务中的话语，尤其是语言证据研究和法
律行业内外的语言交流，而国内这两方面的研究较少。与此相对，国内
也有基于司法实务的研究，但由于我国法律话语研究"外语模式"的主

导地位，法律翻译与法律英语教学成为我国法律语言相关研究的重要领域，研究成果远多于司法话语分析。

2.4　法律话语研究的平台

一个学科成熟的标志是专业学术委员会及定期召开的学术会议以及专业学术刊物等研究平台的出现与成熟，反过来，这些专业平台又会促进该专业领域快速、健康地发展。就法律话语领域而言，20 世纪90 年代，国外法律话语研究的日渐成熟催生了其专业学术组织国际法律语言学家学会的成立以及专业学术刊物《法律语言学期刊》（*Forensic Linguistics*）的出现，而国内法律话语研究的缘起与快速发展很大程度上得益于相关专业学会、会议以及期刊等专业研究平台的积极影响。其中，国际法律语言学家学会以及定期召开的专业学术会议吸引我国外语界学者的积极参与，直接推动了国内法律语言研究"外语模式"的出现，并进而促使法律话语研究在中国的诞生。而中国法律语言学研究会的成立与学术会议，也有力推动了国内法律话语发展。此外，由国际法律语言学家学会主办的《法律语言学期刊》以及国内一些相关的学术期刊对于繁荣和推动法律话语研究产生了积极影响。

2.4.1　专业学会与会议

法律语言学的国际专业组织是国际法律语言学家学会，在国内是中国法律语言学研究会。国际法律语言学家学会的成立及其学术会议有力推动了全世界法律话语的有序发展，尤其是促使国内法律语言学"外语模式"的诞生和法律话语研究的缘起；而中国法律语言学研究会的成立及其学术会议极大地推动了国内法律话语研究的发展。

1. 国际法律语言学家学会

20 世纪 80 年代至 90 年代，语言学的发展日新月异，学科划分越来越细，许多语言学的交叉学科应运而生，并促使各语言学专业委员会的成立。1993 年，国际法律语言学家学会在英国的伯明翰成立，该学会主要由语言学家组成，其工作主要涉及语言和法律事务。至此，依托于国际法律语言学家学会的法律语言学作为一门学科正式诞生，学会为国际法律语言学研究者提供了一个交流和分享成果的舞台，并为中国法律语言学研究尤其是法律话语研究产生了重要的影响。大会每两年举行一次，迄今为止已举办了 14 届，其中第 12 届于 2014 年 7 月在广东外贸外语大学举办，这是迄今为止在亚洲国家首次承办该学会的大会（刘蔚铭，2014）。国际法律语言学家学会首任会长是英国阿斯顿大学的库特哈德（Coulthard）教授，此后，国内较为熟悉的学者吉本斯（Gibbons）、索兰（Solan）、蒂尔斯马（Tiersma）等曾担任过国际法律语言学家学会的主席，现任主席为美国西雅图大学法学院的安斯沃思（Ainsworth）。

　　根据其官网介绍，国际法律语言学家学会的目的是要通过更好地理解语言和法律之间的相互作用，来改善全球法律体系的管理。更具体地说，该学会旨在促进：（1）学习法律语言，包括法律文件和法院、警察和监狱的语言；（2）使用语言证据（语音、形态—句法、语篇—语用）分析文本作者、剽窃抄袭、说话人识别、声音比较、供词供状、语言分析、自杀遗言、消费品警告语等；（3）在民事案件中使用语言作为证据（商标、合同纠纷、诽谤、产品责任、欺骗性贸易行为、侵犯版权）；（5）减轻法律制度中基于语言的不平等和不利因素；（5）法律界和语言界之间的思想和信息交流；（6）研究专家证言、语言证据以及法律口译和笔译的实践、改进和伦理；（7）公众对语言和法律之间相互作用的更好理解。国际法律语言学家学会还有进一步的目标，即进一步促进语言学家对法律语言学发展与实践的研究，具体包括：（1）在世界各地有关专业人员中传播有关语言分析及其法律应用的知识；（2）促进制定法庭作证以及撰写相关报告的《从业守则》；（3）收集供司法研究人员使用的供词供状、自杀遗言和警察审讯等重要事项的语料库[1]。

1　参见国际法律语言学家学会官网相关介绍。

可以看出，国际法律语言学家学会的成立旨在推动全球法律语言学的发展，其中诸多目标都契合了法律话语的研究主旨，如语言证据、语言不利地位、法律语料库、法律翻译等。就中国法律话语研究而言，国际法律语言学家学会通过其组织机构和专业会议对我国法律话语的发展产生了积极影响。中国学者廖美珍、杜金榜、刘蔚铭、袁传有、余素青、张新红、程乐、李立、张清等积极参与国际法律语言学家学会举办的大会，留下了自己的学术印迹，也有力地助推了法律话语在国内的发展。

2. 中国法律语言学研究会

国际法律语言学家学会的成立及其有效运行给国内法律语言学界产生了重要影响，也为国内相关学术群体提供了重要启示，这直接促使国内法律语言研究者的行业组织——中国法律语言学研究会的成立。

中国法律语言学研究会的发展历史可以追溯至 20 世纪末。1998 年12 月，国内一批法律语言研究人员在海口进行了"法律语言在法律实践中的运用"学术交流会。1999 年 6 月，"法律语言与学科建设"学术交流会在上海举行，为形成相关学术团体作了准备。2000 年 7 月，"法律语言与修辞国际研讨会"在上海举行，会议决定成立中国法律语言学研究会并推选姜剑云先生为研究会会长，刘愫贞、王洁教授为副会长。从此，中国法律语言学研究会正式成立。2004 年 12 月，中国法律语言学研究会第二次理事会在广东外语外贸大学召开，推选了新的领导班子，由杜金榜教授担任研究会会长，并将研究会会址和研究会秘书处设在广东外语外贸大学，以广东外语外贸大学法律语言学研究所为依托，全面开展工作。2016 年 10 月 22 日，中国英汉语比较研究会在上海召开理事会和常务理事会，讨论通过吸收中国法律语言学研究会为中国英汉语比较研究会的下属二级学会，2016 年 11 月 26 日，在"第九届全国法律语言学研讨会"上，中国英汉语比较研究会会长罗选民教授致辞并宣读了《中国英汉语比较研究会第六届常务理事会关于成立法律语言学专业委员会的决议》，原中国法律语言学研究会正式更名为中国英汉语比较研究会法律语言学专业委员会[1]。

自 2004 年以来，研究会每两年召开一次全国性的研讨会，上海（华东政法大学，2006 年、2020 年）、广州（广东外语外贸大学，2008 年、2016 年）、重庆（西南政法大学，2010 年）、郑州（中原工学院，2012 年）、西安（西北政法大学，2014 年）、北京（中国政法大学，2018 年）等地先后承办了研讨会，2022 年 11 月再次在广州召开，由广东外语外贸大学承办。

此外，有些研讨会基于提交的论文还专门出版了相关论文集，如由杜金榜（2007）主编的《中国法律语言学展望》是基于 2006 年"第四届法律语言学学术研讨会暨中国法律语言学研究会年会"的论文集，收录了 45 名参会代表的论文，并分为法律语言学研究、法律语言应用研究、法律语言翻译研究和法律语言教学研究四个大类。杜金榜（2010）主编的《法律语言研究新进展》是基于 2008 年"第五届法律语言学学术研讨会暨中国法律语言学研究会年会"的论文集，收录了法律语言学理论研究、法律语篇分析、法律翻译和法庭口译研究、法律语言研究的应用、法律语言教学等领域的 30 余篇论文。此外，由郭万群（2013）主编的《中国法律语言学研究：理论与实践》是基于 2012 年"第七届法律语言学学术研讨会暨中国法律语言学研究会年会"的论文集，收录了法律语言学理论及应用、法律话语、法律翻译、法律语言教学等领域的 30 余篇论文。这些专业论文集中有大量的法律话语方面的研究成果，其出版与发行对于推动国内法律话语研究的发展具有重要意义。

作为一个全国性的法律语言研究学术团体，中国法律语言学研究会立足于中国法律语言实践，积极组织、主办各种类型的法律语言研讨会、学术交流会，为国内法律语言研究人员相互交流提供了重要平台，积极推动了国内话语研究的发展。此外，中国法律语言学研究会充分发挥自身优势，加强与国外法律语言研究机构、研究人员的联系，在引进和借鉴国外法律语言最新研究成果的同时，积极向国外介绍中国法律话语研究成果，让世界了解中国的法律话语研究，让中国的法律话语研究走向世界。

1　参见中国法律语言学研究会官网："中国英汉语比较研究会法律语言学专业委员会简介"。

2.4.2 专业期刊

学科的发展也有赖于专业期刊的推动，而专业学术期刊的出现也标志着某一学科领域的成熟。其中，国际法律语言学家学会于 1994 年成立之时创办了《言语、语言与法律国际期刊》；此外，随着国内法律语言学的发展，国内也出现了针对国内学者的中文版相关专业期刊，以及由国内学者作为主编的针对国际的英文版专业期刊。这些专业期刊为法律语言学者提供了发表专业论文的平台，极大地促进了国内法律话语研究的发展。

1. 国际期刊

《言语、语言与法律国际期刊》原名为《法律语言学期刊》，是 1994 年创办的法律语言学专业期刊，是世界上唯一的法律语言学专业杂志，为 SSCI 期刊。该杂志由国际法律语音学学会和国际法律语言学家学会共同创办。这两个机构分别于 1991 年和 1993 年在英国的约克和伯明翰成立，改变了过去语音学家、语言学家参与法律咨询工作各自为战的状况。过去，法律语言学研究者所写的学术论文散见于各种刊物，既有主流语言学、语音学刊物，又有跟法律、法律科学有关的刊物，跟法律语言学的学科性质与发展不相称，所以上述两个机构决定创办此刊，作为自己的学术刊物。

《言语、语言与法律国际期刊》编委由 23 位知名学者组成，其中有语音学家拉第福吉德（Ladefoged）、语义学家卡普兰（Kaplan）、社会语言学家拉波夫等人。1994 年出版的第 1 卷第 1 期列出九个要点，包括根据录音确定说话人的身份、背景、地区等的方法，运用听觉语音学和声学分析方法以解读难以听懂的录音；笔迹学中的种种问题；运用词汇—语法分析法解答材料出自何人之手的问题；对商标、广告、口号进行语义分析，并运用心理语言学研究资料，解决其版权和专利问题等（林书武，1996）。

此外，于 1988 年创刊的《法律符号学国际期刊》（ *The International Journal for the Semiotics of Law* ）是世界上唯一专注于法律符号学学科的期刊，具有语言学和法学的跨学科性质，也会发表一些法律语言学和法律话语的研究。此外，《语言与法律国际期刊》（*International Journal of Language & Law*）是 2007 年由索兰、斯坦因（Stein）和蒂尔斯马等美国法律语言学家创立的国际语言和法律学会（The International Language and Law Association）的官方期刊，是一个开放获取的学术电子期刊，为研究语言和法律各个方面的相互依存关系提供了一个平台。此外，由波兰波兹南亚当·米凯维奇大学现代语言和文学系编辑出版的《比较法语言学：国际法律传播杂志》（*Comparative Legilinguistics: International Journal for Legal Communication*）也为各国学者提供了一个发表法律话语研究成果的重要平台。

这些国际期刊，尤其是作为权威法律语言学专业期刊的《言语、语言与法律国际期刊》有力地促进了国际法律语言学研究的发展，且从一开始便注重法律话语的研究，成为国内学者了解国际法律话语研究动态、借鉴相关研究模式的重要渠道。

2. 国内中文期刊

国内相关法律语言学的专业期刊最早可以追溯到 2007 年由江西农业大学法律语言学研究所主办的《法律语言学说》，由我国早期法律语言学研究开拓者之一的李振宇教授主编，为半年刊，主要包括"理论探讨""国内应用""国外实践""纵横比较""会议信息""学科建设""知识视窗"等栏目，曾于 2007 年至 2011 年共发表学术论文 108 篇。与国内法律语言研究进展一致，该期刊研究成果主要为静态的法律文本分析，也有少数的法律话语研究成果，但 2011 年之后该刊便停刊。

2009 年华东政法大学外国语学院主办的《法律语言与翻译》正式创刊，主编由余素青担任，包括"法律语言学""法律翻译""法商外语教学""外国法律文学"等主要专栏，为集刊，每年发行一辑，分别于 2010 年、2011 年和 2012 年由上海译文出版社和复旦大学出版社出版了三辑，共计 70 余篇论文。正如其刊名所示，该集刊主要包括法律语言学和法律翻译两个研究领域，其中，法律语言学方向包括法律语言研究、法律语言学研究、法庭言语、法商外语教学等方面，尤其侧重法律领域中立法、司法、行政执法等语言，并将语言理论研究与法律外语教学以及法务实践密切结合；法律翻译方向主要研究法律翻译、法学翻译、法律翻译史、法庭口译、立法文本翻译、司法文本翻译以及外国法律文学译介等方面。该集刊语言学研究成果以法律文本分析为主，但也有一些法律话语方面的讨论，如第一辑中的"法庭言语研究"专栏。但同样遗憾的是，该集刊于 2012 年后便停止发行。至此，国内便没有了法律语言学相关专业学术刊物。

直至 2019 年，由中国政法大学主办、中国政法大学外国语学院承办的《语言与法律研究》正式创刊，由张法连教授任主编，致力于从理论和实践的角度对法律语言文化、法律外语教学与测试、法律翻译等进行全方位、多层次的研究，旨在为开展中外法律语言教育、法律语言文化与测试、涉外法治专业人才培养提供研究和经验交流平台，研究的范围涵盖语言学与法律、中西法律语言文化对比、法律外语、法律翻译等，设有"理论探索""语言研究""教学研究""课程研究""翻译研究""测试研究"等栏目。从创设的栏目便可以看出，该刊所涉的研究领域比较广泛，从已刊发的三期文章来看，该刊既有法律语言研究，也有法律文化、法律翻译、法律外语、法律英语教学、涉外法治等方面的研究，相比已经停刊的《法律语言学说》和《法律语言与翻译》，该刊所涵盖的领域更广泛，诚如其刊名所言，为广义概念上的"语言与法律"学术刊物，其中也有一些法律话语方面的讨论。

这些法律语言专业期刊是国内法律语言学界扩大学术影响力、提升法律语言学科发展的积极尝试，虽然一些刊物的出现仅仅维持了有限的时间，且法律话语方面的论文也很有限，但对于推动和繁荣国内法律语言学和法律话语研究都有重要意义。

3. 国内学者作为主编的国际英文期刊

相对国内大部分法律语言学者致力于国内中文刊物的出版与发行，浙江大学的程乐教授更多地走国际化路线，推动法律话语的国际化研究，为世界法律口译与翻译协会（World Association of Legal Interpreting and Translation）主席，法律与语言多文化协会（Multicultural Association

of Law and Language）副会长兼秘书长，语言法律国际协会（International
Academy of Linguistic Law）执行委员；同时，他积极推动面向国际
的英文法律话语专业学术刊物的发行，为《法律、语言和话语国际期
刊》（*The International Journal of Law, Language & Discourse, IJLLD*）和《法
律话语国际期刊》（*International Journal of Legal Discourse, IJLD*）两个刊
物的主编，还是《法律符号学国际期刊》《符号学和视觉修辞国际期
刊》（*International Journal of Semiotics and Visual Rhetorics*）、《语言与法律》
（*Language and Law*）等国际专业期刊的副主编。

　　《法律、语言和话语国际期刊》创刊于 2011 年，为半年刊，我国学
者程乐曾于 2011 年至 2017 年担任主编。该期刊是一个跨学科、跨文
化的专业学术期刊，综合了法律、语言学、话语分析、心理学和社会学
等学科领域，发表法律中的语言问题、法律口笔译的挑战和理论以及对
语言、法律和话语关系中出现的相关问题等方面的论文，并作为一个学
术论坛为律师、法官、立法者、应用语言学家、语篇分析学者和相关教
学人员提供实用资源。

　　《法律话语国际期刊》创刊于 2016 年，为半年刊，由我国学者程
乐担任主编。与法律与语言多文化协会（Multicultural Association of
Law and Language）以及语言法律国际学会（International Academy of
Linguistic Law）这两个专业研究机构密切相关，涵盖了法律话语的所有
学术研究领域，包括口头和非口头的研究。该刊旨在为法律语篇及其邻
近领域的学术交流提供一个世界级的平台，涉及法律、语篇分析、语言
学、政治学、符号学、社会学、心理学和多语种研究。

　　作为法律话语的国际专业期刊，《法律、语言和话语国际期刊》和
《法律话语国际期刊》的创刊与发行对于推进国内外法律话语研究的发
展产生了积极的影响。程乐以及其他一些国内学者曾在这些期刊发表了
大量的论文，既推动了国内法律话语研究，也有助于我国法律话语研究
的国际化，让世界了解我国的法律话语研究，让中国的法律话语研究走
向世界。

第 3 章
法律话语研究的理论和方法

    法律话语属于语言学和法学的交叉研究方向，强调司法领域的动态研究，其研究源于法律话语属于语言学和法学的交叉研究方向，强调司法领域的动态研究，源于语言学的理论发展和司法实践的需求。如前章所述，法律话语研究从早期的法律语言静态研究中衍生出来，成为法律语言研究的主导领域，与相关学科的理论发展、相应的研究手段的成熟以及社会司法实践的需求密切相关。本章讨论法律话语研究的理论基础与研究方法，首先系统梳理法律话语研究的理论基础，包括语言学基础、法学基础以及其他相关学科基础，然后分析法律话语研究常用的方法。

3.1   法律话语研究的理论基础

    法律话语研究源于 20 世纪 70 年代的西方法律语言学，其诞生与发展始终与相关学科理论发展相一致。首先，法律话语研究归根结底是语言研究，因此相关的语言学理论是其诞生与发展的基石。其次，法律话语研究的领域是法学（尤其是司法实践），其研究也需要基于相应的法学理论基础之上。最后，法律话语研究司法实践中动态的语言现象，还会涉及社会学、心理学、逻辑学、叙事学、修辞学、伦理学、信息科学等其他学科方向的内容，这些学科方向构成了法律话语研究的综合理论依据。

3.1.1 语言学理论

　　法律话语研究的落脚点在语言上，法律话语研究需要语言学相关理论的支撑。纵观法律话语研究的历史，其缘起和发展均受到语言学理论的支撑，早期的结构主义语言学和转换生成语法决定了法律语言研究只能局限于对法律文本本身的静态分析，20 世纪 70 年代后出现的功能主义语言学、社会语言学和语用学等开始关注语言的使用及其相关的功能、情境等因素，为法律话语的动态研究奠定了坚实的语言学基础。此外，话语分析、语音识别、语素分析、风格分析、笔迹鉴定等法律话语研究领域的出现既有司法实践的需求，也有相应的语言学理论及相关技术手段的支撑。具体来讲，法律话语研究的语言学基础主要包括普通语言学、社会语言学、系统功能语言学、心理语言学、语用学、计算语言学等。

1. 普通语言学

　　语言学本身是一个比较宽泛的概念，根据胡壮麟（2007：11），语言学"通常被定义为研究语言的科学，或对语言的科学研究"。此处普通语言学主要是指对语言本身的研究，包括语音、语义、语法、语用等，根据胡壮麟（2007）的界定，其分支主要包括语音学、音系学、形态学、句法学、语义学、语用学等，以区分社会语言学、心理语言学、认知语言学、语料库语言学等具有特定方向的语言学分支。此外，随着人们对语言使用的强调，语用学的研究发展迅速，已远远超过了其他分支，且对法律话语研究具有特殊的重要意义，因此将在后文专门论述，此处主要讨论语音学 / 音系学、形态学、句法学、语义学等对法律话语研究的影响。

　　总体而言，普通语言学对法律话语的主要影响在于语言证据研究。西方的语言证据研究始于 20 世纪 80 年代，且一直成为西方法律话语研究的重点，主要包括语音识别、语音会话分析、语素分析、笔迹鉴定和文体风格分析等，这些分析均基于语言学相关理论以及相应的专业技术手段。相关内容我们已在第 2 章作了论述，此处我们简要说明普通语言学各分支在具体法律话语研究中所涉及的研究领域。

1）语音学 / 音系学

语音学主要研究语音，包括言语的产生（即语音如何被发出、传递和感知），对语音、词语和连续言语等的描写和分类等。具体来讲，语音学的研究分为四个方面：（1）解剖学和生理学方面的研究，研究舌头、喉等器官以及它们在言语产生中的作用；（2）对单个语音进行识别和归类，分析重点在于发音器官发出的某个特定语音，属于发音语音学的研究范畴；（3）调查声波的性质，属于声学语音学的范畴；（4）研究听者如何分析和处理收到的声波，属于听觉语音学的范畴。音系学以音位为基本单位来研究语言的语音系统，研究支配语音分布和排列的规则以及音节的形式，比如人们在重复发某一个音时会因为生理原因而产生轻微的差别，而某一个音在不同的单词当中会因为邻近音的影响而产生不同的发音。相比较而言，语音学研究人类所有的语音，而音系学只对其中能够组成语言和产生意义的语音进行研究，前者注重无序的语音，后者注重排列顺序（胡壮麟，2007）。

语音学和音系学相关知识被广泛用于司法实践以及相应的法律话语研究中，主要包括语音识别、方言识别、确定来源地语言分析等。语音识别常用于绑架、抢劫、敲诈勒索、欺诈、强奸等案件中，通过识别特定声音来确定犯罪嫌疑人的身份，其分析的技术手段主要依靠语音学和音系相关理论知识，分析框架主要包括听觉分析和声学分析，前者主要分析声音的性质，如声音类型、喉部摩擦方式、喉部不规则度等；后者主要分析声音的特征，如音频、音长、音响等。

方言识别是语音识别的一个领域或分支，主要通过分析说话人的地域性言语特征和内容特征来确定特定人群（尤其是犯罪嫌疑人）的生活地区和籍贯，识别的主要手段包括语音分析（声类特征、韵类特征、调类特征等语音知识）和方言词汇分析（用词、搭配等句法知识）。其中，语音分析是其最重要的手段。确定来源地语言分析类似于方言分析，主要用于确定难民身份问题，其出发点为一个人的说话方式与其出生地密切相关，通过系统分析难民言语的语音特征，用以确定其出生地和国籍等身份信息，在欧美等难民经常出入的国家被广泛使用。

2）形态学

形态学的研究对象为词的内在构造，研究意义的最小单位——语素及其构词过程（胡壮麟，2007）。语素在不同的语言中具有不同的地位和功能，如拉丁语主要通过词尾的语素来体现复杂的词意和语法功能，英语的语素不如拉丁语那么重要，但也通常表示特定的意义，如名词的复数，动词的现在分词、过去式、过去分词，形容词的比较级、最高级等。相比较而言，汉语没有明显的表示语法的语素。

基于形态学理论基础的词素分析在西方被广泛用于商标侵权案的分析中。商标侵权经常涉及近似词的辨析，主要通过分析具体商标的构词语素来判别有无涉及侵权，如前文所述的"麦当劳公司诉国际品质酒店"一案中对 McSleep Inn（国际品质酒店）是否构成对 McDonald（麦当劳）的商标侵权的分析，以及"汽车王国有限公司诉阿克米商业公司卡麦克斯分公司案"一案中对 AutoMation（汽车之友）是否构成对 AutoNation（汽车王国）的商标侵权的分析。此方面的代表性人物是夏伊，其 2002 年的专著《商标争端中的语言战》（*Linguistic Battles in Trademark Disputes*）叙述了其作为专家证人在民事商标侵权案中的系统分析，诠释了一名语言学家对司法实践的贡献。

3）句法学

句法学研究产生和理解正确句子所遵循的规则，包括词语顺序、句子组织方式以及词类之间和其他句子成分之间的联系（胡壮麟，2007）。句法学在法律话语研究中常用于语言风格分析和方言分析。

语言风格分析指通过系统分析某一书面文本的用词、句法、标点等风格特征，用于确定某一文本的作者是否为特定嫌疑人。如 1989 年发生在我国湖北省的一起绑架案，破案线索来自绑匪留的字条："过桥，顺墙根，向右，见一亭，亭边一倒凳，其下有信。"刑侦专家认定绑匪受过高等教育，在案发地区当时只有一所大学，遂将侦查范围锁定在该大学。最后破案，绑匪果真是大学里的一名教师（吴伟平，2002）。

句法学的另一个应用领域是方言分析。如前所述，方言分析通过分析说话人的地域性语言特征来确定其来源（籍贯、生活地等）。语音是方言最明显的特征，除此之外，用词和句法也是某一方言的重要特征。

通过分析独特的用词和句法，有助于确定说话人身份。

4）语义学

语义学关注的是意义如何在语言中被编码，它不仅关心词作为词项的意义，还关心词的上下语言层面，即语素和句子的意义。语义学研究的主要内容包括语义成分、词的所指、词之间的意义联系（如反义词、同义词），句子间的意义联系（如蕴涵和预设的关系）等（胡壮麟，2007）。语义学经常被用于司法实践中的语义分析和录音会话分析。

语义分析，又称语言分析，是通过分析语言的要素、结构、语源、语境来澄清语义混乱，求得真知的一种实证研究方法（张文显、于莹，1991）。语义分析的过程就是通过特定手段来说明语言的句子如何被理解和解释，以及说明它们与客观对象之间的相互关联，因此，确定和表达指称是语义分析的方法论核心（郭贵春，1990）。语义分析的方法尤其受到法学研究者的青睐，20 世纪 50 年代初英国牛津大学法理学教授哈特把语义分析方法引入法学研究，创立了语义分析法学。就司法实践而言，对法律语言进行语义分析不仅是必要的，而且有时候是必需的：一方面，法律语言本身的模糊性决定了语义分析的不可或缺性；另一方面，语义分析重视对语境和社会关系的考察，在法律语言分析中有其自身的优势。

语义分析的一个典型案例是"王老吉诉加多宝广告语纠纷案"。王老吉与加多宝广告语虚假宣传纠纷一案源于加多宝公司的六句广告宣传语，原告广药集团诉称，加多宝公司在广告宣传中，极力推广虚假宣传广告词，构成不正当竞争。加多宝公司则辩称，涉案广告内容引用中国行业企业信息发布中心发布的统计数据，该数据客观真实，表述清晰明确，不会引起相关公众的误解，亦未造成对王老吉公司的直接损害，因此，发布的涉案广告不构成虚假宣传，其广告不存在任何误导成分。法院采用语义分析的方法，结合涉案企业的历史渊源和消费者心理对涉案广告语进行了全面而深入的分析，并据此作出了较为合理且具说服力的判决，化解了实体法律语言的难题，维护了法律的正义，是语义分析较为成功的典范（赵永平，2019）。

语义学理论应用的另一个领域是流行于美国司法实践中的录音会话

分析。针对取证难、证人不愿作证等问题，美国联邦调查局经国会授权，在侦查有组织犯罪活动中可经法院许可进行窃听录音，获得录音会话并作为控方证据。例如1990年发生在纽约的一起洗钱案中，如下录音材料成为定案的主要依据：

问：怎么样啊？最近龙虾多不多啊？

答：很少，都是小虾。

问：到底有多少嘛？

答：最多十几只吧。

问：那我们明天去拿啦，我们要龙虾，这些虾太小了，用不了。

答：真是没多少，最近生意不太好，要不过段时间再说吧。

问：不管了，有多少拿多少。我就明天去拿吧。

答：那……那就来吧。

该段语料中，双方用"虾"来指称钱，用买虾来指代洗钱，分析方法为话题分析，即根据会话者对所述话题所持的态度（积极参与型、支持型、配合型、被动型、消极否定型）来分析不同会话参与人的法律责任。分析结果表明，A不管对Q或是对"龙虾换虾"的提议都持相当否定的态度，介于被动型与消极否定型之间，表明其对洗钱活动不热心，结果承认较轻的指控而否认洗钱罪（吴伟平，2002）。

2. 社会语言学

社会语言学是一个概括性的术语，涵盖对语言和社会许多不同领域的研究，包括语言的社会功能和语言使用者的社会特征。具体来讲，社会语言学研究语言变体的特征、它们的功能特征、讲话者的特性及这三者如何在言语团体中持续地相互作用和变化，试图揭示出那些可以解释和限制言语行为、言语团体中言语举动的社会规则和规范，同时，也试图确定语言变体对于说话者的符号性价值（胡壮麟，2007）。社会语言学研究语言与语境的关系，关注语言与文化的关联，探索词语的社会意义。此外，社会语言学还表现为一种跨学科的观察方法，为其他学科研究同语言相关的问题提供一种可在社会文化语境中分析研讨、参比反照的方法论，体现出一种学术话语模式高度兼容的特质，因此，有学者将其称为"自由开放的教堂"和"无所不纳的垃圾工厂"（杨永林，2001）。

作为一种系统关注社会实践中使用的语言的学科方向，社会语言学自然会成为法律话语研究的理论源泉。在语言学各分支学科中，社会语言学与法律语言学研究的关系最为密切，其与法律社会学共同构成法律与语言研究的渊源与理论背景。在法律与语言研究的形成和发展过程中，位于社会学内部的两个既已独立的、日渐发展成熟的研究领域——社会语言学和法律与社会——为法律与语言研究的产生与发展提供了充足的养料和广阔的舞台，共同构成了法律与语言研究的母体（程朝阳，2007a）。在语言学内部，法律语言学是社会语言学的一种功能变体，由内涵丰富的法律语言应用网络构成。法律话语研究关注动态使用的语言，尤其是司法话语，因此要根据法律实践的实际需求，针对法律语言实践中存在的一些具体问题进行探讨，通过大量的实证分析，揭示法律实施过程中存在的语言问题、法律问题甚至社会问题，并提出适当的规范性意见和改进措施，促进法律的有效实施（程朝阳，2007b）。

就法律话语研究实践而言，不难看出，早期的法律话语研究学者中不乏社会语言学家以及社会语言学范式。其中，兴起于西方 20 世纪 70 年代的有关司法实践中的语言权力/权利以及弱势群体在语言方面的不利地位的相关研究多基于社会语言学模式。吉本斯在其专著《法律语言学导论》中坦言，法律语言研究的"许多材料都可视为社会语言学领域的材料，语言学家提供的证据都可视为社会语言学的证据"（Gibbons，2003：296）。例如，社会语言学的代表性人物拉波夫曾在美国钢铁公司案中，通过微观的语言学分析和测试考察了语言形式对特定语境中的特定参与者所产生的意义，表明黑人钢铁工人没有因雇主对他们的歧视得到公正的赔偿。另外，伊德斯（Eades）、沃什（Walsh）等人采用社会语言学视角和方法，对澳大利亚土著人在司法实践中的不利地位作了系统研究，表明这些土著居民和法律界专业人士之间的交流中极为被动，且经常因为在警察问话和法庭调查过程中语言和交际障碍而含冤入狱（转引自 Gibbons，2003）。

这些社会语言学视角的研究表明，性别、年龄、种族、文化水平、经济社会地位、语言、话语风格等人们的自然特征对司法实践会产生不同的影响，进而影响其法律权力/权利。例如，20世纪70年代，以孔莱和奥巴尔为首的一些学者系统研究了语言与法律的关系，深入分析了司法实践中语言与性别、经济地位、话语风格、话语可接受性等之间的关系，区分了有力话语风格和无力话语风格。有力的话语具有高响度、高音调、重复、无声停顿、打断、不使用表示同意的表达、流利、连贯等特征，而无力话语则具有使用模糊限制语、犹豫、不确定、加强型副词、减缓语气词、使用敬语称呼语、更长的说话时间等特征。他们的研究表明，证人的话语风格对受话人如何评价他们的证词产生了重要影响：具有有力风格的证人会被认为更有能力、更明智，而他们的证词也被认为更有说服力、更真实，从而更可信。总体而言，男性具有更多的有力话语特征，而无力话语风格则主要为女性。有力说话者（主要为男性）的话语更具说服力，更能得到听话人的认可，而无力说话者（主要为女性）的话语说服力不强，难以取得法官和陪审团的信任。此外，经济社会地位低下者常常具有无力话语风格特征；与此相反，经济社会地位较高者更多使用有力话语，这种话语通常被认为更加明智、更加可信（Gibbons，2003；Tiersma，1999）。

3. 系统功能语言学

系统功能语言学和社会语言学有诸多相通之处，均源于对结构主义语言学的批判与反思，以及对语言的社会功能的重视。从20世纪70年代开始，西方语言学研究的重点逐渐从语言的结构和形式转向语言的交际与功能，语言学的研究志趣也从早期的结构主义语言学和转换生成语言学逐渐转向系统功能语言学，其代表人物是英国著名的语言学家韩礼德。系统功能语言学于20世纪80年代中期趋于成熟，其标志是韩礼德《功能语法导论》的出版，其理论的整体性和系统性已经基本形成。在其后的发展中，系统功能语言学在许多方面又有了长足的发展，包括语域和语境的研究、批评语言学的产生与发展、评价理论的产生和发展、语篇衔接理论的发展、语用学的再认识、形式主义的态度、认知理论的研究、疑难问题的解决、计算语言学的发展等（张德禄，2004）。

系统功能语言学认为语言究其本质是一种社会现象，其基本的功能是实现交际。因此，语言不仅要分析结构形式，更主要的是要分析其产生意义的社会文化情境，即语言各单位在实现交际过程中所体现的功能。系统功能语言学关注社会实践中的语言应用，这种研究取向契合了法律话语研究的初衷，因此，系统功能语言学成为法律话语研究重要的语言学理论。此方面研究的代表人物是澳大利亚悉尼大学教授、上海交通大学马丁适用语言学研究中心主任、世界著名功能语言学家马丁。马丁是系统功能语言学的主要继承人和发展者，"悉尼学派"领军人物，语言评价系统创始人，积极话语分析理论创始人，语类理论主要发展者，主要研究领域包括系统理论、功能语法、语篇语义学、语类、语域、功能语言类型学、多模态理论及批评话语分析。代表性成果为《马丁文集（8）：法律语言研究》（马丁，2012），收录了马丁 2008 年以来发表的有关法律与语言的 11 篇学术论文，其中第一篇提出了研究法律语言的语篇语义理论框架，其他各篇在该理论框架下对恢复性司法语篇进行了系统研究，研究的焦点涉及澳大利亚新南威尔士州青少年犯罪司法调解协商会中的耦合现象、身份建构、语类结构特点等。国内此方面的代表学者为上海交通大学的王振华教授，其代表性成果为《法律语言研究：语篇语义视角》。

此外，基于韩礼德的系统功能语言学理论发展而来的批评话语分析通过分析语篇的语言特点和它们生成的社会历史背景来考察语言背后的意识形态，进而揭示语言、权力和意识形态之间的关系以及话语对意识形态的反作用，成为法律话语研究的重要方法论基础。国内此方面的代表性研究为施光（2014）的《中国法庭庭审话语的批判性分析》，该研究运用费尔克劳的批评性语篇分析三维框架（语篇、话语实践、社会实践）对中国法庭审判话语进行了批评性分析，旨在描述并揭示庭审话语的形式结构特征及其与法庭审判各主体的意识形态和权力关系之间的互动关系。此外，国内一些有关庭审和侦查讯问话语的研究也采用了批评话语分析的思路，如吕万英（2011）的《法庭话语权力研究》、李立和赵洪芳（2009）的《法律语言实证研究》、曾范敬（2016）的《侦查讯问话语实证研究》等。

4. 心理语言学

心理语言学考察语言和意识的相互关系（胡壮麟，2007），研究语言活动的心理基础，如语言活动所涉及的感知、记忆、分析、综合、编码、解码、音义转换等复杂的心理活动，借以了解语言及语言活动的本质和特点（杜金榜，2002）。法律话语以动态的司法话语为研究对象，而司法实践中也存在大量的心理语言学问题，因此，法律话语研究也有赖于心理语言学的理论支撑。

基于心理语言学的法律话语研究可称为法律语言心理学。杜金榜（2002）在其论文《法律语言心理学的定位及研究状况》中较为全面地总结了相关研究。该文从研究目标、研究现状、发展前景等基本的学科特点论证了法律语言心理学的特殊性。作者指出，法律语言心理学具有很强的理论意义，可以指导相关领域的实践性研究；另一方面又具有重要的实践意义，能够用以解决法律领域的具体问题。

具体而言，法律语言心理学的研究用途包括三个方面：

（1）研究欺骗（deception）、恐吓（threatening）、胁迫（coercion）等犯罪行为。欺骗、恐吓、胁迫等一般需要借助语言来实现，通过语言来分析和确定这些犯罪行为的性质、意图、过程、效果及其对受害者造成的心理创伤等，有助于对这些行为的罪与非罪、重罪与轻罪等的准确定性。例如弗里德曼和塔克（Firedman & Tucker，1990，转引自杜金榜，2002）系统论述了语言和欺骗的关系，深刻阐述了欺骗的过程，并提出了欺骗的语言心理模型。

（2）分析当事人或受害人的恐惧（fear）和人格（personality）。在一些刑事案件，特别是暴力刑事案件中，经常涉及受害人的极度恐惧和当事人人格是否完善的问题。这些问题可以借助语言心理分析来判断，从语言方面探测经受人有关的心理感受和影响，分析其程度和原因。

（3）研究说话人识别（speaker identification）和文本作者的确定（authorship identification）。说话人识别和文本作者鉴定主要依靠语音分析和笔迹鉴定以及语言风格分析，但特定语言（尤其是话语）内容往往发生于特殊的条件下，常常伴随着心理状态的不同程度的变化。因此，仅靠话语和文本语言本身的分析往往难以收到理想的效果，在相关鉴定中经常牵涉到诸多心理因素，此时便需要考察多方面的与心理相关的因素。

此外，有关"语型—语例比（Type-Token-Ratio，简称 TTR）"的研究（用一个语言片断中的语符总数除以该片段中的语类数）也是典型的基于心理语言学的研究。一个人在由讲真话到讲假话转变时，其语言行为会表现出能明显观察得到的变化。有关 TTR 的研究表明，人们在讲话时若害怕或担心听话人有对他不利或者负面反应时 TTR 会较高；反之，在没有感觉到威胁时，TTR 则低。在警察讯问和法庭询问时犯罪嫌疑人或证人的 TTR 的显著变化为警方和司法人员提供了观察犯罪嫌疑人或证人心理状态（即是否撒谎）的线索（廖美珍，2004a）。

5. 语用学

相比其他语言学方向，语用学与法律话语研究联系更为密切。语用学方法是法学和法律语言研究的最适合的参照方法，因为"法律语言和其他社会方言一样，是人们根据不同的社会文化环境、交际目的、交际对象等语用因素，在实践中形成的一种具有特殊用途和自身规律的语言功能变体"（张新红，2000：284）。"法学可以说是一门法律语用学。语用学是研究语言在使用中的意义的，而法学上一个重要的问题就是研究使用中的法的意义。语用学和法学之间有很多平行和对称的问题"（廖美珍，2007a：60）。因此，我们在研究法律语言时有必要用语用学理论来研究其语用特点，使法律语言研究从注重形式的静态研究转变为注重功能和过程的动态研究。

语用学在法律话语研究中的重要地位源于哲学的"语用学转向"。20 世纪初发展、演变并逐渐风靡各界的哲学"语言学转向"以及相应的法学"语言学转向"将语言学理论及其研究方法置于关注的焦点，引发了科学研究的语言学思维。但是，"语言学转向"形成的形式理性与科学主义观念，以科学逻辑思维语言和语形、语义方法来静态地考察科学的逻辑结构，脱离科学发展的历史、社会结构与文化背景，忽视了心理因素对科学的影响，导致了极端科学中心主义的倾向（殷杰，2003）。到了 20 世纪后半叶，"语言学转向"的一些极端倾向及其固有的缺陷，成为推动语言哲学发展的内在动力，并引发了哲学领域的"语用学转向"，逐渐形成了科学解释的语用思维。基于"语言学转向"的形式理性与科学主义在求解哲学问题上的缺陷，哲学家们开始寻求新的解释途径，并将注意力转向了语用分析方法，逐渐意识到：相比研究语句规律的句法学和研究语句意义的语义学，研究语言符号实际使用规律的语用学应当成为语言理论的核心。与此相应，在科学哲学的发展进程中，人们关注的重心逐渐从分析哲学时代的语义学转移到后分析哲学时代的语用学，形成了从科学逻辑向科学语用学转变的趋势，最终实现了思维领域的"语用学转向"，并促使以奥斯丁的"语言行为理论"为代表的现代语用学的诞生（赵永平，2015a）。

作为哲学发展的必然趋势，"语用学转向"势必会影响法学领域以及法律语言的研究范式与研究思路。从法律解释的视角来看，作为规范与经验的中介的语言，不仅要在法律解释中起形式逻辑和词物对称的功效，更需要发挥其语用效果，达成主体间性的认同，并取得其有效性指向。就广义上对所有的规范和事实而言，法律解释取决于语用学是成立的；语言的语用学指向是法律解释中最根本、最核心的向度（王晓，2005）。

与哲学发展的趋势相一致，法律语言研究也有一个从语言的语义、句法为主的静态研究向语用为主的动态研究转化的过程。西方的法律语言研究在 20 世纪 70 年代前多将法律语言作为客体来研究，主要研究对象为立法语言和法律文本的用词、句法结构等，属于语义、句法层面的静态研究。70 年代后，随着奥斯丁的言语行为理论及民俗学方法论学者开创的会话分析法的崛起和盛行，法律语言的研究也开始转向语用学视角。研究者们不再将研究重心局限于书面文本的词汇和句法等语言系统本身层面的静态描述，而是开始关注法律话语（尤其是庭审话语）的动态互动，注重法律话语在特定社会环境中的生成和理解，重视现场即席话语和语料库的作用和分析，语料多为法庭口头互动话语，研究的焦点由法律文本和语言作为客体的研究转向司法话语和语言作为过程或工具的研究（廖美珍，2004a），标志着法律话语研究范式的到来。此类研究大量应用话语分析的方法和言语行为理论及其合作原则等语用学理论与方法全面解读法庭庭审话语，深入分析法庭审判中各个庭审主体的话语策略、话语结构及话语风格及其互动机制，并进而通过法庭的话语互动揭示庭审中的各种权利关系以及实现权利控制的话语策略与机制。

与此相应，国内的法律语言研究也经历了一个从语言本身层面的研究到话语互动的语用研究转化的过程，只不过其研究历程比西方晚了近30 年。进入 21 世纪以来，以廖美珍和杜金榜为首的国内一批学者开始响应西方法律语言学研究的趋势，逐渐将研究重点转向法庭话语互动的实证研究，采用话语分析方法和语用学相关理论，系统研究法律话语特别是庭审话语的特质及其互动机制。

6. 计算语言学

计算语言学是一个跨学科的领域，它以利用计算机处理和产生人类语言为中心。在这个领域，语言学有助于理解语言数据的特殊性质，可以提供理论对语言的结构和使用进行描写，而计算机科学为设计和实现计算机系统提供理论和方法。当前的一些应用领域包括机器翻译（从一种语言到另一种语言的翻译），语料库语言学和信息检索（在大型文本库中储存和寻找相关文档）与各种各样因电脑的出现而改变的交际方式（胡壮麟，2007）。

计算语言学在法律话语研究中也有重要的地位，主要包括两个研究领域：法律翻译和语料库法律语言研究。一方面，随着计算机技术的飞速发展和语料库语言学的日益成熟，基于语料库的法律翻译研究得以迅速发展起来，包括基于语料库讨论特定语词和句式的翻译，也包括有关法律翻译软件的开发与应用。相比于文学等需要创造性翻译的领域，法律领域的翻译由于其需求量多、专业性强、重复率高等特点往往更需要机器翻译的协助。

另一方面，随着语言研究的不断深入，实证性语言研究受到越来越多关注，其中，语料库发挥了重要作用。法律语料库为研究法律领域中的语言现象尤其是法律语篇提供了有力工具，可以帮助解决诸多涉及语篇的问题（杜金榜、罗红秀，2013）。在国外，基于语料库的法律语言研究包括三个领域：司法实践中的语言证据分析、司法程序中的语言使用分析、书面法律语言形式特征分析（陈蕊娜，2015），国内的相关研究包括法律语篇信息研究（杜金榜，2014；赵军峰，2011）、法律文本对比分析（陈伟，2013；程乐，2010）、立法文本中的一些特殊语言现象分析（胡丹，2011；蒋婷，2012；骆慧婷、王珊，2018；秦平新，2018）。

3.1.2 法学理论

作为法学与语言学的交叉学科，法律语言学除了语言学理论基础之外，也应有相应的法学理论基础。但法律话语研究系统探讨司法实践领域的动态话语，侧重话语的动态分析，其研究的直接理论基础主要为相应的语言学理论和方法。相比较而言，法学理论为法律话语研究提供一种间接的、较为宏观的理论支撑。具体而言，我们可以从基于语言哲学的法哲学思想和部门法学及法律技术理论两个方面分析法律话语研究的法学理论基础。

1. 基于语言哲学的法哲学思想

语言不仅是交流的工具，也是人们认识事物的方式和思维的工具。正是有了语言，我们才可以进行学习、思考、推理、判断，才可以不断认识世界、更好地改造世界。在一定程度上来说，语言是存在之家，语言乃思维之母。因此，从这个角度出发，语言应该是人们从事任何认知活动的前提。就法律与语言的关系而言，语言是法律存在的形式和实现的手段：一切的立法内容与思想均要靠语言文字来承载与传承，而所有的执法和司法也要通过语言来表达与实现。因此，在一定程度上可以说，法律是语言的法律，更进一步说，法律就是语言，法学就是语言学。除此之外，语言学与法学有着惊人的天然联系，是"自然的伙伴"：语言学和法学学科形成的地点、时间以及学科形成的理论背景相同，语言学和法学有共同的研究传统，具有共同的构念结构，都将研究对象作为普遍规则、符号、系统以及社会事实（廖美珍，2007a）。就方法论而言，"法学似乎是很贫穷的，差不多是叫花子，因此，要向语言学和其他学科学方法，借方法"（廖美珍，2007b：32）。

西方法哲学对语言的敏感度很高，能够将法学与语言学、语言哲学融汇于一体，并且在哲学的系统层面上强调语言的绝对地位。随着人们对语言重要性的认识不断提高，在 20 世纪初的西方哲学界发生了一场哲学的"语言学转向"，引发了科学研究的语言学思维，语言哲学的研究成为显学，奥斯丁、维特根斯坦、罗素、弗雷格等倡导的语言哲学思想成为 20 世纪西方哲学界的主流，影响了其他学科，包括法学的研究思路。哲学的语言学转向源于对认识论及其理性主义、形而上学等思想的批判与摒弃，主要代表包括以维特根斯坦、罗素、奥斯丁发展起来的语言分析哲学以及以迦达默尔为代表的解释学和以索绪尔、福柯为首的结构主义语言学派等（常安、朱明新，2003）。作为哲学领域中的一次根本性转向，"语言学转向"使语言取代认识论成为哲学的中心议题，"人们不再全力关注知识的起源、认识的能力和限度等问题，转而探究语言的意义和本质、理解和交流等，把语言本身的一种理性知识提升到哲学基本问题的地位，哲学关注的主要对象出主客体关系转向语言与世界的关系"（殷杰，2003：54）。

哲学的"语言学转向"必然会引发法学的"语言学转向"。在浩浩荡荡的"语言学转向"思潮的影响下，传统的法学理论思想开始受到怀疑并被消解、重构，给现代法学的发展带来了革命性的变革。源于哲学的法学"语言学转向"将语言置于前所未有的高度，用语言学方法研究和阐释法律问题，用语言学思维诠释和重构法学理论，这既是法学家们对自身理论研究范式的突破和创新，也为人们进行广泛、深入的法律语言研究提供了理据与动力。法学"语言学转向"的代表是哈特、佩雷尔曼和麦考密特等人。哈特将维特根斯坦、罗素、奥斯丁等构建的语言分析哲学的研究方法创造性地运用于法学研究之中，促成了法学研究范式的转换；佩雷尔曼将修辞学方法用于法学领域的研究，提出了新修辞学法学思想；而以麦考密克为代表的一批法学家将迦达默尔的解释学理论运用到对法学理论的阐释和重构中，对立法、司法中一系列的法学命题重新进行了诠释，形成了风靡欧美的法律解释学派（常安、朱明新，2003）。其中，新分析实证主义法学的代表、英国法学大家哈特便是在语言哲学视域下建构了自己的法哲学体系，将日常语言哲学的方法成功地引入到法哲学研究中来，将概念分析当作最重要的研究方法，成为一代法学巨匠，其法学思想对整个西方法哲学界产生了巨大的影响，形成了一个"后哈特时代"，直接促成了法学研究的"语言学转向"。

总之，基于语言哲学的法哲学思想认为法律究其本质是一种语言形式和社会现象，而法律语言只有在具体的语境中才有意义，人们应从日常生活中理解和把握法律。法律话语侧重实践当中、使用当中的法律语言，法律话语研究强调从日常法律语言使用中分析和研究法律和语言现象。可见，基于语言哲学的法哲学思想完全契合法律话语研究的初衷和旨趣，成为法律话语研究的重要法学基础。

2. 部门法学及法律技术理论

法律的实体运行需要借助具体的部门法，也需要相关的法律技术的保障，这些方面也为法律话语研究提供了丰富的理论营养和技术支持。法律语言构建自己的系统，必须在部门法学的发展中将自身充实起来。各个部门法学都有充分的能量造就相应的语言系统，创造和运用自己的语言表述符号。由此，法律话语研究需要基于具体的部门法法学理论基础之上，在具体的部门法学框架下开展相应的研究。

我们需要借助具体的部门法理论探讨法律语言现象，总结法律话语规律，并以此推动法律话语研究的发展。比如诉讼法的相关理论是我们开展庭审问答话语和侦查讯问话语研究的基础，而证据法的相关理论是我们开展语音识别、录音会话分析、语素分析、笔迹鉴定和风格分析等研究的基础。另一方面，法律话语的研究也有助于部门法学的不断完善，比如对于庭审问答和侦查讯问话语的分析有助于揭示诉讼程序中存在的问题，从而为完善诉讼程序法提供参考与意见；而语音识别、录音会话分析、语素分析、笔迹鉴定和风格分析等研究手段的成熟与应用也能够丰富证据法的相应内容。

作为研究法律实践中语言使用的法律话语与作为法律适用过程中的一种实践技能的法律技术具有天然的联系和密切的关联。法律技术即在法律适用过程中的一种实践技能，是法律职业者对于法律问题予以处理时的手段和方法。法律技术可有狭义和广义之分，狭义的法律技术指法官处理法律问题时的手段和方法，主要包括三个主要的方面：文本分析技术（类型及类型化思维技术、法律注释技术、法律原则适用技术、不确定法律概念的判断技术等)、事实发现技术(法律事实采证技术、法律事实判断技术、法律事实解释技术等)和法律适用技术(法律渊源识别技术、判例识别技术、法律解释技术、利益衡量技术、法律推理技术、法律漏洞补充技术)(胡玉鸿, 2006)。而广义的法律技术包括立法者、法官、律师、检察官、执法者等法律职业群体在处理法律问题时所使用的手段和方法, 包括立法技术、司法技术、执法技术、法治宣传技术、法律解释技术、辩论技术等。无论是狭义的法律技术还是广义的法律技术, 都较为直接地依赖于语言手段, 可以成为法律话语研究的领域和目标, 相关的技术理论也可以为法律话语研究提供技术保障和理论支撑。

不难看出, 法律话语研究与法律技术具有密切的关联。一方面, 随着科学技术的发展, 一些现代化的法律技术手段, 如声谱分析、笔迹鉴定、多模态分析, 逐渐进入司法实践领域, 成为解决司法争议的有效手段, 也有力助推了法律话语研究。这些现代化技术手段的发明和应用, 既是法律实践领域解决司法难题的有效手段, 也为法律话语研究提供了技术支持, 在科学研究层面有效推动了法律话语研究的发展。另一方面, 语音识别、录音会话分析、语素分析、笔迹鉴定、风格分析、法律文本分析等法律话语研究使得法律语言学家日益成为司法实践的参与者, 既帮助法律实务界解决了实际难题, 也有力推动了法律技术的发展与完善。

3.1.3　其他理论

在现代社会, 每个学科都不是孤立存在的, 而总是与诸多其他相关学科相互依存、相互支撑、共同发展的。与此相应, 一个学科的理论基础也不应是封闭、单一的, 而应是多学科、多维度、多视角的综合基础。法律话语源于法律语言研究, 其本身就是一个交叉学科方向, 因此, 法律话语研究必然也要从其他相关学科寻求理论支撑。据此, 我们提出法律话语研究的综合理论依据。这种综合理论依据是当今学科的性质和发展环境决定的。

就法律话语研究而言，除了上文论述的语言学基础和法学基础之外，还会涉及哲学、社会学、心理学、伦理学、修辞学、叙事学、信息科学等其他学科基础。限于篇幅和讨论的主旨，此处不再对每一学科理论基础进行详述，而是结合法律话语研究进展，讨论这种综合理论依据在法律话语研究中的表现。具体来讲，法律话语的这种综合理论依据可从如下几个方面得以体现：

（1）法律话语研究的综合语言学基础。如前所述，法律话语研究的语言基础包括普通语言学、社会语言学、系统功能语言学、心理语言学、语用学、计算语言学等，而其中社会语言学、心理语言学、计算语言学等本身就是语言学与社会学、心理学、信息科学等的交叉学科，而语用学则包含了大量语言哲学的内容。

（2）法律话语的跨学科研究本性。法律话语研究除了法学和语言学的交叉研究之外，还经常涉及其他学科理论或方法，进行跨学科甚至多学科研究。法律话语研究源于20世纪70年代的西方，法律话语研究能够从狭小的、静态的法律语言描写研究中脱胎而生，走上广阔的发展大道，得益于社会语言学、功能语言学、心理语言学、语用学等跨学科语言学理论的发展。而我国的法律话语研究自始便基于多学科视角和方法，法律话语研究的代表性著作——廖美珍（2003a）的《法庭问答互动研究》以及之后的一系列庭审话语研究均采用了多学科视角；我国外语界学者第一部法律语言学专著——杜金榜（2004）的《法律语言学》运用语言学、法学、社会学、心理学等多学科理论和方法论述了法律语言学的一系列重要问题。另外，法律话语研究成果中存在大量的跨学科领域，如有关法律修辞和法律叙事的研究，便是基于修辞学和叙事学所作的跨学科探讨。此外，法律话语研究的一些专业期刊均涉及多学科，如《法律、语言和话语国际期刊》便是一个跨学科、跨文化的学术期刊，综合了法律、语言学、话语分析、心理学和社会学等学科领域；而另一本法律话语专业期刊《法律话语国际期刊》涉及法律、语篇分析、语言学、政治学、符号学、社会学、心理学等多学科领域。

（3）法律话语研究方法的综合理论基础。20世纪70年代法律话语研究在西方的兴起，在很大程度上也得益于话语分析、多模态分析、语音识别、语言风格分析等研究范式以及研究方法的出现。而这些研究方法本身是基于多学科的，或广泛用于不同的学科领域。如法律话语研究重要的研究方法——话语分析源于 20 世纪 70 年代的社会学领域，由社会学家萨克斯、谢格洛夫、杰斐逊等开创，而在 20 世纪 70 年代后逐渐成为语言学、社会学、人类学等社会科学研究领域的一个重要方法，关注的对象也从最初的日常会话逐渐扩展至法律、新闻、医疗、教育等机构性语篇。与此相似，多模态分析兴起于 20 世纪 90 年代，其理论基础涵盖系统功能语法、社会符号学、认知语言学、语料库语言学、功能文体学、批评语言学等多个学科领域（田海龙、潘艳艳，2019），经过多年的发展，多模态分析已经超越了语言学研究领域，扩展到符号学、哲学、社会学、人类学、政治学、新闻学、心理学、法学、美学和医学等领域。此外，作为法律话语重要研究领域的语音识别，其分析的技术手段涵盖语音学、音系学、声学、社会语言学、话语分析等领域；另一个常见的法律话语的研究手段——语言风格分析，则涉及句法学、语义学、文体学、修辞学、社会语言学、心理语言学等相关领域。

　　总之，现代科学技术的进步是跨学科和多学科共同促进和协同发展的结果，与此相应，现代社会的科学发展越来越呈现出多学科交叉和融合的特点，不同学科发展的相互交叉和相互依赖性越来越明显。法律话语本身就是交叉学科，其理论基础更是呈现多学科属性。不难想象，除了此处讨论的已进入法律话语研究范畴的诸多学科理论之外，随着社会科学的进步和不同学科的发展，其他学科领域还会不断进入法律话语研究范畴，使得其综合理论依据不断丰富、不断完善。

3.2　法律话语研究的方法

　　法律话语是一个跨学科研究领域，其关注的落脚点还是语言，因此，其研究方法主要从语言学领域借用；另外，法律话语研究关注法律领域的语言，因此，也要参照法学的方法。此外，由于现代科学的跨学科甚至多学科属性，加之法律话语本身的跨学科性质，决定了法律话语研究也需要从其他相关研究领域借用方法，我们可以称之为综合研究方法。

　　需要说明的是，有些研究方法，如实验法、个案分析法、统计分析法、对比分析法等，是社会科学基本的研究手段，不宜归入具体学科之下，我们暂且将其称为其他方法或综合方法。此外，许多基于语言的研究方法，如批评话语分析、多模态分析、语料库分析、修辞分析、叙事分析等，本身具有多学科基础，也被用于不同的研究领域，因此难以划归到某一学科之下，但由于这些方法均基于语言或与语言密切相关，我们也将其划归语言学方法之下讨论。

3.2.1　语言学方法

　　从梳理现有研究可以看出，法律话语研究的方法主要源于语言学方法，或至少跟语言学密切相关的方法。具体而言，我们可以将法律话语研究的语言学方法按其与语言学的关联程度，进一步分成语言学研究方法和基于语言的方法两大类。

1. 语言学研究方法

　　语言学研究方法指研究语言本身（如语音、语法、语义、语用、语篇、方言、语言风格、语言功能等）的方法，包括语音分析、语法分析、语义分析、语境或语用分析、语篇或话语分析、方言分析、语言风格分析等，是一种以语言本身为目的的分析方法。

1）语音分析

　　语音分析指以语音为分析对象，通过系统分析特定的语音材料来获得特定结论的方法。法律话语研究中最常见的语音分析手段是语音识别，且语音识别一直是西方法律话语研究的重要组成部分。

　　语音识别是语言学分析方法最早引入司法实践的领域，专家借助专门的声音分析仪器（如声谱仪），分析特定声音的频率、音高、音长、音域、音响等声音特征以及发声特征等，用以确定特定语音的主体身份。分析的框架通常包括分析声音类型、喉部摩擦方式、喉部不规则度等声音性质的听觉分析和分析音频、音长、音响等声音特征的声学分析，被广泛用于绑架、抢劫、敲诈勒索、欺诈以及强奸等案件中。语音识别常见的应用领域是通过比较特定语音材料和犯罪嫌疑人语音特征从而确定嫌疑人身份的"说话者司法比较"，以及通过分析难民的语音来确定其来源的"确定来源地语言分析"。

除此之外，语音分析也是其他一些涉及语音的综合分析手段的重要组成部分，如方言分析中对方言语音的分析是其分析的重要方面。

2）语法分析

语法分析指以语言规则（即语法）为分析对象，通过系统分析特定语言材料的语法规律来获得结论的方法。法律话语研究中的语法分析主要散见于涉及语法的诸多综合分析方法中，包括方言分析、语言风格分析、语素分析、警告语的分析等。

语法特征是方言分析的最要内容，通过分析特定的语法特征，有助于识别既定的方言。语法分析也是语言风格分析的重要手段，通过分析特定材料的语法特征，有助于识别既定的语言风格，从而确定真正的作者身份。此外，广泛用于商标侵权案的语素分析也会涉及语法内容，通过分析争议商标名称中既定语素的区别性特征来确定是否构成商标侵权。另外，在西方法律话语研究中占有重要地位的各种警告语以及对日常普通民众影响巨大的法律文本的分析（如米兰达警告、产品警告语、香烟警告语、陪审团指示语、格式合同文本语言等)，往往也涉及语法分析。通过分析这些法律话语或文本的词汇、句法等语法特征，讨论法律语言本身的晦涩难懂以及由此给普通民众带来的困惑（从而损害普通民众的正当权益)，倡导并推动简明英语运动（Plain English Movement）的发展。

3）语义分析

语义分析指以语言的意义为分析对象，通过系统分析特定语言材料的语义来获得既定结论的方法。语义分析的过程就是通过特定手段来说明语言的句子如何被理解和解释，以及说明它们与客观对象之间的相互关联，确定和表达指称是其方法论核心（郭贵春，1990)。法律话语研究中的语义分析主要用于商标侵权案的分析中，也包括对广告、口号等进行的语义分析，用以解决其版权和专利问题等。

商标侵权、版权、专利权等知识产权主要用以保护人类在社会实践中创造的智力劳动成果的专有权利，这种专有权利以明显的语义方面的独特性或区别性特征为前提。当两种争议性语言涉及混淆或误导顾客的时候，语义分析便需要介入。如美国有一个厂家推出了名为"Healthy Choice"的快餐，在美国很受欢迎，而另一家公司之后推出了一款名为"Health Selection"的减肥系列产品，于是产生了商标侵权之诉；还有一个连锁旅馆，名为"Omni Hotel"（"Omni"为拉丁语，意为"all"），而同时美国还有许多名为"Omni Travel"的旅行社，于是便产生了商标侵权的诉讼（吴伟平，2002）。这些案件均涉及对争议商标名称的语义分析，看其是否有语义混淆，从而存在误导消费者的情形。

此外，语义分析也经常用于广告语侵权诉讼中，其典型案例是前文所讨论的"王老吉诉加多宝广告语纠纷案"。

4）语用分析

首先需要说明的是，语用分析与之前讨论的语音分析、语法分析、语义分析等不太一样，因为与语音、语法、语义等语言本身的构成部分相比，语用是一个比较灵活、宽泛的概念，泛指特定语境下的语言使用。而且从语言学学科角度来看，相比语音学、语法学和语义学等普通语言学的有机组成部分，语用学已经形成一个相对独立且具有丰富内涵的学科领域。因此，相比语音分析、语法分析、语义分析等微观层面的具体研究手段或方法，语用分析更多的是一种宏观层面的研究思路或分析路径，即法律话语的语用研究，亦可称之为法律语用学。

法律话语的语用研究主要为结合语用学理论或语用学视角对法律话语进行的分析。以廖美珍为代表的庭审话语研究（如廖美珍（2003a）的《法庭问答及其互动研究》、曾范敬（2016）的《侦查讯问话语实证研究》等）本身便包含了语用学视角。此外，国内有大量学者以语用学相关理论为基础对法律话语作了系统研究，如法庭话语中的"合作"与"不合作"分析、庭审话语的"礼貌"分析、庭审话语的语用模糊分析、法庭话语交际语境的顺应性分析、法庭话语中的语用预设分析等，分别是基于合作原则、礼貌理论、顺应理论、语用模糊、语用预设等语用学理论对法律话语所作的系统分析。

5）话语分析

与如上讨论的语言分析方法相比，话语分析[1]本身已成为一个学科方向，也是法律话语研究使用最广的研究方法。话语分析作为一个学科，是 20 世纪 60 年代中期逐渐发展起来的，它广泛吸收了包括语言学、符号学、社会学、人类学、认知科学、人工智能、哲学研究、交际学等学科的研究成果及相关原则，逐渐建立了自己的理论模型和分析模式（张应林，2006）。

话语分析的兴起与法律话语研究的源起大体处于同一时期，是法律话语研究最重要的研究方法和手段。话语分析方法的成熟为法律话语研究提供了方法论基础，极大地拓展了法律语言研究的领域，从而很好地促进了法律话语研究的发展。自从 20 世纪 70 年代法律话语研究起步以来，话语分析一直是西方法律话语研究最重要的研究手段。而我国法律话语研究的兴起也得益于话语分析手段的有效使用。如我国法律话语研究诞生的标志性成果——廖美珍（2003a）的著作《法庭问答及其互动研究》便以话语分析为研究手段，以法庭现场审判转写的近 60 万字的录音文字为语料，系统探讨了法庭审判的各个主体间和主体内的互动机制、互动结构特征及其策略，并阐释了法庭问答互动中的目的关系和合作问题。该研究模式主导了之后国内许多法律话语研究的范式。这些研究均以真实的司法实践录音转写为语料，通过话语分析的各种手段，深入分析不同的司法实践（庭审、侦查讯问、调解等）中不同主体间的话语特征及其反映的权力分布等，极大地推动了国内法律话语研究的发展。

此外，话语语篇分析的相关研究为法律语篇分析提供了坚实的理论基础和丰富的研究方法，有助于对法律语篇的结构进行系统而深入的

1　有的学者将"discourse analysis"（话语分析）称为"语篇分析"，参见杜金榜（2013）所著的《语篇分析教程》、张应林（2006）所著的《语篇分析学》；另见杜金榜和葛云锋（2016）所著的《论法律语言学方法》第三章第三节。根据这些学者，语篇分析（Discourse Analysis）包括会话分析（Conversational Analysis）、批评话语分析（Critical Discourse Analysis）、体裁分析（Genre Analysis）、语篇信息分析（Discourse Information Analysis）、多模态分析（Multimodal Analysis）等不同研究视角，这是一种最广义的"语篇观"。为了区分其不同侧重，本书的"discourse analysis"采用狭义的"话语观"，将其译为"话语分析"，并将批评话语分析和多模态分析单独讨论。

分析，揭示影响法律语篇生成和理解的社会、文化、心理、认知等因素（杜金榜、葛云锋，2016）。法律话语研究中语篇分析的代表性研究为以杜金榜为首的学者对法律语篇信息结构的系统研究，代表作为杜金榜（2014）主编的《法律语篇信息研究》。此外，以杜金榜教授的博士生们为代表的广东外语外贸大学的一批学者采用语篇信息理论和方法，对法律语篇信息进行了深入而系统的探讨，研究的主题包括法律语篇信息结构及语言实现（赵军峰，2011）、法官庭审语篇处理（陈金诗，2011a）、中国法院调解说服的实现（徐优平，2013）、中国民事庭审中的利益冲突解决（葛云锋，2013）、庭审质证模式（李跃凯，2013）、文本作者鉴别（张少敏，2014）、说话人司法鉴别（关鑫，2015）等。

从如上讨论可以看出，我国法律话语研究的两位奠基人——廖美珍教授和杜金榜教授既是话语分析研究的使用者，也是其开拓者，分别开创了庭审话语分析和语篇信息分析的研究范式，对我国法律话语研究产生了重大的影响，在很长时间内话语分析也成为国内法律话语研究的主导模式。

话语分析或语篇分析的另一个重要领域是体裁分析（Genre Analysis）。体裁分析既涉及文体分析，又涉及语篇分析，其根本宗旨是研究语篇的交际目的和语言使用策略（秦秀白，2000）。不同文本类型具有不同的体裁特征，法律话语也具有独特的体裁特征。国外此方面研究的集大成者为巴哈蒂尔（Bhatia），他强调法律话语有它存在的充分理由，因此人们应该努力去了解这种体裁，而不是强加一些法律话语之外的普通表达使其改变（韩征瑞，2016）。国内此方面研究的代表是韩征瑞的《体裁分析视域下的中国法律话语研究》，采用多视角和多维模式的体裁分析理论，从语篇分析的角度描述并解读了中国民事判决书的体裁结构、词汇语法特征、连贯性等。

6）方言分析

方言分析（也称地域性言语识别）是通过对案件中说话人的方言特征的分析来判断其所在地区、籍贯等信息的方法。方言分析通常需要借助方言痕迹，即各类案件的语言材料中所蕴含的方言语言特征和地域性言语内容特征。方言识别的功能是通过识别地域性的言语特征和内容特征来判断言语人的生活地区和籍贯，从而为案件侦破确定方向和范围。

方言分析基于方言学研究成果，方言地理学的知识有助于获取嫌疑人的归属地信息，而社会方言的理论和方法有助于分析和判断嫌疑人的性别、文化程度、职业身份等社会群体属性。方言分析主要通过辨识方言的语音（声类特征、韵类特征、调类特征等语音特征）、用词、句法等语言特征来实现，因此也涉及语音分析和语法分析。方言分析能为刑事案件的侦破提供重要的线索，是法律语音学研究的重要补充。如江苏省公安厅组织编写的《江苏方言汇总》，记录了江苏省 70 种方言的发音、词汇、俗语等信息，成为当地公安人员破案的重要工具（杜金榜、葛云锋，2016）。

7）语言风格分析

语言风格分析指通过分析特定文本的语言风格以确定其作者身份的方法。语言风格分析的理论基础源于司法风格学和有关文本信息的个人语型的研究，认为长期的写作习惯形成了个人独特的书写风格，这种风格既包括一个人独特的笔迹，也包括用词、措辞、句式等的独特嗜好，通过细致而深入地分析这些语言风格，有助于确定特定文本的真正作者。语言风格分析主要体现为笔迹鉴定和文体风格分析。

笔迹鉴定指通过专业分析手写文本字体的特征来确定某一文本是否系特定嫌疑人所为。文体风格分析指通过系统分析某一书面文本的用词、句法、标点等风格特征来确定某一文本的作者是否为特定嫌疑人。笔迹鉴定侧重书写的笔迹特征，是一种物理分析；文体风格分析侧重书写内容的特点和表达习惯，是一种文本分析。这两种方法经常用于恐吓、诈骗、绑架等刑事案件以及合同、侵权等民事案件书面材料的专业分析，用于确定争议文本的真正作者。

语言风格分析和方言分析既有相似之处，也有明显区别。相似之处是都从识别某个人的区别性特征出发，确定其身份。区别在于方言分析关注的是群体性语言特征，包括语音、词汇、句法等全部语言特征；而语言风格分析关注个人语言特征，且只关注书面或书写文本。

2. 基于语言的方法

基于语言的方法指分析方法虽然以语言为基础（如批评话语分析、语料库分析）或与语言密切相关（如修辞分析、叙事分析、多模态分析），但其本身具有多学科背景或应用领域，对语言的分析只是一种手段或工具，通过语言的分析要揭示其他的内容（如权力），是一种通过语言的分析，一种以语言为工具的分析。

1）批评话语分析

20 世纪 70 年代末至 80 年代初，基于普通话语分析的局限，根据韩礼德的系统功能语言学理论，费尔克劳、富勒、范戴克、克雷斯、沃达克等人提出了"批评话语分析"，通过分析语篇的语言特点和它们生成的社会历史背景来考察语言背后的意识形态，进而揭示语言、权力和意识形态之间的关系（施光，2014）；探讨话语对意识形态的反作用，分析两者是如何源于社会结构和权势关系，又是如何为之服务的（吕万英，2011）。

批评话语分析与普通的话语分析虽然均为话语分析范畴，但两者有本质的区别。普通的话语分析关注语言问题，以分析语言本身的特征为目的，而批评话语分析关注社会问题，将分析语言、意识形态和权力之间的关系作为自己的主要任务，以语言分析为手段，通过分析话语结构来揭示语言使用的特定方式所具有的意识形态内涵，以及在这些语言使用方式下所暗含的、不为人所知的各种权力关系（曾范敬，2016）。

法律话语是典型的机构性话语，也是意识形态和权力运行的集中领域，因此，批评话语分析方法与法律话语研究具有天然的契合度。批评话语分析方法自其诞生以来就成为法律语言学领域的重要研究方法和框架，通过分析司法实践中话语的结构特征来揭示法律语言背后所反映的权力运作。国内此方面研究的代表为施光的《中国法庭庭审话语的批判性分析》，在批评话语分析视域下提出了法庭审判话语的三维分析框架，从语篇分析（分类、及物、情态、态度、互动控制）、话语实践分析（语力、连贯、虎纹）和社会实践分析（意识形态、权力）等三个维度系统分析了中国法庭审判话语。分析结果表明，法庭审判各诉讼主体有迥然各异的话语特征，且其话语特征与他们的意识形态和权力关系之间呈双向影响的关系：一方面，各主体话语的特征反映他们各自的意识形态和相互之间的权力关系；另一方面，各主体的意识形态和相互之间的权力关系决定甚至强化各主体的话语特征。

此外，批评话语分析也成为国内司法话语分析研究的重要参照，如吕万英的《法庭话语权力研究》、李立和赵洪芳的《法律语言实证研究》、曾范敬的《侦查讯问话语实证研究》等也都参照了批评话语分析框架。

2）修辞分析

修辞与语言密切相关。在汉语中，"修"指修饰，"辞"指言辞，"修辞"本意为修饰言辞。在我国汉语传统中，修辞主要指一种加强语言表达效果的方法和手段。源于古希腊的西方修辞学并非简单的提高语言表达效果的问题，而更重要的是说明"何为正当"的论证问题，是一种理性说服的手段。在此理念下，修辞成为一种与逻辑相应的研究范式，是一种以说服和论证为目的的研究方法和思维方式，在文学、语言学、法学等社会科学研究领域有重要的方法论价值。此处讨论的修辞主要指西方语境下的修辞学。

西方的修辞研究可追溯至古希腊，它跟古希腊时期的政治性论辩紧密相连。在古希腊城邦，古典的民主制是其基本的社会组织形式，政治、军事甚至司法等一切重大的事务都要经过公民的协商，通过公开的论辩来决定。因此，论辩和说服成为古希腊极为重要的能力。在此背景下，作为关注论辩技能而出现的修辞就自然得到人们的青睐。从古希腊开始，一直到古罗马及中世纪教会统治时期，修辞一直是人们在政治演讲、法庭论辩、战争动员、民众大会选举、宗教传播等活动中说服他人接受己方观点的有效手段（侯学勇、杨颖，2012）。

源于古希腊的西方传统的修辞从一开始就强调其说服与论证的功能，但是，随着科学技术的快速发展和理性主义思潮的主导，西方世界进入理性主义时代，科学理性主义开始主导人们的思维方式，强调确定和理性的逻辑得到推崇，而修辞被当作可有可无的修饰，成为逻辑的附庸，修辞学研究逐渐走向没落。但在经历了两次世界大战之后，人们从对科学主义的盲目崇拜中清醒过来，开始反思理性科学主义和逻辑思维方式，逐渐意识到在道德、政治、法律以及文化领域的许多问题，均难以从理性的角度得到合理解决，而以成功说服或影响他人接受自己意见的修辞理论又重新兴盛起来（侯学勇、杨颖，2012）。尤其是佩雷尔曼提出的新修辞学理论，是对古希腊自亚里士多德发展起来的古典修辞主义的超越，有力地推动了修辞学的复兴，引发了社会科学研究的修辞转向。

国内对法律修辞的关注，主要源于国内修辞学、语言学、逻辑学和法学界的一些学者。从 20 世纪 80 年代起，一些语言学与外语教学的学者开始关注法律修辞，但讨论的范围主要限于语言表达效果。2010 年前后，以陈金钊和焦宝乾为首的国内法学界学者开始系统关注法律修辞，他们将法律修辞看作是一种法律方法论和法治思维方式，讨论法律修辞的方法论意义，提出"把法律作为修辞"的重要命题，指出把法律作为修辞是法治时代的思维特征（陈金钊，2012），并在法律修辞视角下讨论法治、公平、正义等相关理念。随着法律修辞理论研究的不断成熟与深入，不少学者开始尝试将法律修辞方法运用于法律实践，尤其是司法实践，去进行应用研究，这也是外语界学者所介入的领域，研究的领域涵盖立法语言修辞、司法语言修辞、执法语言修辞等。其中司法语言修辞是法律应用的主阵地，也是法律修辞研究成果最多的领域，主要包括判决修辞、庭审法律修辞和法律调解修辞等。法律语言学界关注的重点是司法语言中的庭审法律修辞，尤其是庭审辩护修辞。

总之，作为法学研究的修辞进路，无论在国外还是国内，法律修辞研究如火如荼，方兴未艾。经过近十年的努力，法律修辞研究已取得了瞩目的成果，已成为法学及法律话语研究的一个重要方法，但其研究尚有诸多不足与开拓的空间。

3）叙事分析

叙事与法律话语研究具有天然的契合度。一方面，叙事与语言密切相关，语言是叙事的根本手段，叙事有赖于语言来展开与实现；另一方面，叙事也与司法实践关系甚密，司法实践，尤其是庭审，在很大程度上就是关于讲故事的或叙事的。因此，叙事分析理应成为法律话语研究的重要方法。

　　叙事不仅仅是一种讲故事的表现手段，更重要的是人们认识世界的一种方式，它在人们的认知过程中扮演了重要的角色。叙事与其被当作一种再现的形式，不如被视为一种谈论事件的方式（海登·怀特，2005）。叙事既是一种语言表达的手段，也是我们认识世界的一种工具，它构成了许多大范畴之一，我们就是在这些范畴中理解和构建世界的（彼得·布鲁克斯，2007）。叙事已成为人类的一种思维模式，也是一种存在方式，司法过程是各种叙事声音博弈的平台（刘燕，2011）。叙事在司法实践中（尤其是庭审过程中）具有特殊的意义，因为司法旨在解决法律争议，而法律争议通常都是有关过去发生的客观事件。法律争议的解决首先需要再现客观事件，弄清案件事实，而叙事是呈现事件的主要方式。叙事分析方法可以从彭宁顿（Pennington）和哈斯汀（Hastie）提出的"故事模型"（Story Model）和怀特（White）的历史叙事学中找到理论依据。

　　20 世纪 80 年代末 90 年代初，美国学者彭宁顿和哈斯汀提出了分析案件裁决的"故事模型"，认为案件裁决过程中事实的认定主要是基于故事模型来展开的，庭审中事实裁决者的中心认知过程是故事构建，他们构建的故事决定了他们的决定。彭宁顿和哈斯汀（Pennington & Hastie，1991）还提出了验证对构建故事的确定性或有效性的四个原则：覆盖性（coverage）、融贯性（coherence）、唯一性（uniqueness）、匹配性（goodness-of-fit）。此外，彭宁顿和哈斯汀（Pennington & Hastie，1992）还基于构建的故事模型开展了相应的实证研究，验证了故事模型的有效性和普遍性。根据故事模型，案件事实的形成是事实裁决者在故事情节图式下基于自己的先验知识对证据进行建构的结果，是在诸多可能的故事版本中寻求最佳故事（即最大覆盖面和最融贯的故事）的过程。

　　美国著名的历史哲学家、文学批评家怀特倡导的历史叙事学为传统的历史哲学开辟了一个崭新的平台，也为其他相关学科提供了新的研究视角。怀特区分了三种再现历史的手段：年代记（The Annals）、编年史（The Chronicle）、严格意义上的历史（The History）。"年代记"是以年为单位按照年代顺序对历史事件的一种简单的罗列，"编年史"是在年代记的基础上按照年代顺序对历史事件的较为详细的记录，"历史"是对客观历史事件的完整叙事，是现代我们真正能接触并了解到的历史，是历史学家基于年代记和编年史对历史事件进行叙事构建的结果，具有明显的叙事性和故事图式，亦可称为"叙事史"。根据怀特（2003），历史（即人们现在看到的经过历史学家构建好的历史）是历史学家在特定的意识形态之下基于编年史（具有客观实在性的真实历史事件）对历史事件进行编排、论证的结果。简言之，如今我们看到的历史是特定主体对客观历史事件进行叙事构建的结果。据此，从年代记到编年史再到历史（叙事史），历史在叙事中逐渐得以构建，最终构建的叙事史已经融入了主体（历史学家）的主观解读与诠释，可能跟作为客观存在之物的原初年代记有出入，但它更符合人们对历史事件的预期，也是常规历史的存在方式。诉讼始于对已发生事件的争议，因此，从其本质来讲，案件事实也是一种历史事实，历史的构建方法同样适合案件事实的形成。

基于故事模型和历史叙事学的相关理论基础，我们可以说，叙事或讲故事是案件事实构建的基本方式，故事模型是事实构建的基本图式。案件事实认定的过程是围绕事件、通过语言活动展开的建构过程（王彬，2013）。前国际法律语言学家学会主席、美国法律语言学专家蒂尔斯马（Tiersma，1999）所著的《法律语言》便基于叙事视角分析了美国庭审的过程及其涉及的语言问题。刘燕（2017）的著作《法庭上的修辞：案件事实的叙事研究》是国内第一部系统讨论案件事实叙事构建的力作，作者以崔英杰案和邓玉娇案为切入点，系统讨论法庭上案件事实的叙事演化过程及其使用的修辞策略，是从叙事视角分析案件事实的代表性成果。此外，赵永平（2021）采用叙事学和修辞学分析方法对案件事实的建构进行了深入分析，认为案件事实是不同法律主体在特定语境下通过协商与沟通共同建构的结果，语言是建构案件事实的根本手段，叙事与修辞是案件事实存在的基本方式。

4）语料库分析

另一个基于语言的研究手段是语料库分析方法。随着信息技术的不断进步和语料库语言学的发展，语料库方法广泛用于语言分析，成为语言学研究领域的一个重要研究方法。作为与语言密切关联的领域，语料库方法早已引入法律语言研究。早期的基于语料库方法的法律语言研究多为单维度的质性分析，即通过检索关键词、搭配等的频率来识别某一特定语言程式及其分布概率。近年来，语料库方法与统计方法的进一步结合，使得对法律语言的多维度量化描述成为可能，基于语料库的法律话语研究范围逐渐扩大，国外此方面的研究主要包括三个方面：检测各类案件中的语言证据，分析司法程序中的语言使用，描述书面法律文本的语言特征（陈蕊娜，2015）。

随着语料库方法的日益成熟以及语料库语言学在国内的发展，语料库分析也逐渐成为国内法律话语研究的重要分析手段。一些学者尝试建立法律语言语料库，如宋北平率先建成的"法律语言语料库"，杜金榜建立的"法律信息处理系统语料库"，绍兴文理学院建立的"中国法律法规汉英平行语料库"等。此外，国内学者基于语料库分析方法开展了大量的法律话语研究，代表性研究为程乐（2010）基于 90 篇上诉法院判决书的自建语料库，对中国香港、台湾和大陆三地不同司法体系下判决书文本语言差异进行的系统分析。

总体而言，与西方学者主要关注司法领域不同，国内基于语料库的法律语言研究主要关注法律文本和法律翻译，其研究领域主要包括三个方面：法律文本分析、法律翻译和法律语言教学。相比而言，国内采用语料库分析方法对司法领域的研究比较罕见，这也是将来需要开拓的一个重要研究领域。

5）多模态分析

模态指人类通过感官与外部环境之间的互动方式（顾曰国，2007），是物质媒体经过社会长时间塑造而形成的意义潜势，是用于表征和交流意义的社会文化资源（李战子、陆丹云，2012）。语言是最常见，也是最重要的模态，除了语言之外，声音、图像、影像、颜色、动作、表情、手势、语调等符号系统都是传统意义上的模态。从广义上来讲，人们通过感官进行信息交流的一切渠道和媒介均可称之为模态。顾名思义，单模态指只涉及一种模态，而多模态则指同时使用两种或更多模态。由于世界的极大丰富性和人们感知的复杂性，呈现给人们的世界是丰富多彩的，因而是多模态的，而人们了解世界、进行交流也通常借助多模态手段。但是，传统上人们对交流与表达的研究只限于语言，而忽视了其他的模态及其不同模态的交互效应，这不利于全面揭示人们交流的多模态本质。

正是基于此，20 世纪 90 年代在西方兴起了多模态话语研究。经过近三十年的发展，多模态分析已经超越了语言学研究领域，扩展到符号学、哲学、社会学、人类学、政治学、新闻学、心理学、法学、美学和医学等领域，研究对象也从语言文字扩展到表情、姿态、手势、语调、图片、影像、网页设计和建筑风格等多种社会符号系统（朱永生，2007）。多模态分析已成为研究社会文化现象的全新视角和有效方法，其分析价值得到学者的认可。

近年来，法律语言学者开始尝试将多模态理论引入法律话语研究领域。西方的法律话语多模态研究兴起于 2010 年前后，已成为西方法律话语分析的一个重要领域，其研究内容主要包括三个方向：法律话语多模态功能研究、法律话语多模态互动研究和法律话语多模态批评性研究（李文、王振华，2019）。相比而言，国内的法律话语多模态研究起步较晚，且研究的领域也与西方有所不同，主要关注司法实践中不同模态资源在实现特定司法目的中的作用及其协同互动过程，研究的对象主要为司法话语和普法话语，但包括不同的研究主题。此外，国内还有一些有关法律英语多模态教学的探讨。

多模态分析已成为研究社会文化现象的全新视角和有效方法，但总体而言，相比国外，国内法律话语多模态研究起步较晚，且不够深入，现有研究多为法律话语功能与互动的初步分析。因此，我们需要借鉴国外法律话语多模态研究思路和研究范式，结合中国司法实践，全面而深入地开展多模态法律话语分析。

3.2.2　法学方法

法律话语研究的落脚点是"话语"，"法律"是修饰、限定"话语"的，法律话语研究究其本质仍然是语言研究范畴。因此，相比于语言学的众多研究方法，法律话语具体研究的法学方法比较罕见。总体而言，具体的法律话语研究中很少有法学方法，法学方法更多体现在宏观的法哲学层面以及微观的法学方法论和法律技术层面对法律话语研究的关照和启示。

法学对于法律话语研究更多的是宏观的法哲学层面的关照，尤其是基于语言哲学的法哲学思想。法哲学给我们一个法律存在的根本认识点，基于这个根本的认识点，我们可以分析法学范畴的语言表述形态。对法律话语以法哲学的方法进行审视与研究，是它与生俱来的要求。法哲学上的认识论、发展论、实践论及系统论都对法的语言产生直接的影响。基于语言哲学的法哲学思想认为，法律究其本质是一种语言形式和社会现象，而法律语言只有在具体的语境中才有意义，人们应从日常生活中理解和把握法律。这对我们研究法律语言具有重要的启示意义：法律语言研究应注重实践当中、使用当中的法律语言，从日常法律语言使用中分析和研究法律和语言现象，而这正是法律话语研究的初衷。可见，基于语言哲学的法哲学思想为法律话语研究提供了重要的法学方法论基础。

从语言的微观角度出发，法学方法论和法律技术还提供了对法律话语的参照研究方法。无论是法律解释、法律论证、法律推理、事实构建等法学方法论基本论题，还是法律文本分析技术、法律事实发现技术、法律适用技术等法律技术的研究范畴，均与语言密不可分，都较为直接地依赖于语言手段，可以成为法律话语研究的领域和范畴，从而为法律话语研究提供了探索的空间和必要性。其中，有些重要的论题本身既可以成为法学家研究的范畴，也可以成为语言学学者关注的对象，且不同视角的探讨更有利于问题的深入。比如，法律修辞已成为法学界和语言学界（法律语言研究者）共同关注的研究领域，两方面研究的交叉融合更有利于推动法律修辞技术的日趋成熟。此外，法解释学也是法律翻译研究重要的参照方法。

另外，就司法实践而言，许多司法实务中的技术手段都有赖于语言学者的参与和贡献。随着科学技术的发展和司法实践的需求，一些现代化的法律技术手段，如语音识别、笔迹鉴定、语言风格分析、语素分析、录音会话分析、法律文本分析等，需要借助语言学家的专业分析，使得法律语言学家日益成为司法实践不可或缺的参与者，既帮助法律实务界解决了司法难题，也有力推动了法学方法论和法律技术的发展与完善，同时也丰富了法律话语研究的内容和方法，有力助推了法律话语研究的发展。

3.2.3 其他方法

从学科属性来看，法律话语研究隶属于法律语言研究，是语言学和法学的交叉学科方向。但从更大的学科背景来看，法律话语研究首先是社会科学。因此，除了语言学和法学这两个法律话语交叉学科特有的相关研究方法之外，法律话语研究也必然需要借助更大学科背景下社会科学的基本研究手段，如调查分析法、个案研究法、实验研究法、对比分析法等。这些研究方法不宜归入具体学科之下，我们暂且将其称为其他方法或综合方法。

1. 调查分析法

调查分析法是社会科学研究最常见的方法，研究者采用调查问卷、采访、录音、录像等各种调查手段，对研究对象进行系统的调查，获取一手资料，继而进行整理分析，得出特定的结论。调查分析适用于较大范围，结果可以用于揭示某一现象或某些倾向，亦可作为其他分析方法的预报步骤（杜金榜，2004）。

就法律话语研究而言，调查分析法也是其常见的研究方法。前文讨论的杜克大学在20世界70年代开展的证人话语风格对其证词可信度影响的系统研究以及麦当劳文字官司（McDonald's Corporation v. Quality Inn International, 1987）便是调查研究的典型代表。

此外，以廖美珍为代表的我国庭审话语研究者多以司法实践中的实录话语为分析对象，通过科学的转写将其转化为文本语料，继而对其进行全面的分析。从其本质来讲，这种研究依然是调查分析的思路。

2. 个案分析法

个案分析法也是社会科学常用的研究方法之一，即通过对典型个案全面而深入的分析来获得特定结论。与调查分析法相比，个案研究的缺点在于广度，由于研究对象太少，结果可能不具有代表性，其更大范围的适用和推广需要谨慎；个案研究的优点在于其深度，由于研究对象少，便可以深入而全面地进行分析。

个案分析法在法律话语研究中也是常用的方法。如蒂尔斯马（Tiersma，1999）在其著作《法律语言》的第三部分"在法庭上"（In the Courtroom），以杰克逊案（Jackson Trial）和辛普森案（Simpson Trial）为例，深入分析了这两个案例庭审过程中的语言使用，包括语言特点、语言策略、语言效果等。国内学者中，刘燕（2017）的著作《法庭上的修辞：案件事实的叙事研究》便采用个案分析的思路，以崔英杰案和邓玉娇案为切入点，系统分析了法庭上案件事实的叙事演化过程及其使用的修辞策略。

个案分析虽然由于分析对象有限，导致其结论缺乏既定的代表性，但只要选材恰当，分析客观，也能得出建设性的结论。且由于研究对象集中，便于对其进行深入而全面的分析，这也是调查研究难以企及的地方。因此，个案分析法理应成为法律话语研究的重要参照方法。

3. 实验研究法

实验研究方法是针对某一问题，根据一定的理论或假设进行有计划的实践，从而得出一定的科学结论的方法。实验研究一般需要基于研究者的判断和假设，有意控制某些因素，以观察另一些特定因素起作用的情况。实验方法是自然科学研究的主要方法，社会科学也会使用实验研究法，但由于社会科学中常涉及主观因素，因此，即使因素的控制较为理想，结果的解释也应慎重（杜金榜，2004）。

就法律话语研究而言，研究者可以通过一些微观的实验来验证某些假设或推论。例如，有法律话语研究学者推定，庭审询问中提问方式本身能够影响证人证词的内容。为此，研究者设计了一些微观的实验，以普通人群为被试，调查不同的询问方式对证人证词内容的影响（Tiersma，1999）。有一个实验是调查不同的用词对证人证词的影响，研究者让被试观看一段车祸视频，然后使用不同的动词来询问被试所看到的车辆的速度，一种提问方式使用动词 smash（猛烈撞击、撞毁），即"How fast were the cars when they smashed into each other?"。而另一种提问方式使用动词 hit（撞击），即"How fast were the cars when they hit each other?"。结果表明，使用 smash 提问时被试回答的车速比使用 hit 提问时要快很多。另一个实验同样调查特定用词（frequently 和 occasionally）对证人证词的影响，问及被试："Do you get headaches frequently/occasionally, and if so, how often?"。结果表明，当使用 frequently 时被试回答的频率是每周 2.2 次，而 occasionally 的回答频率仅为每周 0.7 次。还有一个实验调查不同的问话方式对证词的影响，一种问话为普通的一般疑问句，即"Did you see a bicycle?"。有 51% 的被试回答看到了；而使用反义疑问句，即"You did see a bicycle, didn't you?"，结果有 74% 的被试回答看到了。

这种微观的实验设计简单易行，且有一定的说服力，可以成为研究者下结论的重要依据，但并非唯一的结论，其结论并不具有完全的可靠性，如果作为庭审的证据，其可采性尚有待法庭裁决。

4. 对比分析法

对比分析法也叫比较分析法，是通过实际样本与既定样本的对比，借以了解其一致性或差异性的一种分析方法。对比分析法在法律话语研究中占有特别重要的地位。在司法实践中，往往需要通过对比分析以确定特定的证据，如要确定某一文本的真实性，就需要将可疑文本与真实文本进行比对；要识别特定的语音主体，就要对嫌疑语音与真实语音进行对照分析（杜金榜，2004）。

就法律话语研究而言，对比分析也是常见的研究手段。这种对比既可以是微观的小范围的比较，也可以是宏观的大范围的对比。在实际的法律话语研究中，微观层面的比较是无处不在的，比如讨论话语权力，势必比较话语权力的拥有者和没有话语权力的弱势群体；讨论话语权力的性别因素，势必要比较男性和女性各自的话语权力；讨论话语风格，势必要比较不同的话语风格及其特点；讨论法律专业人士的语言特点，必然需要基于非法律专业人士。此外，国内的基于中国司法实践的法律话语分析也经常涉及和国外相应法律话语的比较。

从宏大视角来看，法学本身就有比较法学的分支，因此法律话语研究也可以从比较或对比视角来展开。张法连（2017）所著的《中西法律语言与文化对比研究》便是国内此方面研究的代表性成果，该研究采用对比分析思路，对中西法律语言词汇、中西法律语言句法、中西法律语言语篇、中西法律价值观、中西法理观念、中西法理精神、中西法律本位、中西法律属性、中西法律正义、中西法律信仰、中西立法机构、中西司法机构、中西执法机构、中西法官文化、中西律师文化、中西陪审文化、中西法律教育与法律职业等中西法律语言与文化的 17 个方面进行了全方位的对比分析。

除了这些常见的综合研究方法之外，法律话语研究还会涉及统计分析、物理检验、定性研究、推理论证等研究方法，限于篇幅，此处不再一一赘述，相关讨论参见杜金榜（2004）、杜金榜和葛云锋（2016）、潘庆云（2017）等。

第 4 章
警察话语研究

警察话语主要指警察讯问话语，即警察讯问犯罪嫌疑人的过程中使用的语言。警察讯问是在侦查阶段，为获取犯罪嫌疑人的真实供述而采用的一项提问与审查措施。本章节对国内外警察话语研究成果进行了整理，梳理警察话语研究现状，展望未来的研究发展方向。

4.1　近十年警察话语研究综述

自 2010 年至今的十几年，国内的警察话语研究主要集中在语用学分析、话语权研究、侦查学研究以及新媒体背景下的话语传播。可以看出国内学者对警察话语的研究主要在话语分析、跨学科研究以及新媒体等热点上，聚焦警察话语的应用和新发展。国外警察话语的研究则主要是对警察话语研究方法的探索，警察话语研究与女权主义、女性话语的结合，以及警察话语中种族主义的影响。

4.1.1　国外警察话语研究综述

相较于国内警察话语研究多聚焦点的特征，国外学者在警察话语研究方面展现出研究重点分散的特点，且警察话语研究带有文化背景的深刻烙印。笔者发现近十年国外警察话语研究与中国的研究方向在话语研究方法、话语权力和语篇分析方面具有共性，除此之外，还涌现出警察话语同女权主义、种族主义结合的研究成果。这些研究成果顺应了国外言论场的热点话题，并为警察话语研究提供了新的视角。

1. 警察话语的研究方法

关于警察话语的研究方法，国外学术研究成果丰富，如阿拉德·波希和拉罗什（Allard-Poesi & Laroche，2012）有关警察话语研究的综述性文章涉及三个主要内容：第一部分是先前有关警察话语的作品、近期研究中出现的新观点以及机构话语的语言研究等成果的汇总；第二部分主要内容是上述语篇分析的研究背景、采用的研究方法以及总结出其中应用的话语策略；第三部分是讨论话语策略对警察话语秩序的重大影响。这样的综述性研究为警察话语的研究提供了丰富的语料，以及应用研究方法的启示。

更有学者完成了深入的探索。罗克（Rock，2015）在其著作 *Police Interview Discourse* 中提到，警察和被讯问者之间的谈话受到二者角色差异的影响；警察讯问能力的培养需建立规范化的制度，如 PEACE 框架，包括计划和准备（plan and prepare）、参与和解释（engage and explain）、说明（account）、结束（close）和评价（evaluation）。这为警察讯问话语能力的提升提供了规范的框架；另外警察话语研究的主题呈现多焦点分布，少有集中的研究重点，因此警察话语研究具有分支众多，其学术研究的外延更广泛。此外，中根郁子（Nakane，2014）提出使用话语语用方法（Discourses-Pragmatic Approach）对警察话语作详细的定性社会语用分析，通过这样的话语分析，作者希望探究口译对讯问过程产生的影响。

2. 警察话语与女权主义的结合

女性主义是西方当下文化环境中不可忽视的主题。警察话语与女性主义的结合主要体现在对女性警务人员话语权的研究上。例如厄斯特林德和哈克（Österlind & Haake，2010）运用话语分析法，对瑞典警察中女性领导者的话语进行了分析和建构，发现女性警察的话语通常面临着特定主题的限制，形成女性警察特有的领导风格。作者希望通过话语研究挑战所谓的"女性领导风格"的概念，并且提出警察领导的过程受多种因素而非单一性别因素影响。可以看出，警察话语研究同女性主义的结合更趋向于对女性角色的关注和剖析，旨在打破刻板观念对女性的束缚，话语分析只是作为一种研究方法，为最终维护女性权利、支持女性独立提供话语分析的证据支持。

3. 警察话语与种族主义的结合

在种族主义的研究范围中，许多外国学者倾向于从现实问题的角度探讨警察话语研究，如部分文献涉及公共话语秩序、种族与犯罪等问题。雷耶斯 – 福斯特（Reyes-Foster，2014）在 2014 年的一篇文章中分析了来自墨西哥东南部一个城市的犯罪现场调查报告，作者从语篇分析与警察调查分析入手，讨论了民族主义对执法人员与普通公民之间不信任关系的负面影响。此外，努尼奥（Nuño，2013）以社会公共话语为研究对象，分析了社会公共秩序话语是如何以歪曲社会事实和公共安全为中心的。公共话语的最新转变是移民的犯罪化处理，这也形成了民族主义和种族分裂的模式。由此可见，话语分析可以为现实问题提供佐证，同样话语的转变发展并不是真空的，也会受到文化理念和社会因素的影响。

4.1.2　国内警察话语研究综述

警察讯问话语一直是中国法律语言学研究的重要领域。在研究内容上，中国学者对警察话语研究集中在话语角色类型的分析、警察话语特征、询问策略技巧等问题上。随着国内互联网的迅速发展，警察话语在网络平台上也逐渐占据一定的话语权，也有许多学者将目光投向新媒体环境下的警察话语研究。在研究理论应用上，国内的警察话语研究仍然以引进国外话语研究理论为主，如合作原则、话语角色的类型与转换、博弈论等理论均是警察话语研究中的热点。

1. 警察话语的语用学研究

侦查讯问是中国警察话语研究最重要的部分之一，研究成果涵盖了讯问言语互动、讯问话语角色和讯问话语策略等多方位、多角度的内容。袁传有（2010）通过构建"多维度讯问言语转变模型"，从社会、文化和心理的不同维度来分析讯问话语策略和语言手段。除此之外，在总结大量警察讯问话语语料的基础上，杨慧（2017a）对警察讯问的新型提问模式以及优势心理进行分析，提出"六种提问法"的新型模式，为讯问人员提供新的方法应用。吴淑琼和邱欢（2019）基于波依斯（Bois）的对话句法理论对警察讯问话语的对话句法理论进行了分析，发现警察讯问话语和被讯问者话语，在言语成分和句法结构方面呈现出一种平行的句法关系，两者产生共鸣。在民警对话中，武哲男和张小兵（2022）认为警察话语表达会影响警民关系，警察话语表达技巧应该亲切平和、公正严肃、专业规范、通俗易懂，以此弱化影响力和权威性，拉近警民距离。而当被询问者主要为犯罪嫌疑人时，警察询问话语策略会发生适当改变。李艺（2015）发现警察大量使用附加疑问句等语言设置来强化其在交流中的主导地位，频繁使用插话手段来加强对交流内容和发展方向的控制，甚至使用贬损语与强势语，目的是构筑对话中不平等的权势关系。

从上述研究成果中可以看出，在语用学方面的警察话语研究多立足于讯问笔录的材料，就讯问话语本身的特点、技巧和策略等方面进行分析研究，其研究目的主要是为讯问实践提供新的理论指导。

2. 警察话语权研究

在国内警察话语权研究领域中，学者多将目光聚焦在警察在国内警务、涉外警务、执法过程中的话语权研究。如曾范敬（2011）在《警察讯问话语批评分析》一文中就对警察执法口语语言的动态、过程进行了研究，这一研究的重点是警察讯问话语中的权力关系，作者揭露了警察讯问话语中的权力不对称现象，提出警察需要调整讯问话语中的不平衡权力关系，这样才能真正实现从"讯问"到"询问"的转变。除了对国内警务中的警察话语研究之外，张凯存（2014）对涉外口语交际中的权力话语展开了研究，发现权力话语在涉外警务中承担着重要的角色，能够帮助外国人了解中国法律法规与法律文化，并提升涉外警务效率。黄亚茜（2020）站在警务外交的视角，提出了警务外交话语权的建设路径，从警务公共外交与话语权和国际公共产品与话语权两个方面加强中国在国际执法中的警察话语权，从而更好地维护中国的海外利益。

在警察话语权的制度层面研究上，程伟（2013）从犯罪嫌疑人人权保障的角度分析警察讯问权的合理限制，作者发现目前司法实践中犯罪嫌疑人的人权没有受到充分的保障，在警察讯问的过程中，还存在逼迫式讯问、欺骗式讯问、诱导式讯问和有罪预设等不合理，甚至不合法规的现象。因此，改变讯问方法，引导警察话语向合法性和规范性转变，对保护犯罪嫌疑人供述的正当性、自愿性意义重大，对保障司法公平公正影响深远。此外，还有李艺（2015）深入剖析了警察与犯罪嫌疑人之间话语权力的不对称现象，王莹（2017）研究并提出警察职业话语能力的重要性以及培养警察话语能力的必要性，郑文一（2018）从热门电影《我不是药神》这一电影的警察角色上，分析警察群体面临的话语困境，并探究其原因，提出应该革新警察群体的政治定位和话语表达方式，把握话语规律，推动警察群体把握话语主导权。

综合以上研究成果，可以发现国内警察话语权的研究以警察群体、犯罪嫌疑人和讯问制度为不同的研究主体，以警察话语为中心延伸到讯问制度、犯罪嫌疑人人权保障和话语困境等问题上，目的是推动中国警察讯问话语权处在合理的范围内，促进讯问制度向规范化转变。

3. 警察话语在新媒体时代的发展

在网络迅速发展的环境下，自媒体的发展是推动公共话语扩大外延的引擎。在自媒体平台上，警察也面临着诸多挑战。任铄炜和张志华（2017）提出警察在公共领域中的话语面临着话语风格和话语定位的多重挑战。在话语风格上，警察话语风格从"接地气"走向另一个极端"从流俗"趋向的矛盾凸显，"人格化"的传播策略与"职务化"的话语定位矛盾突出。为了走出这些困境，笔者认为警务自媒体应该在话语技巧上摒弃官僚姿态的同时避免曲意逢迎，锐意革新，主动契合自媒体"人格化"的传播途径并且加强"职务化"的定位。刘永红（2020）认为新时代公众对警察话语的敬畏和认可不足，与公安机关基层民警自生言语能力不足直接相关，主要体现在基层民警的言语表达的法律性不足、专业度不强、情感性缺乏以及技术性欠缺。而自媒体的出现很有可能放大这些缺陷。刘永红（2014）深刻剖析了当下警察面临的话语权危机，具体体现为：警察在自媒体传播中成为"被报道"对象，处于被动地位；自媒体传播内容和传播方式充满了随机性，警察话语在民众面前丧失了主导地位；自媒体参与者多样化，警察话语的影响力减弱，且进一步降低了警察话语的权威性。因此，在自媒体平台上把握警察话语的主动地位，适应自媒体传播模式，扩大影响力，树立警务媒体权威性，才能更好地拓展警察在网络平台与民众的沟通渠道。

张海龙（2017）进一步归纳出涉警舆情的发展概况与形成原因，通过分析当前公安机关较容易出现的警务危机，就如何提高公安机关的话语介入能力、增强公安机关的话语权提出针对性的策略。在涉警舆情问题的解决方案上，张莉和熊信之（2017）提出公安机关应及时改进舆论引导方式，变挑战为助力，推进执法话语规范化，树立良好的公众形象。

当前自媒体的平台和形式多样，许斯威和王卉（2021）认为重塑警察话语权的媒介方式包括文字媒介，比如微博、微信；声音媒介，比如喜马拉雅、蜻蜓 FM 等广播媒体；视频媒介，比如抖音等短视频平台。闫煜（2021）将当前的自媒体环境定义为轻氛围"真实虚拟"环境，要想在这样的环境中重塑警察话语，主要的路径是推动多平台与主动回应相结合；灵活嵌入网络流行语与非语言交流因素；利用同行联络场的放大效应，充分发挥互联网特点，进而构建具有中国特色的互联网警察话语权。

由此可以看出，在自媒体的警务话语研究上，学者们跳出了警察讯问话语的研究领域，将目光投向警察话语权面临的挑战与困境，深入剖析自媒体大环境下涉警舆情的特征与转型，从而为公安机关适应复杂多变话语环境建言献策。

4. 警察话语的侦查学研究

近十年来，许多学者将研究焦点放在了跨学科研究上，尤其是审讯学和语言学的结合成为警察话语研究的又一个亮点。郑洁（2014b）探究了审讯学与语言学研究的可能性，以"话语过程控制论"为基础，分析侦查讯问过程控制的种类与语言实现方式，实现了警察话语研究与侦查学研究的动态结合。此外，在审讯话语的研究和审讯结果的控制上，也有学者提出进一步的观点。闫霞飞（2019）通过对讯问话语特征、信息结构等问题的具体分析，对公安部门的"讯问策略—讯问方法—讯问话语"规范化应用中所涉及的因素展开研究，解决了侦察人员如何完善讯问的功能和提升审讯过程的可控制性等问题，对公安部门的审讯工作具有重要的指导和借鉴意义。警察话语的研究与侦查学研究的有机结合更加贴近公安部门的实务工作，能够更加高效地实现警察讯问话语理论研究对实务审讯的指导意义。

4.2　警察话语的话语特征与话语策略

警察话语涵盖的内容广泛，按功能通常分为警察告知话语和警察讯问话语。警察告知话语就是警察告知被讯问者其所享有的司法权力，在美国最为著名的就是"米兰达警告"（Miranda Warning）（叶宁，2010）。警察告知话语是一种程序化、模式化的语言，通常是以警察为主体面向被讯问者的单方向的话语。警察讯问话语是指侦察阶段侦察人员为了查明案件的事实真相，获取犯罪嫌疑人的真实供述，依法对犯罪嫌疑人进行面对面的提问与审查的一项侦查措施（曾范敬，2012）。警察讯问话语又可分为程序性话语和实体性话语。程序性问话是为弄清犯罪嫌疑人的个人情况的问话，目的直接，结构简单，有固定的问话模式，警察语气不容置疑；实体性问话则是为了弄清涉案要素的问话，目的在于还原案件真相，获得犯罪嫌疑人的口供，并根据刑法对案件进行初步的判断。实体性问话的目的更为复杂，警察必须实现与犯罪嫌疑人的会话合作才能实现自己的目的，这是警察与犯罪嫌疑人之间的博弈。警察会根据合作程度调整问话目的、改变文化策略，最终争取到与犯罪嫌疑人最大限度的合作。在这一过程中，警察所使用的不同问话策略，也是值得研究的重要领域（李响，2012）。

4.2.1 警察话语特征

警察讯问话语研究主要集中在对讯问话语特征的探索上。如云山城（2004）提出警察话语有严肃性、适应性、斗争性、艺术性、目的性的特征；王传道（1999）提出讯问语言有法律性与准确性、严肃性与灵活性、威慑性与感召性、确定性与不确定性的特征。吴淑琼和邱欢（2019）将警察讯问话语的特点归纳为程序法定、场所特定、目的冲突和角色互动。其他学者对于警察话语研究的特征也有不同的提法，但总体上可归结为法律性、准确性、灵活性、冲突性、合作性、确定性和不确定性等特点。

1. 法律性

讯问是一种刑事诉讼行为，是一种严肃的执法行为（王传道，1999）。讯问活动受国家法律和刑事政策的约束，因此警察讯问的行为也应该符合国家法律的规定，不违反刑事政策。讯问法律语言的准确性具体体现在：讯问用语高度合法、讯问语言真实、讯问方式文明合法（王传道，1999）。

讯问用语应体现高度的法律性。严格遵守国家的法律制度，运用通俗的语言解释正式的法律规定，依法讯问。言为法声，有必依法，言出法随，寓言于法。

讯问的过程中要保证语言真实，不欺骗不诱哄。讯问过程中不可强逼胁迫，也不可以谎言欺骗犯罪嫌疑人，使得犯罪嫌疑人按照讯问人员的意愿提供证词。

讯问方式应文明合法。讯问人员在讯问的过程中，应坚持彬彬有礼，避免言语行为粗俗，影响警务人员的形象和法律尊严。

2. 准确性

讯问话语的准确性是指警察要准确地解释国家法律、政策，措辞要准确严谨，避免词不达意或言过其实。具体而言，准确性有两方面的含义。一方面，讯问人员应全面、准确地解释国家法律、法规政策。在完全了解案情的基础上，向犯罪嫌疑人完整地介绍法律法规的精神内核，不可断章取义，也不可扭曲法律政策，破坏法律的尊严和精神。另一方面，警察应保证自身语言的准确性，言简意赅，吐字清晰，不可言不及义，模糊不定，应使被讯问者能够全面、正确地理解其意（王传道，1999）。

3. 灵活性

讯问语言要适应不同案件、不同犯罪嫌疑人的各种情况，因案适宜，因人变通。在不同的案件中不能死板地沿用一套讯问语言，应根据不同的案情进行变换。在不同的犯罪嫌疑人面前，讯问人员也应该使用不同的讯问语言，与犯罪嫌疑人之间建立信任，实现讯问的目的。讯问中还应将抽象的东西具体化，使晦涩难懂的法律语言具体化、通俗化，拉近与犯罪嫌疑人之间的距离，消除与犯罪嫌疑人之间的沟通障碍。

4. 冲突性

冲突性是指讯问中讯问目的的相悖导致讯问双方在讯问时常处于不合作、难合作的状况（许娜，2004）。讯问本身就是讯问人员与犯罪嫌疑人之间的博弈，讯问语言也具有冲突性的特点。通常警察的讯问目的与犯罪嫌疑人的目的处于对立状态，警察讯问是为了查明案情真相，获得犯罪嫌疑人的供述，收集犯罪证据等；而嫌疑人的目的则是作无罪或轻罪辩解（吴淑琼、邱欢，2019）。因此，双方的目的是冲突对抗的，讯问人员会寻找犯罪嫌疑人言语中的矛盾之处作为突破口，以此接近案件的真相；被讯问者则可能会以谎言或选择对自己有利的陈述来掩盖或扭曲案件事实真相，实现轻罪或无罪的目的。

5. 合作性

讯问语言不止有冲突性，也有合作性的特点。当讯问双方在语言上和心理上都不再对抗，而是相互合作时，询问语言就具有合作性，其目的是查明事实。实现合作性的前提是被讯问者的违法事实确实存在，且讯问者与被讯问者之间获得心理上的认同，转向合作使讯问走向成功。

讯问者在得知嫌疑人违法行为存在的基础上，经过一系列调查、搜证，最终掌握了完整的证据，并将证据展示给嫌疑人，嫌疑人在无奈之下由抗拒转向配合讯问，在此前提条件下建立合作。

在讯问过程中，交际双方存在着某种共同心理，即"交际认同心理"，也就是"要了解别人，也要让别人了解自己；希望取信于人，也试图让别人信任自己；愿意尽力适应对方，同时也要求对方能适应自己"（易锦海、李小玲，2004）。讯问者可以利用这种心理缩小与被讯问者之间的距离，削弱分歧，赢得被讯问者的信任，从而放弃对抗，实现最大限度的合作。

6. 确定性

讯问语言的确定性在于警察在陈述证据和讲解国家法规政策时应语言明确、语气笃定。当展示证据时，语言准确，语气笃定，可以在心理上占据优势地位，对犯罪嫌疑人带来威慑。讲解国家法律法规应确切坚定，讲明后果，动摇犯罪嫌疑人的立场，并展现法律神圣不可侵犯的态度。

7. 不确定性

讯问语言的不确定性是指使用的语言语义较宽，信息量大，带有迂回性，对方很难从中获得准确信息。讯问人员在某些情况下，用语含蓄可起到暗示、迷惑性的作用，使犯罪嫌疑人无限联想，在心理上处于劣势时获得证词。

4.2.2 警察话语策略

讯问策略是斗争的科学性与艺术性的巧妙结合，是智慧的结晶（王传道，1999）。为达成讯问目的，警察在不同的案件中，面对不同的嫌疑人采取不同的讯问策略，如话语策略有劝诱策略、友情策略、威胁策略、打断策略、迂回策略、预设策略等六种策略（李响，2012）。不同的策略适用的场合各异，能产生的效果也各不相同。

1. 劝诱策略

劝诱策略指的是警察劝说、诱导犯罪嫌疑人说出案情真相，以达到警察讯问的目的。常见的劝诱有将心比心、援引例证、承诺保证、亲情打动等（李响，2012）。例如：

1）你以为别人都是你"义道朋友"是不？会帮你隐瞒？别人都老老实实讲，你有必要破罐子破摔不？你 86 年的，还早着呢，你说我讲的对不，我就问你。（将心比心）

2）你看都是过节，别人都是带着老婆和小孩在外面过节，你坐在这里，你看着我，我看着你，我跟你说话和墙壁说话一样的。（亲情打动）

3）想早点见到你闺女，好好说，给你搞个从轻……你交代好，绝对比现在轻。（承诺保证）[1]

4）张 ××，跟你是老乡，一起干过吧。你们一般两人一起干吧。上次他交代得不够清楚，结果怎样？坐了两年牢出去不到半年又进来了。为什么呢？其他的人进来了，交代了案件又牵涉到他。他当时不听我劝，不肯说。结果没捞到主动认罪，判得不轻。

在讯问对话陷入僵局或者犯罪嫌疑人抗拒发言时，劝诱策略能够通过打破犯罪嫌疑人的心理防线为对话打开一个新的突破口。例如以上案例中，前三段话发生在同一起案件的讯问阶段。警察为了从毒贩王某口中获得更多有价值的案件信息以及其上线，在讯问中对其采取了多种劝诱策略，包括告知同案犯罪嫌疑人已经供认，以亲情打动犯罪嫌疑人，以及承诺保证坦白将从轻量刑。在第四段话中，警察则是提出其他人的例子来劝说犯罪嫌疑人主动坦白认罪来获得轻判。因此，劝诱策略在警察讯问环节中能够起到以劝说、诱导的方式使犯罪嫌疑人供认犯罪事实，为其自身争取从轻量刑，提高警方的审讯效率。

2. 友情策略

友情策略指的是警察通过展示对犯罪嫌疑人的同情、友好，以语言

1　例 1、2、3 来自纪录片《守护解放西》第二季第七集。

上的示好来打动犯罪嫌疑人，争取合作，实现对话的目的。

1）问：×××，你相信我们吗？

2）答：相信。

3）问：相信的标志就是相互之间说真心话，我们相信你会说实话，我们更深深知道你对自己的人格非常尊重。

4）答：嗯，我应该相信自己的人格。

上述案例源自武黄岗（2016）的文章，从中可以看出，警察一开始通过"信任"二字入题，以获取犯罪嫌疑人的心理认同感，为后续讯问作铺垫，以争取在后续审讯中的合作，从而获取更充分的案情信息。

3. 威胁策略

威胁策略是指在讯问过程中，警察通过夸大刑期、罪行后果等威慑犯罪嫌疑人，建立心理压迫，从而实现讯问目的。

问：啊，张××，你看，今天我们市局缉毒大队领导亲自过来看望你了。你应该感到荣幸啊。你知道你坐的这个位子谁还坐过吗？（5s）[1] 坦白告诉你啊，这个位子到现在只有两个人坐过，一个是张××强，就是绑架香港××那个，另一个就是啊，我们的老领导，陈××。你算是有面子了。

问：吴××，你给我老实点。你要是还这样嘴硬，啊，在事实面前还不老实交代问题，今天就给你换个地方住。去重刑犯、强奸犯那个号子怎么样？（李响，2012）

这一案例仅展示了讯问人员的话语，这两段话语是讯问人员通过夸大犯罪事实、强调需要承担的责任，以此对犯罪嫌疑人形成心理上的威慑，从而使其吐露出更多的犯罪信息。

1　Ns 表示明显的停顿，余下章节同。

4. 打断策略

打断策略是指警察在犯罪嫌疑人说话时强制打断，一方面将话语主导权紧紧握在警察手中，把握讯问的节奏，尽可能获取信息；另一方面通过打断犯罪嫌疑人说话对其造成信息震慑，以此实现讯问目的。下一例子中可以体现这一点：

问：说说那两个人的样子。

答：一个是长发。

问：长发？

答：是的，还有……

问：过肩了吗？

答：对，留着小胡子，一个好像是扎着马尾辫，我没看清楚。也是长头发，有小胡子。

问：就是说两个人都是长发？

答：是的。

问：当时在银行取钱的是不是他们俩？

答：我到那儿时，只有一个人在取钱……

问：另一个在哪里？

答：另一个好像在后面排队，一个在前面站着等……

问：好。这两个是不是排队取钱的那两个人（出示照片）。

答：是。（曾范敬，2011）

在这一段节选的对话中，讯问者通过直接提出希望得知的信息打断犯罪嫌疑人的话，可以明显看出话轮 5、11、13 是讯问者打断被讯问者明显的节点，这样的讯问策略一方面体现出讯问者对谈话绝对的主导权，处于对谈话的绝对控制地位上，提问的方式直截了当，能够以最高效的方式从被讯问者的话语中获取有效信息；另一方面，打断的策略使犯罪嫌疑人处于劣势的地位上，承受着较大的心理压力，这种权力的不平等为警察探明事实真相提供了一定的优势。

打断策略虽然具有讯问者主导和直接高效的优点，但也被认为是胁迫式讯问的标志之一。警察讯问的权威专家在这一方面达成共识，有效的讯问应该允许犯罪嫌疑人有篇幅较长、不被打断的叙述（曾范敬，2011）。

5. 迂回策略

迂回策略是警察刻意隐藏讯问意图，在讯问陷入僵局时，运用迂回的提问方式，在提出真正的问题之前先问一问其他相关的问题作为铺垫。例如在下面这段对话中，警察与被讯问者之间的对话就体现了迂回策略。

警察：你就跟她虚构的你也是坐飞机过来的？

周某：对。

警察：因为你一直跟她讲的你是在成都是吧？

周某：对呀。

警察：这个身份证在哪里搞的，这个成都的这个假的？

周某：这是 P 的。

警察：你是叫什么名字？

周某：施某（化名）。

警察：家里都有什么人？

周某：爸爸、妈妈和姐姐。

警察：家里都是做什么工作的？

周某：爸爸是包工头，妈妈没上班。

警察：出于什么目的把她（受害人）喊过来的？

周某：我之前都是正常谈恋爱的，喊她过来我们一起玩，然后她就是给我钱嘛，我也给她钱了。

警察：这个六十万怎么搞的，你讲一下。

周某：后面是她上来找我……（曾范敬，2011）

由以上对话可以看出，警察希望得到的信息是有关于"六十万"这一金额的细节，在提问时讯问人员没有选择直接就涉案金额提出问题，而是先提出有关被讯问者家庭背景的问题作为铺垫。以家庭背景提问的目的在于，使讯问对话暂时脱离案件细节，让被讯问者放松情绪，以便为后续的讯问作铺垫。除此之外，犯罪嫌疑人的家庭背景也是重要的参考信息，例如在以上对话中，警察得知犯罪嫌疑人的真实家庭背景，而在此之前犯罪嫌疑人谎称自己是"富二代"与女网友交往，借此敛财。通过讯问中获取的这一重要信息，也让犯罪嫌疑人先前的说辞不攻自破。

因此，迂回策略一方面有助于协调讯问对话的紧张节奏，为后续的提问作铺垫；另一方面迂回提出的问题也可能帮助警方获得重要的案件信息。

6. 预设策略

预设策略就是在问话的时候预设命题，通过预设命题控制犯罪嫌疑人，使其回答符合警察的推理。警察通常用特指问话和前导来实现预设问话。例如：

1）警察：你跟她说你朋友把房间安排好了，那个微信也是你的吧?
　　周某：是我的，对。
2）警察：你就跟她虚构的你也是坐飞机过来的?
　　周某：对。

如上述对话中，第 1 轮对话中，讯问者提出一个带有预设的是非问话，这段问话的前提是犯罪嫌疑人通过微信对受害人存在欺骗行为，第 2 论对话中提问的预设是犯罪嫌疑人虚构欺骗受害人。这两轮对话中可以看出，警察讯问话语中的预设策略有助于引导被讯问者按照警察的提问思路供述犯罪事实，从而将整个犯罪过程完整清晰地描绘出来。

随着新时代的到来，互联网的迅速发展为警察面向公众发声提供了广阔的平台。随着网络平台兴起，自媒体日益蓬勃发展，对警察话语的研究也出现了新的元素和新的焦点。任铄炜将目光投向自媒体平台警务微博的语言特点研究，发现警务网络平台的语言风格经历了从严谨正式的官方语言到通俗有趣接地气的转变，警务微博的发言主体从职务群体向个人化转变，其目的是拉近与群众之间的心理距离，消除成见，增添警务平台的吸引力（任铄炜、张志华，2017）。

网络平台扩大了警务自媒体的话语影响力，让群众在网络上近距离接触警务资讯的同时也带来了负面的因素。如互联网自身的虚拟性、互动性和便捷性决定了涉警舆情的传播方式和扩散速度难以控制。特别是突发公共事件的传播往往在媒体平台上以几何数倍增的裂变式发展。更有一些媒体为获取点击率和流量肆意造谣、煽动网民情绪（雷雅敏，2013）。互联网平台信息传播的不稳定性和不可控性反过来对警务自媒体的话语造成影响。公安机关在社会中扮演着特殊的角色，面向公众的话语不仅要有严谨正式的官方告知话语，还要有接地气的警民互动，同时应对紧急公共事件还应建立起舆情控制管理系统。警务公共平台的话语不再是单一的、模式化的语言，而是趋于多样化、亲民化的风格，但其言论的权威性不可丧失，因为这关乎警察的社会形象和政府的公信力。

警察话语研究是法律语言学研究的深化，深入探索警察讯问话语研究对提升司法活动的效率有重要的实践意义。随着互联网的崛起，在公共面前发声的门槛降低，自媒体平台的出现为警察话语传播提供了更加广阔的空间。聚焦警察话语的研究，对推动司法公正、提升办案效率、拉近警民关系、增强社会凝聚力、传递社会正能量有着更加深远的影响。

4.3 警察话语研究范例

在警察话语研究中，明确警察讯问的目的，才能更好地了解讯问中涉及的话语特点和策略。本节主要从两个层面作出分析：一是法律层面，二是语言层面。

首先，在侦查阶段，警方对犯罪嫌疑人进行讯问获取的笔录可以作为证据证实犯罪行为。根据《公安机关办理刑事案件程序规定（2020修正）》第五章第五十九条，可以用于证明案件事实的材料，都是证据。证据包括：物证；书证；证人证言；被害人陈述；犯罪嫌疑人供述和辩解；鉴定意见；勘验、检查、侦查实验、搜查、查封、扣押、提取、辨认等笔录；试听资料、电子数据。证据必须经过查证属实，才能作为认定案件事实的根据。因此，与犯罪嫌疑人沟通讯问是取证的重要一环。通过获得犯罪嫌疑人的证词，警方依次进行查证，查证属实的可以作为证据证实案件事实的真实性，从而为确定犯罪事实提供坚实的事实依据。

其次，在某些牵涉范围广、案情复杂的案件中，犯罪嫌疑人的供述也可能成为破解案件的关键突破口。如在一起贩毒案件中，抓获贩毒链条中的一个毒贩，就有可能从该毒贩的供述中获悉上下游贩毒人员和吸毒人员的情况，从而为警方扫黑除恶、打击毒品犯罪活动提供有力的线索。

综上所述，警察讯问的目的主要是获取犯罪嫌疑人的口供作为证据，当缺少证据或证据不足的时候利用其口供作为案件的突破口。由警察的讯问目的可以得出，警察讯问的过程一定是有明确的导向，其间通过一系列的策略和技巧促使被讯问者说出所知的事实。

解决了法律目的方面的问题，下一步让我们把目光放在语言层面。在上一案例中，警察在讯问中使用了多种话语策略，这些话语策略剥开被讯问者故意掩饰隐瞒的案情，抽丝剥茧，最终触及案件的真相。

对警察话语的研究主要聚焦在警察讯问话语的研究，这是因为讯问话语中最能集中体现警察话语的特征和讯问策略的集中运用。因此，本节选取一段警察讯问实录语料，从实际案例中警察讯问的话语特点入手，展示话语策略在现实警情中的运用。

以下讯问笔录涉及一件诈骗案。一男子利用恋爱关系作掩护向"女友"索要特殊数字的红包（如"1314""520"等）来秀恩爱，声称截图发朋友圈之后便会归还，但该男子收到红包后拒不归还，"女友"无奈报警，男子被带至派出所接受询问。以下记录是派出所民警与男子的对话：

周某：我问一下我怎么了？我没犯什么事情▲ [1]

警察：　　　　　　　　　　　　▼你进来怎么回事你不清楚啊！

周某：……（沉默）

警察：懂不懂法呀，懂不懂一点法律？

周某：（点头）

警察：懂一点法还做这种事。

周某：说秀恩爱我们谈恋爱这个方式是吧，然后我也没收她钱，是她把我微信号弄封了。

警察：你说不收她的钱，钱怎么到了你的微信上面？

1　▲表示被对方打断，▼表示打断对方，余下章节同。

周某：……（沉默）

警察：你为什么要收她的钱？

周某：因为她举报了我投诉我了。如果她不投诉，那个钱还是会退回去的。

警察：到了这里还不老实！你要不要我翻下你的老底啊！

周某：……（沉默）

警察：简单跟你介绍一下啊，我在我们整个长沙市局这么多警察里面，办案的数量都是排名前几位的，办案的质量是排前几位的，你这方面的侥幸心理你就不要有了。

周某：我这个会有拘留吗？去拘留所这个会不会留档案呢？

警察：（不回答）

周某：把钱给她还会拘留啊？

警察：不要在这里讲钱钱钱，这个钱本来就不是你的。

周某：我之前都是正常谈恋爱的，她叫我老公，我也不会要她秀恩爱给钱的。

警察：讲了是不收啊，为什么要收吧！我们只看结果，结果就是你说不收，结果你收了钱。

周某：（沉默）

警察：你跟她说你朋友把房间安排好了，那个微信也是你的吧？

周某：是我的，对。

警察：那你为什么跟她这样讲呢？

周某：因为我那个时候坐飞机发不了信息给她啊。

警察：你就跟她虚构的你也是坐飞机过来的？

周某：对。

警察：因为你一直跟她讲的你是在成都是吧？

周某：对呀。

警察：这个身份证在哪里搞的？这个成都的这个假的？

周某：这是 P 的。

警察：你是叫什么名字？

周某：施某（化名）。

警察：家里都有什么人？

周某：爸爸、妈妈和姐姐。

警察：家里都是做什么工作的？

周某：爸爸是包工头，妈妈没上班。

警察：出于什么目的把她（受害人）喊过来的？

周某：我之前都是正常谈恋爱的，喊她过来我们一起玩，然后她就
　　　是给我钱嘛，我也给她钱了。

警察：这个六十万怎么搞的，你讲一下。

周某：后面是她上来找我▲

警察：　　　　　　　　　　　▼这个六十万是怎么搞的？我问你什么就
　　　讲什么！

周某：就是 P 的图啊。

警察：继续讲啊，为什么把这个女孩子喊过来？

周某：我就是喊过来嘛，然后我就是想谈恋爱说给（我）转个 3344
　　　嘛，1314 嘛，让我截个图，就是发了秀恩爱，我也不收。我
　　　说我也给她转。

警察：但是结果是你给她的那个钱是假的，根本都是 P 的，她给你
　　　的实实在在的。你为什么不退给她？截了图之后，微信。

周某：我还是想收那个钱嘛还是。

警察：这就对了了。你这个事情在法律上面我告诉你啊，涉嫌诈
　　　骗，懂了没有，是否认罪认罚？

周某：认。

1. 警察对打断策略的运用

　　打断策略是警察讯问话语中最为常见的话语策略之一。打断被讯
问者的话一方面可以提高讯问效力，避免与案件无关或关系不大的陈
述，另一方面可以构成对被讯问者的心理攻势，通过打断策略警察将
话语的主导权牢牢掌握在自己手里。具体来看，该案例中的打断策略
运用如下：

周某：我问一下我怎么了？我没犯什么事情▲

警察：　　　　　　　　　　　　　　　　▼你进来怎么回事你不
　　　清楚啊！

从以上对话可以看出打断策略通常用来截断被讯问者的话语，由此抓住对话的控制权。一般在讯问对话开始时，犯罪嫌疑人存在侥幸心理，认为警方可能还未掌握重要证据证明自己的犯罪事实，通过模糊语言、顾左右而言他等方式来隐瞒重要的犯罪情节。在这种情况下，警察通常会选择打断犯罪嫌疑人掩饰性的陈述，将话题转向案件事实本身，以在有限的时间内获取更多的有效信息。

> 周某：我之前都是正常谈恋爱的，喊她过来我们一起玩，然后她就是给我钱嘛，我也给她钱了。
>
> 警察：这个六十万怎么搞的，你讲一下。
>
> 周某：后面是她上来找我▲
>
> 警察：　　　　　　　　　▼这个六十万是怎么搞的？我问你什么就讲什么！
>
> 周某：就是 P 的图啊。

讯问中的打断策略还涉及对主要信息的抓取和确认。警察对犯罪嫌疑人的提问大多数情况下会聚焦于重要的犯罪细节。例如，在上述案件中，犯罪嫌疑人一直声称自己也给女友转账"六十万"，但事实上这笔钱款只是犯罪嫌疑人通过修图发给女友的"假转账"图片，其实际目的是使女友放下戒备，便于以"秀恩爱"为借口向女友索要钱款实施诈骗。因此，摸清所谓的"六十万转账"的真相对于挖出案件事实尤为重要。由上文可知，在犯罪嫌疑人刻意转移话题时，讯问警察及时打断其话语，将话题重新引回转账之上。此处打断策略的运用可以看出讯问话语的主导权始终掌握在警察手中，该轮讯问话语也精准地聚焦在犯罪案件事实中，不仅提升了讯问效率，也为案件侦破提供了切实有效的证据。

2. 警察对迂回策略的运用

我们从下面例子中分析一下警察对封闭式话语的运用：

> 警察：你是叫什么名字？
>
> 周某：施某（化名）。
>
> 警察：家里都有什么人？

周某：爸爸、妈妈和姐姐。

警察：家里都是做什么工作的？

周某：爸爸是包工头，妈妈没上班。

警察：出于什么目的把她（受害人）喊过来的？

周某：我之前都是正常谈恋爱的，喊她过来我们一起玩，然后她就是给我钱嘛，我也给她钱了。

上述例子是警察讯问话语的迂回策略的实践运用。警察从了解被讯问者的家庭背景入手，提出几个看似与案件本身关系不大的问题，这是为了后续讯问犯罪嫌疑人的作案目的而埋下伏笔。一方面，这样与案件事实无关的问题可以使犯罪嫌疑人放松警惕，无法预测警察真正希望了解的问题。另一方面，谈论起熟悉的话题也可以让被讯问者放松紧张情绪，拉近心理距离，最后直奔主题问起把受害者叫来的目的更有可能获得更多细节，接近事实真相。

4.4　警察话语研究新发展

与国外警察话语研究相比，国内的警察话语研究聚焦在话语角色分析、对话策略等方向。对应的警察话语在讯问环节的体现更加特点突出。警察在讯问环节中所使用的策略研究偏向于经验性的总结提炼，大多数语言技巧的运用是基于警察这一讯问者角色的语料研究，对于被讯问者的话语研究往往处在被忽略的地位。

近年来，警察话语权的研究也逐渐成为一个研究热点，许多学者开始将目光聚焦于讯问话语中话语权力不平等的问题，同时也将研究重心向讯问者与被讯问者的权力不对等关系倾斜。同时，未来对警察话语的研究还会从以下几个维度展开。

1. 大数据背景下侦查讯问话语研究

在大数据时代变革背景下，人们的生产、生活与数据密不可分。为了推动侦查讯问模式的革新，提高侦查讯问的效率，有的学者研究如何将大数据理念与相关技术应用于侦查讯问的情感感化过程中（曹晓宝、苏康，2020）。有的学者将大数据相关理论及技术应用于讯问的谎言识别、讯问策略运用、讯问笔录信息分析研判等实践中，通过对大数据的理论分析，揭示了大数据时代背景下侦查讯问谎言识别模式将由经验型的主观判断模式向行为数据分析主导的客观判断模式转变，讯问策略运用模式将根据大数据所提供的综合、全面的信息进行及时的调整，讯问笔录信息分析研判模式将由被动分析模式变为主动分析模式（杨琪平，2022）。

大数据时代背景下，顺应大数据发展趋势，更新侦查理念、转变办案方式，发挥好大数据在案件侦查讯问中的作用，对于提高办案效率和案件侦破率都有极大帮助（赵健杉，徐猛，2017）。但现阶段侦查讯问文本信息的利用存在一定的不足：讯问笔录文本数据的独特功能得不到发挥、笔录制作不规范、资源无法共享、侦查人员缺乏对侦查讯问文本深度挖掘的意识与能力（胡向阳，张巍，2019）。公安机关在侦察讯问方面，需要转变思维模式，加强对犯罪相关数据的挖掘、分析与利用，提高大数据时代下侦察讯问的能力和水平。因此，在大数据背景下，将大数据理论与技术与警察讯问话语的主题、结构和策略转变结合起来将是新时代警察话语研究的一个重点。研究者可以对传统的警察讯问话语与大数据时代的警察讯问话语进行对比分析和研究，揭示大数据理论与技术对警察讯问话语的各个维度的影响，进而提出富有建设性的改革建议。

2. 针对不同讯问对象的讯问模式与讯问策略研究

不同的讯问对象具有不同的个体特征，其性别、年龄、心理特征、性格特征、话语策略和能力等各个维度都会影响到警察讯问话语的结构和策略。因此，对具有不同特征的讯问对象进行讯问话语的个案研究或者对比研究，就具有非常重要的现实意义，有助于讯问者及时调整讯问话语策略，提高侦察讯问的能力。

比如，罗震雷和李洋（2017）针对反社会型人格犯罪嫌疑人的反讯问体系和策略，提出讯问人员要及时调整讯问策略，摸清其心理变化规律，识破其试探摸底的手法，并从中找到弱点，以制定出矫正对策。

孙亚赛（2018）根据犯罪嫌疑人的态度将犯罪嫌疑人划分为对抗型

和非对抗型两种类型，针对这两种类型，讯问者分别采取不同的讯问策略："改变态度—引导陈述"模式和"纠正错误—引导陈述"模式。改变态度策略在不同的讯问阶段有所差异，纠正错误的策略方法主要包括认知询问法和系统提问法，引导陈述则主要从发散性思考和紧缩式提问两个方面推进。

韩铮（2020）聚焦非对抗型侦查讯问，基于非对抗型侦查讯问的自愿性、协商性话语特征，侦查讯问人员需要有系统性讯问的理念，认识到侦查讯问的非强制性特点，实现侦查讯问目的的方式具有交易的性质，淡化对警察正义化身角色的认知，自觉认同象征性中立调停人的基本角色，尊重犯罪嫌疑人、与犯罪嫌疑人进行沟通交流，在侦查讯问的不同阶段在象征性中立调停人基本角色中呈现出能人、强人、好人的形象色彩。

此外，警察话语研究还可以针对惯犯的反讯问行为，提出讯问者的应对策略（王群，2018）；针对侦查讯问中犯罪嫌疑人的控制型谎言，探讨控制型谎言的应对策略（王道春，2018）。

3. 审判中心主义视角下侦查讯问话语规范问题研究

"以审判为中心"的司法改革，其意图在于确保侦查的案件事实证据经得起法律的检验。在强调全面贯彻证据裁判规则和庭审实质化的要求下，理论和司法实务部门纷纷就如何规范讯问行为，从源头上遏制刑讯逼供的发生等问题展开积极探索（闫霞飞，2019）。

随着司法改革的推进，在审判中心主义背景下，侦查讯问工作的合法性、讯问效率以及案件侦办的质量等在很大程度上取决于侦查审讯语言的规范性。随着我国法治的不断健全以及对犯罪嫌疑人的权利保障的逐步推进，侦查讯问理念亟待提升，讯问方式和策略面临转型，符合人权保障理念的侦查讯问规则亟须建立（毕惜茜，2007）。

1998 年最高人民法院颁布《关于执行〈刑事诉讼法〉若干问题的司法解释》，其中第 61 条规定："凡经查证确实属于采用刑讯逼供或者威胁、引诱、欺骗等非法的方法取得的证人证言、被害人陈述、被告人供述，不能作为定案的根据。"2010 年 6 月 13 日，最高人民法院、最高人民检察院、公安部、国家安全部、司法部印发《关于办理死刑案件审查判断证据若干问题的规定》和《关于办理刑事案件排除非法证据若干问题的规定》的通知。该司法解释和规定确立了非法言词证据排除规则，凸显了侦查讯问中的程序公正原则。在这一背景下，侦查讯问人员必须更新讯问理念，转变讯问方式和策略，提升侦查讯问话语的规范化和法治化。

有学者总结了目前讯问话语所存在的主要问题，并提出了提高侦察讯问话语规范化和有效性的可行性建议（张立，2020）。在实践中出现了讯问语言运用中"威胁、引诱、欺骗"的法律界限不明确、语用不符合法律语言要求以及转化为笔录后信息失真等问题，应当及时建立正当性判断标准，提高讯问人员的法律语言使用水平以及保障讯问中录音录像的完整性来阻止实践中讯问语言运用的异化（林婷莉，2016）。

闫霞飞（2019）通过侦查讯问话语规范化研究，在讯问话语特征与表述、讯问话语的信息结构（焦点 + 句式/语言结构）问题的具体分析的基础上，对公安实务部门就"讯问策略—讯问方法—讯问话语"规范化应用中所涉因素进行研究，以探究侦查人员通过讯问话语如何实现审讯的功能和审讯过程的控制性，最终获取真实合法的有罪供述，这对公安实务部门审讯工作具有十分重要的指导和借鉴意义。

4. 心理学视角下的讯问话语研究

近年来，心理学的理论与方法在刑事司法领域得到了广泛应用，在讯问中运用心理学方法的尝试也已经从以往注重常识性的经验总结过渡到强调实证的经验归纳（毕惜茜，2007）。心理学的讯问方法在国内外的侦查讯问实践中得到广泛应用。只是在应用方式上，分析嫌疑人的心理特征和状态时大多使用问卷、量表和访谈的方式，而对于行为特征的提取则主要靠观察和自我报告，缺乏科技化的设备和手段，既无法量化，也无法转化为可以执行的审讯技术和方法，因此，影响了心理学方式在讯问中应用的效果。同时，心理学的讯问方法与威胁、诱导、欺骗的界限模糊，相关法律规定也不够明确，致使侦查人员在讯问时难以把握尺度，影响嫌疑人供述的合法性和真实性评价（毕惜茜，2019）。

研究者可以将心理学的理论和方法应用于警察讯问策略研究中。通过分析侦查讯问时犯罪嫌疑人的肢体语言和话语，可以探知犯罪嫌疑人的心理特征，解释其相关行为和话语目的，针对犯罪嫌疑人的心理特征，提出行之有效的讯问策略和方法。

有的研究者分析了女性犯罪嫌疑人的心理特征，探讨了警察讯问话语的有效提问策略和方式，尤其是非对抗性讯问策略，从而攻破女性犯罪嫌疑人的心理防线，提高讯问效率（孙小燕等，2017；杨慧，2017b）；有的研究者总结了侦查讯问中犯罪嫌疑人的心理特征，并提出了侦查讯问人员相应的讯问策略和方法（郭建成，2020）；有的研究者在分析经济犯罪嫌疑人心理特征的基础上，提出了针对经济犯罪嫌疑人个体心理特征的讯问对策（朱焕涛，2019）。

未来警察话语研究的发展方向将继续呈现多元化、多焦点的发展趋势。国内警察话语在互联网时代背景下将在多媒体、侦查学等领域呈现出多领域发展的研究趋势。国外警察话语研究在女权主义、种族主义方向呈现出跨领域研究的趋势。综上，警察话语研究领域仍有许多空白值得深耕，在跨领域研究趋势上迎来更广阔更深入的进展。

第 5 章
法官话语研究

近年来国内外的法庭话语研究方兴未艾。作为法庭话语的重要组成部分，法官话语研究受到学界越来越多的关注。在司法实践中，法官使用的语言可以概括为两种：一是司法审判中与庭审参与各方互动的口头语言，二是裁判文书的书面语言。本章所涉及的法官话语主要是指法官的庭审话语，即法官的口头语言。在庭审过程中，法官庭审语言表达适当与否，直接关系到当事人对司法程序的理解与接受，对整个诉讼活动乃至司法公正都会产生重大影响。

5.1 近十年法官话语研究综述

19 世纪末 20 世纪初哲学的"语言转向"促成了法学的语言学转向（廖美珍，2006a，2017），语言转向的方法和途径拓宽、延伸了法律语言学的研究范畴。国内外学者逐渐从静态的立法语言和法律文本的研究转向关注庭审互动、法庭会话、庭审语言、刑侦语言、语音识别等动态话语研究（廖美珍，2004b；邢欣，2004）。法官庭审话语作为一种动态的、特殊机构性的话语类型受到越来越多学者的关注。

5.1.1 国外法官话语研究综述

由于大陆法系和英美法系两大法系的审判制度和庭审程序不同，国外关于法官庭审话语研究的侧重点也不同。英美法系的庭审制度是对抗式模式（也称作"当事人主义"），在这种模式下，庭审过程由控辩双方当事人或律师主导，而法官更多是扮演中立者、被说服者、裁决者的角色。而大陆法系的庭审制度为纠问式庭审模式（也称作"职权主义"），法官主导庭审的过程，甚至同时将侦察、控诉、审判等多重身份融为一体。

　　虽然国内外研究的侧重点不同，但是随着 20 世纪 90 年代以来法学与语言学之间的融合不断加强，法官庭审语言 / 话语的研究方法和研究视角具有相似的发展阶段：都是由传统语言学研究方法，如语法学、语义学、语用学、会话分析和文体学（Cunningham et al., 1994；Solan，1993）向多元化的研究视角转变（于梅欣，2018），如批评话语分析视角（Corley & O'Barr，1998/2005；Jacobi & Schweers，2017；Zaitseva，2021）、意识形态与身份构建（Jacobi & Schweers，2017；Tracy，2016；Tracy & Parks，2012）、社会语言学（Eades，2010b）、人类学（Licoppe & Dumoulin，2010）、语料库语言学（Gales，2015）、心理学（Bornstein & Hamm，2012；Maroney，2012）等。近十年来国外法官庭审话语的研究成果可以概括为三个方面：法官话语特征与研究方法、法官话语策略以及法官的意识形态话语等。

1. 法官话语特征与研究方法研究

　　由于对法律话语的研究以英语国家的学者为代表，在法官话语特征研究方面，国外学者的研究凸显了英美法系的审判制度和庭审程序方面的特点。

　　在英美普通法系中，在有陪审团参与的审判模式下，法官负责处理法律问题，而事实的认定通常由陪审团负责。对于没有任何法律知识背景的陪审团，法官在庭审中可以随时向陪审员作出指示，让其了解相关法律问题，以保证案件顺利开展。关于法官向陪审团作出指示这一话语行为，伯恩斯坦和哈姆（Bornstein & Hamm，2012）从心理学研究视角出发，探讨法官的言语行为和非言语行为是如何影响陪审员对法官指示的理解、如何影响陪审员对案件事实问题的认定以及是否影响陪审团的裁决等。

在英美法系对抗式的审判程序中，证人证言是法官认定事实的重要依据，因此法官会介入对证人进行询问，以确保证人证词准确。加拿大学者莱夫利等（Lively et al., 2022）详细考察了刑事庭审中法官对证人进行质询的话语行为。他们通过对加拿大 22 起刑事案件中法官话语（169 次证人询问）进行分类与讨论，发现当直接与证人交谈时，法官的询问话语类型大多是澄清式提问（37%），其次是诱导性式提问（17%），最后是封闭式提问（是／否)(10%)，而只有不到 1% 是开放式提问。作者发现，与律师的诱导式提问方式相比，由法官主导的封闭式提问（是／否）是最常用的询问类型。这引发了对法官有效询问模式的反思。

小额索赔法庭是英美法系中一种特殊的诉讼救济机构，具有审理程序简单、解决纠纷快速、花费少等特点。特蕾西和卡隆（Tracy & Caron, 2017）概述了美国小额索赔法院法官的话语行为特征。作者基于小额索赔法院的设立目的——帮助民众低成本、快速、简捷解决小额经济纠纷案件，选取三个庭审案例作为研究语料，分析了小额索赔法院法官的话语风格，探究法官所展现不同的话语风格是如何完成司法工作，举例说明了法官对正义的不同理解，以及诉讼参与者和国家之间的合理关系应该是什么。

法官的情绪是一种特殊的法官话语，对审判活动的进行有重要的影响。马罗尼（Maroney, 2012）研究法官话语中的"愤怒"情感，探讨法官的愤怒是否影响他们的行为和决策。结合神经科学原理与现代心理学研究方法，作者构建了一种新的司法愤怒模式：正义愤怒的法官（the righteously angry judge)[1]，提出了法官在庭审互动中以规范的方式表达愤怒，通过愤怒来执行授权范围内的任务是正义的，对审判活动的实施也是积极的。该研究展示了法官话语行为和决策如何通过利用愤怒这一最常见、最有力的司法情感来实现正义（Maroney, 2012）。

针对庭审中法官提出异议这一普遍话语行为，爱泼斯坦等学者

1　对于法官的愤怒是否应该影响他们的行为和决策，马罗尼认为：一方面，愤怒是典型的司法情绪，它涉及对不当行为的评估、责任的归属和惩罚的分配——这正是我们对法官的要求；另一方面，愤怒与攻击性、冲动性和非理性有关。亚里士多德通过他的德性概念，提出通过询问一个人是否出于正确的原因、以正确的方式、对正确的人愤怒来调和这种冲突。

（Epstein et al., 2011）在《法官为何（以及何时）持有不同意见：理论与实践分析》中，通过建立"利己主义"的司法行为模型，探索司法实践中法官提出异议这一常见现象，重点关注法官的"避免异议"行为，即法官有时即使不同意多数意见也不会提出反对意见。作者通过对联邦上诉法院和美国最高法院中法官话语行为进行实证分析，结果发现：在联邦上诉法院和最高法院中，法官提出异议的频率与案件量呈负相关，与法官的意识形态多样性和法院的规模成正比。

对于法官话语的研究方法，扎伊塞娃（Zaitseva, 2021）的"司法话语中权力的语言表征"研究对法官话语特征的研究方法具有一定的启示。扎伊塞娃认为司法话语研究的方法是语言学的；从语言学的角度看，话语是一种充满活力的权力资源、一种有趣的操作性工具，这为将司法话语（法官话语）作为一个对象、一个过程和一个工具来研究提供了依据；提出了可以采用语言观察与分析法、认知法、语用分析法、批评话语分析法等研究方法对司法话语进行分析研究。

2. 法官话语策略研究

在法官话语策略方面，庭审中互动与沟通问题是西方学者研究的焦点。马尔福（Malphurs, 2013）在《最高法院口头辩论中的修辞与话语：司法判决中的意义构建》一书中围绕法官在口头辩论中的沟通，考察了美国最高法院重大案件的口头辩论中的修辞、话语和随后的决策，分析了这些案件中的潜在权力，并揭示了大法官与辩护人之间互动的动态特征。在书中第六章，马尔福通过描述口头辩论的不同目的和法官个人的修辞风格，初步分析了最高法院口头辩论中的修辞话语互动，描绘了每位法官独特的修辞论述风格。侯文（Houwen, 2015）以美国法官朱迪（Judge Judy）[1] 庭审的话语行为与策略为研究对象，利用会话分析和批判话语分析，论述了"成为好公民"的意识形态假设是如何在法官朱迪的互动中逐次体现出来的，分析法官朱迪如何运用"常识性推理策略"创

---

1 《法官朱迪》（*Judge Judy*）是 1996 年开播的美国法庭实境节目。该节目以一名美国女法官朱迪·谢德林（Judy Sheindlin）命名，以她为核心人物，拍摄她在法庭上的判案过程，向民众展现出法庭上的法理情，与人间各种荒谬又难以厘清的争端。

造连贯的故事，从而帮助厘清案情，作出公正的判决。针对法官在处理小额索赔法庭审判中的三个沟通挑战，特蕾西和霍奇（Tracy & Hodge，2017）在《制定和危及程序正义的法官话语行为》中探讨了美国小额索赔法院中影响程序正义的法官话语行为与策略——让诉讼当事人受到公平和尊重的感觉。作者强调，法官的话语行为能够影响诉讼当事人对庭审中程序正义的看法。

随着视频通信技术的发展，通过线上视频的方式参与庭审或听证是解决地理距离问题的有效方式。针对线上视频听证会中的话语特征和沟通问题，法国学者利科普和迪穆兰（Licoppe & Dumoulin，2010）采用民族学的研究方法，探讨了法国法庭视频听证会的具体程序以及参与者的言语行为。通过对 20 场视频听证会进行参与式观察和访谈，作者发现主审法官没有采用传统的、公式化的言语行为开启听证会，揭示了庭审的技术手段（录像设备、画面的范围和质量等）、互动过程中的谈话手势对远程庭审互动的重要作用。

3. 法官的意识形态话语研究

意识形态扎根于话语实践。作为一种司法行为，法官的庭审话语受其意识形态的支配和影响，呈现出不同的表征，具体也体现在与性别、种族、同性恋婚姻、宗教和政治立场等相关的案件中。

美国学者特蕾西（Tracy）对同性恋婚姻案件中法官的意识形态话语研究进行了全面细致的研究。特蕾西（2009）在《问询如何构建法官身份：关于同性婚姻的口头辩论》研究中，以纽约州上诉法院审理埃尔南德斯诉罗伯斯（Hernandez v. Robles[1]）案为例，通过对该案的 186 个话轮进行定量分析，概述了法官提问的内容、形式以及语言风格如何将法官构建成具有特定态度、司法理念、政治倾向和个性的人。针对法官对州同性恋婚姻是否合法的态度和立场问题，特蕾西和帕克斯（Tracy & Parks，2012）通过分析美国 7 个州最高法院的 50 名法官在口头辩论中提问的方式，探究庭审中法官的提问方式与其立场、意识形态之间的关

1　该案涉及的法律问题是：纽约州通过的拒绝同性伴侣结婚法案是否侵犯了他们的宪法权利。

系。分析表明,那些反对将婚姻权利扩大到同性恋诉讼当事人的法官,以一种更强硬、更缺乏同情心的方式问询代表这些诉讼当事人的律师;同样,那些支持将婚姻权利扩大到同性恋诉讼当事人的法官,也以一种更加强硬的方式问询代表州政府的辩护律师。随后,特蕾西(Tracy,2016)在其专著《婚姻平等辩论中的话语、身份与社会变迁》中全面系统地考察了纽约州最高法院的法官和律师在辩论现行婚姻法的合法性时的身份工作。在书中第三章特雷西详细描述了纽约州最高法院法官的政治—法律意识形态是如何在话语中形成的;并强调了法官的政治意识形态是通过两种方式形成的:一种是通过罕见但有力的话语行为,另一种是通过一种微妙、循序渐进的方式对法官所反对的政党进行询问。

　　法官的意识形态话语与其性别联系密切。在庭审中,男性和女性法官通常会使用不同的语言、不同的话语方式进行沟通和互动。雅各比和施韦尔斯(Jacobi & Schweers,2017)在《被打断的正义:最高法院口头辩论中性别、意识形态和资历的影响》一文中,通过考察美国最高法院大法官之间相互打断的行为,分析大法官如何在口头辩论中发挥竞争影响力,同时也探究律师是如何违反最高法院的规则打断法官的。研究发现,口头辩论中的司法互动是高度性别化的,女性法官被男性法官和男性律师打断的比例较高;口头辩论的打断行为是高度意识形态的,保守派法官打断自由派法官的频率高于自由派打断保守派的频率;此外,法官的个人资历对口头辩论也产生一定的影响,主要表现在女性法官通过逐渐学习男性法官的话语行为,避免传统的女性语言框架,以减少她们被男性法官主导的程度。穆斯林(Muslim,2019)考察了印度尼西亚巴东宗教法院[1]女性调解法官的言语行为。作者采用观察法和记录笔记法收集资料,运用指称识别法和语用识别法对数据进行分析。根据数据分析,发现在离婚调解中,女性调解法官经常使用更微妙、礼貌的词语,倾向于使用问句、请求性、要求性、建议性和禁止性等指示性言语行为。

1　印度尼西亚是穆斯林人口最多的国家,穆斯林占国家人口的88%,浓厚的宗教色彩影响着印尼的纠纷解决机制及社会治理方式。在婚姻家庭和财产继承方面,宗教规范和民间世代承袭的习惯发挥主要作用。

5.1.2 国内法官话语研究综述

法官话语研究在我国虽然起步较晚，但在我国法律职业人士、法学与语言学研究者的积极探索和研究中，研究领域持续拓展、研究方法不断丰富与完善。

法官庭审话语研究兴起之初，学者们主要采用语义分析、语用分析、修辞分析等传统语言学研究方法，但随着法律语言学的不断发展，法官话语的研究视角扩展到批评话语分析（吕万英，2011；张清，2013a）、语篇信息结构分析（陈金诗，2011，2012；潘小钰、杜金榜，2011）、话语框架分析（廖美珍，2012）、系统功能语言学（江玲，2014，2016；于梅欣，2016，2018；张丽萍、丁天会，2017）、语音分析（陈海庆、刘文婕，2019）、社会语言学（梁译如，2018）等多元化语言学领域。综观近十年来国内的法官庭审话语研究，研究领域主要涉及法官话语特征与言语行为研究、法官话语的规范化研究、法官话语的沟通效用研究、法官话语的权力研究等方面。

1. 法官话语特征与言语行为研究

法官的话语特征和言语行为研究均将法官的庭审话语作为本体，前者对法官在庭审中所使用的话语形式（词汇、句法等语言形式）、会话结构和修辞特点进行分析与阐释；而后者是在庭审互动中探讨法官话语是如何应用在审判行为中，话语目的为何，使用规范为何。

近年来，学者们跳出传统静态的语言学研究范式，转向更多关注法官话语的即席性和动态性特点，探究法官的话语特征和言语行为。夏丹（2012）基于法官作为法律人和社会人的双重身份，采用目的性原则探讨民事庭审实践中的法官话语类型、特征以及话语目的。张清的《法官庭审话语的实证研究》（2013）系统全面地分析了法官庭审话语的结构和特点、言语行为及话语目的，成为国内第一部系统研究法官庭审话语的著作；作者运用了话语分析理论、言语行为理论以及语用学的目的原则，对25场庭审的法官话语进行了分析，揭示了我国法庭法官审判话语的现状及问题。黎晓婷（2013）从话语维度、结果维度和心理维度对刑事和解中法官暗示性话语进行实证探究，分析法官暗示性话语的正当性和必要性，并提出了规范使用的路径。陈金诗（2020）以多模态话语分析为框架，分析了刑事庭审中法官话语的会话特征、声学特征、视觉特征，探究刑事庭审中法官话语与其立足点转换间的关系。

作为一种特殊且常见的言语行为，法官的打断话语也是学者研究的焦点之一。廖美珍和龚进军（2015）聚焦法官、公诉人和律师四个层面的打断言语行为，探讨了法官等法律工作者在庭审中的打断表现与性别之间的关系。廖美珍和彭雪（2021）以中国刑事法庭审判中法官、公诉人、辩护律师和被告人的打断话语为研究对象，探讨话语打断行为与不礼貌之间的关联。李文举和陈海庆（2020）以话语权力理论为理论框架，结合40场审判语料对法官打断话语的形式和语用功能进行了实证研究。

身份与话语存在密切的关系，法官如何通过不同的语言结构、话语方式和策略进行个人身份的构建引起了学者们的兴趣。江玲（2014，2016）在其研究中，采用系统功能语言学、会话分析和语用学的理论，从词汇、语法、语篇、语用等多个方面，探究法官如何通过语气和情态的选择、话轮转换和话语策略的运用来构建其法庭审判中的多重身份。王建（2012）以法官在庭审调解过程中使用的话语为研究对象，采用批评话语分析手段，探讨法官如何通过话语策略建构起自己的双重角色，揭示了法官的话语策略与其意识形态之间的密切联系。针对法庭调解实践中法官的机构角色与话语角色的冲突和转换问题，柯贤兵和李正林（2014：153）通过庭审实例，详细分析了法官的话语角色在不同调解语境中的变化，指出"调解法官话语角色策略性转换需要坚持司法公正和构建和谐社会的双重功能下实现最佳调解话语博弈，避免处于两难境地"。

学者们对法官话语特征和言语行为的研究多是以西方语言学为理论框架，而杜金榜建立了法律语篇信息理论，填补了法律语篇信息结构的语言学模式研究的空白，也为法官话语研究提供了新的思路。潘小钰和杜金榜（2011）采用法律语篇信息成分分析法，在句际层面上详细地论述了法官在庭审中如何通过信息流控制庭审过程。杜金榜（2012）以法庭交互中的态度指向为中心，通过实际案例描述法庭辩论中信息处理的多层级特点，揭示了法官、原被告和律师在交互过程中的态度指向如何通过即时处理法庭信息来实现。该研究通过不同层次的分析，展示了庭审交流过程中参与各方信息处理的全过程，引入了态度指向的交际行为，这在一定程度上丰富了法律语篇树状信息结构分析框架。陈金诗（2011，2012）借鉴"法律语篇树状信息结构"分析框架（杜金榜，2007）对法官话语进行了相关研究。在《控—辩—审关系的建构——法官庭审语篇处理的框架分析》（Chen，2011）研究中，结合框架理论和法律语篇树状信息结构模式，分析法官的话语特征与策略，探究法官如何在中国法庭构建适当的"控—辩—审"关系；陈金诗（2012）在《法官有罪推定话语的信息结构分析》中，借助语料库工具，采用法律语篇树状信息结构模式，探究刑事庭审中法官话语信息的层次分布、信息点类型及信息发展等特点，揭示有罪推定的存在及其影响。

2. 法官话语的规范化研究

法官话语的规范化研究主要是围绕法官庭审过程中的"言"与"行"，在探讨法官话语是否符合庭审语言规范基础之上剖析语言背后的行为模式、思维模式和话语能力等，进而提出完善法官话语规范的路径。

学者郑东升（2011）在其博士论文《法庭调解语言的合法性研究》中，对法官调解语言的客观真实性、主观真诚性以及规范正确性进行研究，提出了调解过程中要对法官的调解行为从语言角度加以规范，同时提出了相应的立法建议。格桑次仁（2019）基于藏语语境，从藏语庭审中法官是否使用敬语这一问题出发，探讨藏语司法语言的规制和完善。

法律实务工作者（法官、检察官、律师等）根据多年的庭审实践经验，指出法官的庭审话语（语言）呈现不够得体、不规范的现象，分析原因并提出规范化的路径。例如，章建荣和冯娇雯（2015）从构建法官与律师谐调关系的角度出发，提出"民事法官的庭审语言须做到程序、实体和调解语言三方面的规范"。肖继强等（2016）从内涵、价值和心理三个维度实证考究刑事庭审中法官情绪语言，并提出从价值、原则和技术三个规范路径出发完善法官话语。詹王镇等（2019）分析了甘肃省法官庭审话语不规范的原因，并基于法官话语的"张力、能力、豁免、标准"提出法官话语的规范化路径和对策。孙盈和姜源（2020）采取法学和语言学的交叉视角，提出了基于"逻辑语篇—目的语境—策略语用"的法官庭审语言规范路径研究框架，剖析法官庭审语言示范的原则，提出规范法官庭审言行的具体路径、让公正听得见。

3. 法官话语的沟通效用研究

法官话语的沟通效用研究关注的是法官在庭审活动中遇到的沟通障碍问题。针对少数民族地区司法语言的沟通问题，史万森和赵丽（2012）深入内蒙古基层法院，对双语诉讼的现状进行了探访，发现使用蒙语和汉语的双语法官能够更好地化解牧区的矛盾纠纷。吴东镐（2020）以延边地区的司法实践为例，对法院使用朝鲜语审理案件的现状进行实证分析，提出了加强通晓少数民族语言的法官队伍建设、提高现有双语法官使用少数民族法律语言的技能等对策方案。

法官的专业话语与通俗话语的选择是学者探究庭审沟通效用的重点。生建华和陈益群（2012：24）通过调查问卷数据统计分析，发现"法律术语与社会话语的转换以及地域方言与普通话的互译，已经成为法官在庭审中遇到的主要沟通障碍"，并基于实证资料印证了法官话语通俗化的正当性，提出通过术语、社会话语、方言之间的转译可以实现法官与当事人之间的有效沟通。王凤涛（2014）通过对中级法院和基层法院两级法院法官进行问卷调查和实地访谈获取的数据进行汇总，同样发现方言与普通话的翻译、术语与社会话语的转换两个方面是法官在庭审活动中遇到的沟通问题，认为法官在当事人听不懂时需要对专业话语进行转换与翻译，以实现庭审沟通效用的最大化。

在审判裁量情境中，商谈与议论是司法裁量客观公正之可能性前提，有助于法律议论场域的良性建构。针对法官审判裁量中的商谈与议论问题，梁译如（2018：50-65）通过对某市中级人民法院的田野调查，从"议论的法社会学"[1]视角考察了审理诉状与合议两个话语空间中法官的话语实践与沟通行为。研究发现，由于当事人双方的对立主张和复数立论，出现了"法官不成熟的社会福利观念逾越法条法理，道德说教替代法言法语的现象"。究其原因在于：法官专业素养不足，商谈议论规则不够客观公正。

4. 法官话语的权力研究

权力是影响庭审语言选择的重要因素之一，法官话语的权力研究主要是探讨法官在庭审中如何将话语作为一种权力实施的工具，分析法官所占的话语地位和所采取的话语行动、话语策略等。

吕万英的专著《法庭话语权力研究》（2011）是我国第一部完整地从"权力"视角研究庭审中诉讼构造各方法庭话语的著作。在书中，作者从机构语境控制和"裸"权力话语控制、控制答话信息的封闭式问话方式和策略、打断式控制性发话权以及限制话语空间的元话语评论四个方面的话语资源进行研究，揭示在法庭话语不对称的权势关系中，法官享有的话语资源最多、话语权远远高于其他交际参与者。

易花萍（2012）对涉诉信访法官权势语言征显进行探讨，指出淡化法官权势话语，使涉诉信访双方平等协商，是涉诉信访成功的重要因素。张丽萍和丁天会（2017：5）采用韩礼德的系统功能语法分析框架，对古代法庭空间化的权力进行多模态话语分析；文中详细分析了"司法话语中的规训权力在空间上的结构配置和对法官的制约作用，揭示了法官话语权力在司法话语中的有限性与非中心性，从一定程度上解构了法

1　"议论的法社会学"范式是季卫东对当代中国法的社会科学研究范式转移的基本认识，该范式是一种兼顾"程序—沟通—权利共识"的理论体系，立足点是"结构—功能—含义三位一体的话语空间、抗辩和论证的正当化机制分析以及相应的公正性制度条件研究"。他认为"法社会学的范式创新应该聚焦涵义之网和沟通活动，进而对法律意识、法律知识及法律思考形态进行深入考察、分析及解释，在形成权利共识的同时加强规范的反思理性。"（参见季卫东. 2015. 法律议论的社会科学研究新范式. 中国法学，（6）：35–36.

2　吕万英的著作以话语分析和批评话语分析为理论框架，以法庭审判话语中的权力话语为研究对象，以法庭话语交际参与者所享有的话语资源为着眼点，研究法庭话语中法官、公诉人、律师、原告、被告以及证人之间话语权力不平等的权势关系，分析权力支配方控制和支配权力受支配方及后者抵制和消解权力主体控制与支配的言语策略。其中，第四章详细论述了法官话语权力支配与控制。

官是庭审权力中心的观点"。崔凤娟（2017）以美国辛普森案庭审为个案，考察庭审参与各方的模糊语言与权力关系，指出模糊语言是法官让自己的辩论观点更加合理、更易于被接受的语用策略。詹王镇和谷元元（2019）以司法体制改革为时代背景，分析我国法官庭审话语权的现状、问题和原因，并提出了完善法官话语权的理论基础及制度构建的具体路径。陈海庆和刘文婕（2019）运用语音分析工具探究法官话语权力的实施；他们采用 NLPIR 语义分析系统和 Praat 语音分析软件对庭审判决阶段法官使用的词语和语调进行分析，发现法官通过重读称谓词、使用情感色彩词汇和强调性话语彰显其主导地位。

综上所述，近十年来国内外的法官话语研究成果颇丰。国内外学者们已经跳出传统的普通语言学研究方法，采用更加多元化的语言学视角探究法官庭审话语。这在一定程度上丰富了庭审话语的研究方法，充实了法律话语的理论体系。

相对而言，国内法官话语研究得更有深度、数量也更多；但是研究的视角方面，国外法官话语的研究范围更加广泛，不仅涉及批评话语分析、系统功能语言学、语用学、会话分析，还有社会学、心理学、人类学等多个学术领域。究其原因主要在于国内外庭审制度的差异。作为更类似于大陆法系的国家，中国是纠问式庭审模式，法官主导整个庭审活动；而以美国为代表的英美法系国家，采用的是对抗式庭审模式，庭审中律师的权力与责任很大，扮演更加积极的作用，而法官仅仅是中立的裁判者。虽然中国当前的以审判为中心的诉讼制度改革已经将法官的身份转向为中立的裁判者，但是传统的庭审模式依然使得法官在庭审实践中扮演的角色更加多元化，如主持人、组织者、倾听者、调查者、引导者、裁判者等。正是基于这样的多元化的心理定位，中国法官会使用更加多样化的话语来组织庭审活动。

另外，在司法话语的应用和实践方面，国外学者的法官话语研究往往是基于大量的田野式调查、参与式观察和访谈等方式收集庭审互动中的法官话语语料，采用语言学、心理学和社会学等分析方法，探究法官的司法实践工作，应用性较强。而国内的法官话语研究，主要倾向于基于话语分析理论框架和话语规范化研究路径来分析法官话语行为，更多的是描述和解释法官的话语行为，与司法庭审实践应用的联系不够强。

5.2　法官话语特征与话语策略

5.2.1　法官话语特征

　　法官话语首先是一种话语。话语是语言和社会实践的"结合体"，具有两层含义，一个是语言学意义，另一个是社会意义（Conley & O'Barr，1998）。在语言学意义上，话语是指在特定情境下的口头或书面交流。在庭审语境中，法官庭审话语的语言学意义表示的是对话，即法官与证人、原被告和律师之间一问一答的口头交流。法官的这种对话式的语言是互动性的，具有动态性和即席性的特点。在社会学意义上，话语是一种行为，具体而言是特定社会语境中对话者之间从事沟通的具体言语行为，这种言语行为与权力的实践和配置有关。根据福柯的话语理论（Foucault，1970，1972），话语是权力的核心，包括某事被谈论的方式，不同话语为了社会的支配地位而相互竞合。在这个过程中，话语传送并产生权力；话语可以强化权力，也可以削弱权力，使之变得脆弱，并有可能被挫败（Foucault，1970；李立、赵洪芳，2009）。法官代表国家行使司法公权力，主持庭审活动，其话语是公平而温暖的、具有指导性作用，以此彰显法官的执法司法公信力。

　　其次，法官话语是典型的机构话语。目前对机构话语没有一个统一的定义，学者王彦（2007）认为机构话语是一种职业话语或工作场所话语；哈贝马斯（Habermas，1984）认为机构话语是一种"策略性话语"，具有很强的目的性和权势差异；而大多数学者（Levinson，1983；Drew & Heritage，1992）将机构话语看作是区别于日常话语的一种话语类型，是一种符合社会机构规范的特定程式性话语。机构话语具有三个显著特征：（1）具有明确的目标导向；（2）互动过程中对交际者有一定的特殊限制，例如机构规约；（3）特定语境下具有独特的推理框架和程序（Drew & Heritage，1992）。作为司法机关履行审判职能的机构话语，法官庭审话语具有制度性、专业性、权力性、程式性等特征（于素春，2010；张斌峰等，2014）。

　　再次，法官话语受严格的法庭审判程序的制约，主要的话语特征体现在以下三个方面：

第一，法官庭审话语具有明确的目的导向性，"法官的每一句话都有其目的性"（张清，2013a：135）。在庭审中，不论是刑事案件、民事案件还是行政案件审判，法官的基本职责和任务是查清案件事实、正确适用法律并作出合理判决，法官以此任务为目的导向进行法庭言语交际活动。

第二，法官话语具有强势和权威性。法庭话语是在庭审规约的框架下进行的，受到庭审程序与规则的制约、法律专业知识背景限制，庭审参与者的话语地位与话语权势是不平等、不对称的。法官是庭审的核心、机构权力的化身，位于这种权势关系的顶端，在庭审交际中可以通过权势话语控制谈话的内容和进度，因此法官话语拥有极高的权势。在法庭言语交际中，法官话语地位明显高于公诉人和辩护（代理）律师的诉讼话语、原被告的陈词以及证人的证言。

第三，法官庭审话语具有特定的推理框架和程序。法官庭审话语的推理框架是基于法官的法律思维，具体而言，是法官的法律逻辑思维，即法官通过逻辑推理，认定案件事实，准确解释法律，演绎出合法、合理、合情的判决结果。这与法官的专业素养、教育背景和司法实践经历密切相关，专业素养、经验丰富的法官会更关注司法实践中的人文关怀，通过法治话语让当事人听到"司法公正"、感受到"司法温度"。法官庭审话语独特的程序是指法官的话语规则与话语秩序。庭审过程一般经历四个阶段，即宣布开庭、法庭调查、法庭辩论及法庭宣判，每一个阶段的庭审活动都是在法官的主持下进行的，具有特定的法官程序性话语，例如开庭前身份及相关情况审查话语、法庭调查中就证据等提请质证的话语、法庭辩论中控制话轮的话语等。法官的程序性话语是按照诉讼法规定的程序来具体实施的，对庭审中的程序公正起到关键性作用。

5.2.2 法官话语策略

法官话语策略涉及的是法官在庭审中选择言说什么、不言说什么，以及如何言说。在庭审的不同阶段、不同的交际语境中，法官通过不同的话语策略来主导庭审过程，旨在查明案件事实，解决当事人之间的纠纷，保障人民的合法权益，维护社会的公平正义的庭审目的。

法官话语策略在很大程度上取决于庭审模式。中国的传统庭审模式是纠问式，即职权主义模式。在这种模式下，法官居于中心地位，主导庭审整个流程，寻求事实真相，追究犯罪，甚至同时将侦察、控诉、审判等多项身份融于一身。而西方是对抗式的庭审模式，即当事人主义审判模式。在这种模式下，控辩双方居于主导地位，双方就有争议的问题申辩事实并进行辩论，而法官则居于从属地位，只负责主持庭审，不主动调查证据，在庭审过程中充当的是中立者、被说服的角色。虽然中国当前的以审判为中心的诉讼制度改革已经将法官的身份转向为中立的裁判者，但是传统庭审模式依然使得法官在身份的自我定位上比西方会更加强势一些，中国法官在庭审过程中使用的话语更强势一些。基于中国的庭审模式，法官作为权势地位较高一方，为了保证审判的质效，确保诉讼各方在审判活动中受到同等对待的权利，通过不同的话语策略来建构其庭审的"组织者""主导者"和"中立的裁判者"的身份，最直接体现在法官使用话轮转换、话轮打断、话题控制和话语解述等话语策略。

首先，法官通过话轮转换来主导庭审过程。话轮是指话语主体从开始说话到停止说话的完整过程。话轮转换是会话中隐藏的控制会话有序进行的规则。庭审中，具体的话轮转换规则是由法官组织和主导的。法官按照庭审规则程序，通过向诉讼各方进行提问主动出让话轮，从而完成开庭、法庭调查、法庭辩论、被告人最后陈述、评议和审判等程序。庭审对话实际上是一种高度组织的有序会话现象。在庭审的不同阶段，法官主要通过"提问—回答"方式和宣告性话语，来实现话轮的交替转换，从而推动庭审会话的有序进行。

其次，法官使用打断的话语策略保障庭审的顺畅进行。在庭审实践中，打断是一种独特的言语行为，十分常见。话轮的打断是指当讲话者还未完成当前的话轮就被他人中断的现象。法官的打断行为反映出了法官作为庭审主导者的身份和地位，是法官控制法庭程序、保证庭审质效的体现。庭审过程中，当法官发现控辩双方的某一方占据话轮数量太多、话轮长度过长时，法官就会进行阻止、打断说话者的言语行为。同样，当控辩双方话语重复啰唆、偏离了话题范围或有悖于庭审程序时，法官也会用打断的方式进行控场。打断看似对互动秩序进行"破坏"，是一种不太礼貌的言语行为，但其背后具有更深层次的语言学上以及法律上的意义。法官的打断行为是法官维护庭审程序公正的重要途径之一，有利于提升审判效率，保障诉讼参与人的权利，维护司法公正。

第三，法官通过控制话题来获取事实信息。获取事实信息是法官准确查明事实、实质化化解纠纷的重要手段。庭审过程中，尤其在举证、质证、询问证人时，法官通过控制话题和限制答话内容来获取与案件相关的事实信息。具体而言，法官主要以询问的方式进行话题控制。原因在于庭审互动中，诉讼参与者的法律知识储备通常是不均等的；其中庭审的机构代表（法官、律师和公诉人）具有良好的法学教育背景，熟知法学知识和庭审制度，但是非机构代表（原被告以及相关证人）因缺乏法律知识而在庭审互动中处于弱势地位。为了查明案件事实，法官会采用控制话题的话语策略来引导并帮助被告、证人陈述相关事实信息。

第四，法官通过话语解构厘清当事人的真实意思。话语解构是指在特定的语言环境下，对说话者的话语命题进行重新表述和说明，显示话题的相关性，或预设说话者的语用功能。在庭审互动中，法官的话语解构对象多是处于弱势地位、缺乏法学知识的当事人，目的是帮助当事人进一步挖掘事实细节和证据线索。对当事人的话语进行解构时，法官通常使用"……是这个意思吧""你是说……"等概括性话语进行总结说明，从而帮助当事人梳理案件事实，明确自己想要表达的观点。

5.3 法官话语研究范例

1. 法官的话轮转换

话轮是指会话过程中，说话者在任意时间内连续说出的一番话，其结尾以说话者或听话者的角色互换或各方的沉默等为标志（刘虹，2004）。萨克斯（Sacks）等会话分析学者认为，话轮转换（taking）是指会话过程中说话人发话，然后听话人作出反应，从听话人转变为说话人（Collinge，1990）。话轮转换是由两个或多个话轮组成，话轮与话轮之间是相互联系的，具有连贯性。在交际过程中，只有将两个或多个话轮结合在一起才能产生会话含义。庭审过程中，程序公正的核心是对诉讼各方的公正对待。法官通过强势话语控制话轮转换进行，以保证诉讼各方在庭审中所获得的权利和机会相同。庭审交际中，法官对话轮转换的控制主要体现在不同诉讼阶段所使用的程序性话语。法官的程序性话语是指法官为执行程序法、履行程序职责时实施的语言行为，这些行为是为程序正义的目的服务的（张清，2013a）。

在理想状态下，发话者和受话者会基于一定的会话原则交替地转换"受话人"和"发话人"的话语角色；但在实际的庭审互动过程中，会话往往不会按照话轮转换的理想模式进行，因而庭审参与者的话语权力分配与实现也不尽相同。其中，法官占据了绝对的话轮优势。法官有时为了保证审判程序的公正，必须中断其他庭审参与者的不相关言论（刘文婕、张睿，2018），以实现对话轮的转换。例如：

例 1　九岁女孩的监护权之争案[1]

审判长：下面法庭向双方当事人核实相关的问题。首先由原告进行陈述，你讲一下你与小翠是怎么认识的？ A1[2]

被告人：工作当中认识的。B1

审判长：那你们是什么时候开始同居生活的？ A2

被告人：同居生活是在 2006 年 11 月 17 号。B2

审判长：你与小翠同居之前，小翠是不是与一个叫小张的男子订了婚？ A3

被告人：这个就要讲一下了。她和我认识了以后，我还不知道她怀孕了。B3

审判长：她怀孕了，怀的是谁的孩子？ A4

被告人：后来她跟我说了，她说这个孩子是姓张（张姓男子）的。B4

1　语料转写自央视 CCTV-12《庭审现场》法治栏目。

2　A（？）和 B（？）为作者后加，表示交际双方的话轮，如 A1 和 B1 是一个完整的话轮，余下章节同。

本例是法庭调查阶段法官与被告人之间的对话。这组对话包含了四个话轮（A1→B1，……，A4→B4），而且话轮是在法官的主导下进行转换的。在对话中，法官是"发话人"，被告是"受话人"，但双方的对话角色并未发生转变。在法官的不断询问下，被告人陈述自己和妻子（小翠）的一系列情况，案件事实逐渐明了。整个过程，法官对话轮转换占据主导地位。

2. 法官的话语打断

为了保证庭审效率，法官通常会使用带有目的性很强的话语策略，打断是法官常用的方式。美国语言学家比尔姆斯（Bilmes，1997）将打断视为对当前说话人话语权的侵犯或者试图侵犯。正常的话轮转换发生在一个当前说话者话轮的可能结束之处。为了保障该原则的实施，会话中存在着一种控制话轮交接的机制，通过它来分配说话权，保证每次只有一方说话，同时不出现重叠和冷场。廖美珍认为，打断是一种人际会话现象，指的是两个（或者两个以上）人，在谈话互动中，一个人在对方还没有结束话轮之前就插入话语，试图获得话语权。从句法角度出发，打断一般会破坏对方话语结构（包括语义）的完整性，它可以分为重叠打断（overlapping interruption）和非重叠打断（non-overlapping interruption）；前者表示一方插话并没有让另一方停止说话，双方话语（话轮）重叠了一部分；后者是指一方插话，另一方便终止说话，没有重叠发生，这种打断是简单打断。如下面例子所示：

例2　失控丈夫杀妻案[1]

审判长：离婚手续没有办？ A1

被告人：没有，一直到今天还没有办▲ B1

审判长：　　　　　　　　　　　　　▼当时是谁提出离婚的呢？A2

被告人：是她，说因为她小孩，说她前一个对象，因为触犯了法律，说：她要回家带小孩。B2

审判长：那你当时什么态度呢？是同意还是不同意呢？ A3

1　语料转写自央视 CCTV-12《庭审现场》法治栏目。

被告人：我当初肯定是不同意，我说我们才结婚这么长时间，我说你怎么可能说要离婚就离婚呢，我说要那样的话，你就把小孩带来，对不对啊。我说他出来要这个小孩怎么办，她后来跟我讲说她要把小孩带着，后来我也就一再挽留她，到她家去找她，她也不同意，她失踪了，要把小孩，把那个小孩带着，就要跟我离婚▲ B3

审判长：　　　　　　　　　　　▼那后来就是因为她的前夫犯罪被关起来了，然后小孩没去处？ A4

被告人：对。B4

例 3　父子间悲剧案[1]

审判长：辩护人有没有向法庭提供的证据？ A1

辩护人：辩护人有一份证据是谅解书，就是被害人的亲属为被告人三小出具的请求人民法院从轻减轻处罚另外放弃那个 ||[2] **放弃了那个，谅解书**。B1

审判长：|| **辩护人宣读一下谅解书**。A2

辩护人：那也行。2017 年 6 月 1 日，我们的父亲王清国在家中被我们的弟弟三小杀害……B2

在"失控丈夫杀妻案"的四个话轮中，法官先后两次对被告人实施打断行为，被告人随即终止说话，双方的话语未发生重叠，这是非重叠打断。而在"父子间悲剧案"中，当辩护人表示有一份谅解书作为证据，然后解释谅解书内容的时候，法官插入一句话引导辩护人宣读谅解书，这时辩护人与法官的话语发生了重叠，这是重叠打断。

在庭审实践中，打断是一种独特的言语行为，十分常见。法官在审判目的指引下进行对话，完成审判活动。法官为了实现其话语目的，进而实现整个审判目的，通常会使用带有目的性很强的话语策略，其中与权力密切挂钩的话语策略手段是打断策略。法官作为客观、中立的听审者和引导者可以随时打断庭审参与各方的陈述，打断是体现法官权势话语的另一个标志。同社会交际互动的应然和实然状态一样，庭审互动并

1　语料转写自央视 CCTV-12《庭审现场》法治栏目。

2　本章语料转向标记："|| ||"表示双方话轮重叠了一部分。

非永远处于应然状态，话语打断现象在庭审中经常出现。法官对原告、被告、辩护人以及证人话语的打断是法官维护庭审程序公正的重要途径之一，此外也凸显了司法公权力的权威和法官维护公检法形象的意图，有效提升审判效率。在法庭上，打断看似是对互动秩序的"破坏"，但其背后具有更深层次的语言学上以及法律上的意义。研究法庭话语打断，对司法改革有重要意义。

针对法庭话语打断，廖美珍和龚进军（2015）从打断数量、位置、原因、模式、打断行为的施为者等角度进行了深入研究，发现打断话语可以分为冲突性的打断话语和合作性的打断话语，其中冲突性打断话语和被打断话语之间在内容和形式上是不协调的；而合作性打断话语和被打断话语之间有一定的和谐关系，体现在内容上的"支持、补充、附和、话题和方向一致"，以及形式上的"话题—评论、主—谓、动—宾"等。就打断行为来说，其施为者主要有法官、公诉人、辩护人、辩护人律师、原告律师（民事案件中）、被告律师（民事案件中）等。法官打断主要是为了控制和支配，呈现出冲突对抗而非合作的形式。从打断行为出现的情形看，该行为既有程序上的，也有实体上的，法官作为实体调查者进行的打断比例要高于作为仲裁第三人介入的打断。打断的原因包括话语过量、催问、话语不相关、核实或澄清信息、话语啰唆冗赘等。通过研究发现，法庭话语打断最重要的两个原因是"话语量"和"话语关联性"，然后是"合作"和"方式"，这尤其体现在法官的行为上。

法庭中的话语打断主要分为以下几种：

第一，基于话语量的打断。面对案件数量剧增、庭审当事人语言表达拖沓啰唆的境况，为了保证庭审效率，法官在司法实践中特别重视庭审各方话语的量，在获取有用的信息后会通过打断终止对方拖沓冗赘的陈述，以控制当事人的话语量，确保庭审顺利进行。

例4　卢××故意杀子案[1]

审判长：被告人卢×× 我问你，你准备杀死卢×友，这个是什么
　　　　时间有这个想法的？　A1

被告人：这个我大姑娘说啥，我不有病了，我说宋胖子他姑娘他们

---

[1]　语料转写自中国庭审公开网。

伺候他们姑娘有孩还在送上学，他们都走了，我也伺候不了他，我有病了，后来大姑娘说啥你不伺候谁伺候呢？你不伺候，你养这个玩意，你不伺候谁伺候呢？完了我一寻思我这么活一天，活一天，我得伺候他一天，我这么大岁数我赖赖唧唧我还有病，后来我深入▲ B1

审判长：　　　　　　　　　　　　▼这个想法就大约有多长时间了？ A2

被告人：这是杀他头两天，就是大姑娘说我不伺候谁伺候呢？ B2

审判长：就是杀他两天有这个想法的，因为家里没有人伺候是不是？ A3

被告人：家没人伺候他，谁伺候他？大姑娘打工都打工的，媳妇给他吓跑了。▲ B3

审判长：　　　　　　　　▼好了，别说了，你把他杀害之后，你为什么没向公安机关报案呢？ A4

　　上述语料中，被告人在第一、三话轮中的回答法官问题的同时，也随着个人意识的发展叙述了事情的经过，但是相关内容如表达自己不想再照顾自己的儿子（被害人）、自己年纪大、身体不好、没有人愿意照顾儿子等原因，都是被告的个人抱怨，这些信息均与本案想核实的案件发生过程无关，所以为了节约庭审时间、保证庭审效率，法官及时打断被告的话语，开启新的话轮。

　　第二，基于话语关联性的打断。在庭审中，法官在启动话题后往往会得到其他庭审参与者的支持性反应（supportive response），换言之，法官一旦启动话题，其他庭审参与者便按照法官指定的话题展开谈话。如果其他庭审参与者偏离话题，谈论的主题与话题无关，法官便会及时打断。因此，基于话语关联性的打断也是法官在庭审中保证对话题控制的有效会话策略。

例 5　失控丈夫杀妻案[1]

　　审判长：后来你就同意了？ A1

1　语料转写自央视 CCTV-12《庭审现场》法治栏目。

被告人：对啊，这样也没有用啊。就因为这件事情离婚了，她又找
　　　　来。她提到说，就想尽快地把和她当初买的房子，是我买
　　　　的房子，说"过户给你"，说再给她两万块钱，说就把房
　　　　子过户，然后就离婚▲ B1

审判员：　　　　　　　　　　　▼房子是谁买的？ A2

被告人：我买的，我拿钱买的，但是▲ B2

审判员：　　　　　　　　　　　▼房产证上是？ A3

被告人：两个人的名字。B3

审判员：就说买房子钱她一分没出？ A4

被告人：对。B4

审判员：还贷的钱刘 ×× 有没有出钱？ A5

被告人：没有。B5

审判员：那你们对这个房子协商怎么处理呢？ A6

被告人：她当初就说给她两万块钱，说"你再给我两万块钱我就把
　　　　房子过户给你"▲ B6

审判员：　　　　　　　　　　▼那你有没有把钱给刘 ×× 呢？ A7

被告人：给她一万六。B7

　　上例是法官（审判长和审判员）在法庭调查阶段针对被告持刀砍杀
妻子的起因展开的对话。此案中，当被告在讲述婚姻家庭中的问题和矛
盾时，在第一话轮中引出了新的话题，即房子问题。于是，在接下来的
对话中，法官紧紧围绕房子这一关键信息对被告进行询问。当被告的回
答偏离房子问题时，法官便开启新的话轮（与房子有关），如"房子是
谁买的""房产证上是""那你有没有把钱给刘 ×× 呢"，来打断被告偏
离主题的话语，使被告回归到房子的话题中。由此可见，法官紧紧抓住
了庭审话题的发展和走向，从而提升审判的质效。

　　第三，不礼貌打断或消极打断。在庭审中，法官打断他人的发言是
很常见的。这些打断性话语中，有些打断是为了使庭审严谨或者维护被
告人的权益，但也有很多打断行为是出于某种不恰当的目的，如法官偏
向性制止庭审当事人的发言等，使其丧失发言权无法充分表达观点。这
是法官行使权力的一种表现，但也是一种消极的打断行为。

例 6　王××涉黑犯罪案[1]

审判长：接着说你的质证意见，好不好。A1

辩护人：我先说质证方式吧，我认为质证方式▲ B1

审判长：　　　　　　　　　　　　　　▼质证方式我们今后
都一致这样 || 好不好 A2

辩护人：　　　　　　　|| 这种质证方式不 || 符合规定。B2

审判长：　　　　　　　　　　　　　　　|| 你要是不愿意发表质证意
见，由下一个辩护人来。A3

辩护人：这种质证方式 || 不符合规定。B3

审判长：　　　　　　　|| 行了，下一个 A4

辩护人：不符合规定。B4

审判长：法警 || 把他话筒拿掉。A5

辩护人：　　　|| 人民法院办理 || 刑事案件第一审普通程序法庭调查
规程（话筒被法警拿走）B5

审判长：　　　　　　　　　　　　|| 叫你发表质证意见，你在说什么
东西。你站起来！现在对你进行训诫！你再说一句，再他
妈……再干扰法庭秩序，我就把你赶出去。A6

其他辩护人：审判长，我们都不同意这种质证▲ B6

审判长：　　　　　　　　　　　　　　▼不同意都出去！不
同意这种质证意见，都出去！A7

辩护人：好，出去，走！B7

上例发生在庭审举证质证阶段，由于辩护律师对质证方式有疑问[2]，法官多次粗暴打断辩护人。在 7 个话轮中，法官打断辩护人 5 次，其中 2 次是非重叠打断，3 次是重叠打断；辩护人打断法官 2 次，均是非重叠打断。可以看出，法官几乎粗暴地打断并剥夺了辩护人对质证方式提出质疑的权利。在该案中，法官鉴于疫情防控原因选择了集中举证质证

1　语料转写自中国网资讯。

2　主审法官采纳了公诉机关的建议：鉴于疫情防控期间，采取集中举证质证，但辩方
律师主张一起事实一证一质。

的方式，这虽然有悖于庭审流程规范[1]，但情有可原。尽管如此，法官在庭审中缺乏耐心、不礼貌的打断行为，表明法官缺乏对质证和辩护专业性、规律性的认识与把握。在这里，法官带入个人的主观情绪、不尊重辩护律师，这有悖于司法公正理念。这样的消极打断不仅给辩护律师留下了不公平的印象，也不利于作出公正的判决，必然影响审判质量。

3. 法官的话题控制

准确查明事实是法官的基本业务能力。在庭审互动中，法官查明事实的主要手段是审查证据、询问案件当事人。由于案件当事人（原被告、相关证人）大都缺乏法律知识，在法庭上不大会说话、不能很好举证，所以庭审中处于被动和弱势的地位。作为庭审的组织者，法官行使主导者权利，通过控制话题来引导当事人陈述相关案件事实，以准确查明事实。

在法庭调查阶段，法官控制话题主要是以问答的方式开启与案件问题相关的话题。法官控制话题的方式主要有两种：一种是通过提问的方式引出话题，另一种是通过宣告的方式直接提出话题。在法庭审判的准备阶段，法官通过提问的方式引出话题来获取相关事实信息。在这个阶段，法官主要通过提问的方式对原被告双方及其代理人的身份进行核实，交际围绕身份核实这一话题展开。

例 7　卢 ×× 故意杀子案[2]

审判长：依法诉讼法的规定，今天在这里依法公开开庭审理由 ×× 县人民检察院提起公诉的被告人卢 ×× 故意杀人一案，现在宣布开庭，首先核对被告人身份，被告人卢 ×× 你有没有什么其他的曾用名或者绰号？能不能听到我说话？A1

被告人：听得到，你刚才说什么？ B1

1　根据最高人民法院印发的《人民法院办理刑事案件第一审普通程序法庭调查规程（试行）》第三十一条，对于关键证据和存在争议的证据一般应当单独举证、质证，并充分听取质证意见。

2　语料转写自《中国庭审公开网》。

审判长：我说你有没有什么其他的曾用名或者绰号啥的？ A2

被告人：没有。B2

审判长：你的出生年月日？ A3

被告人：是 7 月 25 日。B3

审判长：1950 年 7 月 25 日对不对？ 出生地是 ×× 吗？ A4

被告人：（……）……出生地是辽宁。B4

审判长：辽宁省哪个县？ A5

被告人：×× 县。B5

审判长：什么县？ A6

被告人：×× 县。B6

审判长：×× 县，是不是中共党员？ A7

被告人：不是。B7

审判长：什么民族？ A8

被告人：汉族。B8

审判长：什么文化程度？ A9

被告人：也就是三年书这样，……两，两年跟没念书一样。B9

审判长：家庭住址是哪？ A10

被告人：家庭住址 ×× 村。B10

　　上面的案例发生在庭审身份核查阶段，法官通过询问的方式控制话题，共有 10 个话轮。在这个过程中，法官虽然围绕身份核查这一话题进行提问，但是这一话题与本案的主要问题关联性并不大。该案的法官使用 10 个话轮来重新核查起诉书中已注明的被告人的基本情况，未免有些浪费审判时间。这里，法官询问时所使用的疑问句都是无疑而问的，提问的目的并不在于挖掘与案件问题相关的新信息，而是对原有信息的确认和核实，这里体现出法官话语的机械化特点，这种"无疑而问"是重程序轻实体的现象，是法庭审判中普遍存在的现象。

　　法官控制话题的另一种方式是通过宣告的方式开启新的庭审阶段，这主要体现在法官引导庭审各个程序顺利进行的过程中所使用的过渡性语言。

例 8　卢××故意杀子案[1]

审判长：**下面进行法庭调查**[2]，首先由公诉人宣读起诉书。

……

审判长：**下面由公诉人对被告人进行询问**。

……

审判长：好了，**下面进行法庭举证**，首先由公诉人出示证据。……

审判长：下面由辩护人发表辩护意见。

……

审判长：……**下面进行法庭辩论**，首先由公诉人发表公诉意见和量刑建议。

……

审判长：下面由辩护人发表辩护意见。

例 9　9 岁女童被害案[3]

审判长：**下面进行法庭辩论。首先由公诉人发表意见。**A1

公诉人：先对本案证据和案件情况发表如下意见：被告人刘保荣的行为是故意非法剥夺他人生命的行为，其行为结束了一个年幼的孩子的生命……B1

审判长：**请辩护人发表辩护词。**A2

辩护人：都说虎毒不食子，但由于被告人对被害人不是自己亲生女儿的认识根深蒂固，再加上与其妻子发生争吵的诱因，其将对妻子的恨，转到被害人的身上导致悲剧的发生……B2

以上两个案例表明，法官通过宣告性话语来开启话轮，并控制话题的发展与结束。也就是说，庭审互动中法官直接掌握着话轮和话题的控制权，其他庭审参与者的话语权是法官赋予的。作为法庭中最有权力的人，法官几乎可以在他们希望的任何时候开始一个新的话轮。具体而言，法官通过直接告知诉讼双方接下来法庭审判要进行的环节，点明交际的主要内容，引导法庭审判中的诉讼双方围绕交际内容进行举证、质

1　语料转写自中国庭审公开网。

2　黑色字体为作者所加，以凸显强调。

3　语料转写自央视 CCTV-12《庭审现场》法治栏目。

证、辩论，紧紧控制着话题的启动、发展和结束，是法官按照法定程序实施和维护庭审既定议程的重要表现。法官作为庭审组织者、引导者，行使了组织法庭审判的权力，有序地分配审判各方的话语权，使其在庭审过程中主张和维护自己的权利，这是程序公正的表现。

4. 法官的话语解述

话语解述是法官在庭审中维护程序正义的一个重要话语策略。解述是指"对话语表达的再次解释叙述或重新表述"（孙亚迪、廖美珍，2017：135），是人类社会活动中的一个重要现象，与各类社会语言生活都密切相关。话语解述最早是由加芬克尔和萨克斯（Garfinkel & Sacks，1986）开创的"民俗学方法论"流派的社会学家在分析日常谈话时发现的。在解述话语模式下，进行谈话的成员可以对谈话本身进行解述说明，或者对谈话的特征进行描述、解释，或者对谈话进行翻译、总结，或者提供谈话的要旨等。法庭互动话语参与者（主要是法官或调解员）在法庭互动中表达确认、澄清、协商、统一意见等的话语。作为一种常规的庭审会话方式，法庭话语解述现象在表达机构权力同时又加强权力运作，在话语互动的合作性上发挥其特有的语用功能。法官在庭审话语中主要是通过解述话语行为实现法庭互动话语控制、目的实施、权势博弈、身份建构以及角色重构等多重语用功能，表明法庭互动话语的解述现象在推动司法语言"简明化"和"通俗化"同时，积极发挥"以言治法"的话语解述语用功能。如例 10 所示。

例 10 离婚纠纷案[1]

被告傅：她撤诉大概过了半个多月的时候我回去过，因为她家没人对面问我有没有钥匙的，我说没有的。A1

审判长：她撤诉以后半个月你回去过，但是家里没有人进不去，没见到他们人，就这意思吧。B1

被告傅：对，我没见到他们人。A2

审判长：再接下去就中秋节回去了，是这意思吗？ B2

---

1 语料转写自中国庭审公开网。

被告傅：对，中秋节回去了。A3

审判长：中秋节回去把你的礼品扔出来了，就这样子，不要，再后来你就再也没回去过了。B3

法庭互动话语的解述是会话活动中一种重要的互动资源，体现了解述话语行为目的的互动。无论是对前述话语的说明，还是对该话语的重建，抑或是对前一话轮的话语内容进行保留、删除或改变等重组，都不是任意的行为，而是带有鲜明的目的性保证的话语行为（柯贤兵、孙亚迪，2018）。这种话语行为体现了解述话语表达者对于前一话轮的话语命题进行澄清、显示理解或显示话题的相关性，抑或进行会话序列的暗示或预设功能等。

例11 李××故意杀妻案[1]

审判长： 你们俩是谁先动的手？ A1

被告人李：她先动的手。B1

审判长： 怎么动的手？ A2

被告人李：她抢手机。B2

审判长： 抢手机之后，（她）抢过去没？ A3

被告人李：没抢回去。B3

审判长： 没抢回去那手机还在你手里，然后你干啥了？ A4

被告人李：然后我就调她那聊天记录，然后拿我那手机就是把聊天记录都拍下来。B4

审判长： 拍完之后呢？ A5

被告人李：她就是抢手机嘛，抢手机然后就撕吧起来了。B5

审判长： 因为抢手机又撕吧起来了，她抢你不给是不？ A6

被告人李：对。B6

审判长： 最后手机抢没抢过去？ A7

被告人李：没抢过去。B7

上述语料中，法官（审判长）为了对被告和妻子争夺手机了解被告与妻子之间发生扭打的真实经过，多次使用话语解述行为进行引导被告

1　语料转写自中国庭审公开网。

作出真实客观的表达，如在第三、六轮话语（A3、A6）中，通过解述被告的"她抢手机"拓展出"（她）抢过去没""她抢你不给是不?"，得到被告人也采用一定的武力抵抗妻子的抢夺行为，进而作出试探性地解述被告的犯罪动机。如此，进一步把握被告内心的真实感受，有助于帮助法庭话语互动的理解，促进案件有效解决或结案。这在一定程度上也保证了被告的权利，是庭审中程序公正的另一种表现，最终目的是事实法律的公平正义。

总之，庭审互动中法官通过话轮转换、话语打断、话题控制以及话语解述等，构建出庭审的主导者、组织者、引导者、中立裁判者的角色，它们是法官在庭审实践中实现程序公正和保障审判质效的重要话语策略。

5.4　法官话语研究新发展

随着信息技术迅猛发展的时代，形式多样、内容繁杂的应用程序开始在司法中崭露头角，为智慧司法的发展起到不可忽视的作用，同时由于受新冠肺炎疫情影响，在线仲裁、在线诉讼、电子法院、电子诉讼、网络审判、网络法院逐渐成为常态，也由于百年未有之大变局造成的复杂状况，这些都为研究法官话语开辟了新的天地。将现代信息技术融进司法审判已经成为势不可当的世界潮流，很多国家和地区已经开始了各种不同形式的智慧司法审判。互联网与司法审判的结合，不但可以提升司法效率，还能提高法官的技术运用能力与案件管理能力，同时增加司法透明度，促进司法的公平和正义。在此背景下，法官话语研究迎来了新进展。主要体现在以下三个方面：

一是信息技术的快速发展使得法官话语具备了多种表达形式，因此多模态研究法官话语研究走上新台阶。张丽萍和丁天会（2017）通过对法官周边的多模态文本和空间文本进行元功能解读，分析庭审现场的空间配置和多模态话语形式对法官有制约作用，解构了法官是庭审权力中心的观点。陈金诗（2020）以多模态话语分析为框架，综合分析刑事庭审中法官话语的多模态资源，发现法官会通过不同的多模态资源激活不同的话语立足点以达到庭审程序各环节的目的。此外，随着智慧司法的推进，线上审判和基于大数据信息的人工智能审判开始出现。贾章范（2019）从科学技术角度探讨法官审判能否完全采用人工智能，并对人工智能下的庭审话语进行深入分析，最后得出司法人工智能与司法审判的结合问题，指出司法人工智能技术可以辅助司法程序的进行，也能解决技术权力与专业司法的话语冲突，但是由于司法数据不完整和算法自身功能性瑕疵，司法技术还不能完全应用于庭审现场。

二是法官话语研究更加贴近司法实践，开始结合道德领域、民俗民风等领域进行综合研究。近年来，道德话语开始备受司法判决关注，尤其在民事案件中，有关道德话语的判决书数量有了很大的增长，以"传统美德"作为使用词的判决书在 2011 年至 2016 年间由 45 件增到 3 216 件，虽然法官在庭审中使用道德话语的频率有上升趋势，但是法官在各个环节要注意把握道德话语的"度"，以此实现道德话语的最大作用，为司法判决的合理性和可接受性提供有力支撑（杜健荣，2018）。另外，有关法官话语与民族文化的研究逐渐增多。司法的现代性使得法官话语具有非个人化、程式化以及公务化的特点，但是在乡风民俗浓厚的地域，法官话语也要适当合理地与当地文化习俗进行融合，以此推进法治建设覆盖在中国各个领域。例如，格桑次仁（2019）指出在藏族地区，法官在审判时适当地使用藏族语言习惯不但不会减损法官的威严形象，还会有助于增强法官的公信力。

三是法律语言学的跨学科研究更加多元、更加深入，一些学者将哲学、信息技术学等最新研究理论应用到法官话语研究中。梁译如（2018）指出参与司法实践的每一个主体都需要反思，即对自身参与立法、司法、解释法、言说法的过程进行反思，从而尽可能地减少对正义的半洞察甚至偏见。柯贤兵和谢睿妍（2022）将博弈论引介到庭审话语研究中，即通过建立数学模型的方式分析独立主体之间策略互动的形式和规则，以此优化语言使用策略，研究行为人在特定利益格局中的行为方式和言语目的。此外，有学者开始研究法官话语和自由裁量权之间的关系，例如，把法官话语与哈特自由裁量权的有关理论结合，可以进一步认识 20 世纪西方法理学重要问题，也能建构起法官诠释与理解法律的合理方式，进而为我国司法实践中的公平正义提供理论参考（林孝文，2015）。

　　综上所述，当前法官话语研究立足法治建设新需要，融合多学科的最新理论，并能与信息时代相结合，在一定程度上促进了智慧司法和阳光司法建设，也有助于法治中国建设。但是，随着信息技术的进一步发展，法官话语研究仍要在深度与广度上继续开拓。我们认为新时代话语研究需要注意以下三个方面：（1）新时代法官话语要继续加强规范性研究。虽然法官话语的规范性研究早已有之，但是互联网＋时代的规范性研究更加精细。法官话语要在科学严谨、真实可靠和平易近人之中找到平衡点，做到既不晦涩难懂，又不损害话语的严肃性。（2）新时代法官话语的研究要深入探究大数据语料库研究。通过建立起成体系的法官话语语料库，为互联网＋时代的人工智能审判做好语言学上的支持，助力司法审判更加公平公正地发展。（3）新时代法官话语的研究要以人民需要为中心，以建设阳光智慧司法为目的。互联网＋时代为司法审判带来诸多方便之处，但是过度依赖于信息技术和大数据，可能会带来懒怠心理，因此，新时代的法官话语研究不能过度专注于如何提高审判效率，而是要避免司法审判的机械化和盲从话，提升法官话语的温度，让法官更加贴近人民群众的需要，使司法变得智慧的同时也变得温暖。

　　总之，新时代法官话语研究应该具有互联网＋的视野，聚焦国内外局势，紧密联系大众，为司法改革作出语言学上的贡献。

第 6 章
检察官话语研究

　　检察官是依法行使国家检察权的检察人员，代表国家机构执行法律监督职能，并在刑事案件中代表国家担任公诉人，追诉刑事犯罪。检察官的角色和地位决定了其话语的特征和策略。作为国家机构的代表，在司法实践中检察官具有双重角色，既是刑事案件的起诉者（公诉人），也是司法执法的监督者。因此，作为机构性活动，司法实践中检察官具有较高的角色地位，也具有较高的话语权。本章系统分析检察官话语，首先梳理检察官话语研究，然后分析检察官话语策略，再结合实例诠释检察官话语的特点，最后总结出检察官研究的最新发展。

6.1　近十年检察官话语研究现状

　　相对于法官、律师、证人等其他司法实践参与主体，检察官话语的研究相对较少。而相对国内而言，国外对检察官话语的关注更少。

6.1.1　国外检察官话语研究综述

　　在法律话语研究兴起的英美法系国家，检察官的角色地位与辩护律师无二，因此，有关检察官的研究多置于律师话语范畴之下。专门针对检察官话语的研究较少，仅有的研究主要是分析刑事案件中检察官话语的特点及其与辩护律师话语的异同。

　　蒂尔斯马（Tiersma，1999）结合杰克逊案和辛普森案系统讨论了检察官和辩护律师的话语特征与策略，研究结果表明，检察官话语和辩护律师话语很多方面都具有共性。为了表明自己的专业性与权威性，同时赢得陪审团的支持，在庭审过程中检察官和辩护律师总体上使用标准化的英语，但一般会慎用法言法语和高度专业化的术语。但为了达到特定的目的，控辩双方会策略性地使用语言，形成一些相反的话语策略。比如，为了突出和强化被告行为的主观故意性，公诉人会多使用主动语态；相反，为了故意弱化或模糊被告的行为，辩护律师则多使用被动语态和名词化结构。此外，检察官更加注重证据事实的呈现，而辩护律师更加注重使用各种话语策略来赢得陪审团的支持，号召陪审团与被告一起来对抗强大的政府权力。如对辛普森案辩护律师柯克伦话语的分析，淋漓尽致地体现了辩护律师为了赢得陪审团的支持所使用的各种语言策略。

罗素莱克（Rosulek，2010）做了类似的研究，从内容、情感意义和引用权威话语等三个方面系统分析了刑事案件庭审的结案陈词阶段检察官和辩护律师话语的异同。研究表明，就内容而言，公诉人主要关注案件事实本身（常识、证据或事实），而辩护律师则更多关注案件出现的合理怀疑。就人际意义而言，相比检察官，辩护律师更注重人际意义的营造与维持，一方面要尽可能显示其权威、可信，另一方面又要争取陪审团的支持，所以其话语经常在标准语和方言之间转化，并善于使用"We"来突出其与陪审团的关联与相似，试图与陪审团取得情感的关联。此外，检察官和辩护律师都会引用权威话语（普通证人、专家证人、法律和法官、社会文化来源等）来合法化他们的陈述，且相比而言，检察官引用权威话语的比例要高于辩护律师。

埃文斯等（Evans et al.，2009）研究了儿童性虐待案件中检察官和辩护律师询问儿童证人问题的复杂度与陪审团最后裁决的关系。结果表明，尽管检察官和辩护律师询问儿童证人的问题在冗长性或复杂性方面不存在显著差异，但辩护律师问题的复杂性与儿童性虐待案件的审判结果呈显著关联。与人们的预测相反，辩护律师询问未成年人的问题越复杂，陪审团越有可能裁定被告有罪。这与之前的相关研究结论相反，即认为辩护律师复杂的问题会破坏未成年证人证词的可靠性，从而为被告脱罪。

此外，施密德和菲德勒（Schmid & Fiedler，1998a，1998b）研究了检察官和辩护律师在刑事审判结案陈词阶段对被告罪责的不同归因（attribution），结果表明，在司法环境中，微妙的语言策略会对被告责任和罪行的归因产生显著影响。检察官通常会将罪责归因为被告内部的因果关系，而辩护律师则往往会寻求外部的或消极的归因，如将罪行归因为受害人（Schmid & Fiedler，1998a）。具体来讲，辩护律师往往会强调和突出被告的积极行为，尽可能避免被告的消极行为，并设法将不可避免的消极行为映射到控方身上；相比之下，检察官会大量使用行为性动词（action verbs），暗示了责任的内部归因（Schmid & Fiedler，1998b）。

6.1.2　国内检察官话语研究综述

相比国外，国内检察官话语的研究比较丰富，其研究可从不同的视角进行梳理。根据研究的具体程度，既有检察官话语技巧及策略等较为宏观的总体讨论，也有结合语言学理论、针对检察官话语特定内容的较为微观而深入的具体分析。根据研究方法，既有从宏观视角进行的思辨性的讨论，也有基于实际庭审转写语料进行的实体分析。根据研究的对象，既有检察官话语的总体研究，也有对法庭辩论、法庭讯问、法庭答辩、起诉书、公诉意见书等具体方面的研究。从研究的主体来看，既有检察官的研究，多从司法实践出发，讨论检察官话语的技巧、语言艺术、问题及规范等，也有法律语言学者的研究，多基于语言学相关理论和话语分析思路，较为深入地分析检察官话语各方面的特征、策略及其影响等。在此，我们以宏观和微观两个维度梳理国内检察官话语相关研究。

1. 检察官话语的宏观讨论

检察官话语的宏观讨论主要指对检察官（或公诉人）话语的特征、技巧、策略等的总体讨论，也涉及对检察官话语现有问题的总结、反思及规范化建议。研究内容既有对检察官总体话语的讨论，也有对法庭辩论、法庭讯问、法庭答辩、起诉书、公诉意见书等具体方面的讨论。研究的方法既有思辨性讨论，也有基于语料的话语分析，研究的主体既有检察官，也有语言学者。

1）检察官话语技巧与策略

法律与语言有天然的联系，尤其在司法实务中，司法活动的开展均要借助语言或话语来实施，检察官的公诉活动尤为如此。公诉语言是一切公诉工作的基石，出众的公诉语言能力是优秀公诉人应当具备的素能（郑烁，2013）。因此，针对检察官话语技巧与策略的讨论较多，尤其是检察官行业内部的讨论。

此方面的代表性研究为桑涛主编的《公诉语言艺术与运用》（2012）和《公诉语言学——公诉人技能提升全程指引》（2016）。《公诉语言艺术与运用》聚焦公诉语言的运用艺术，分类介绍了审查起诉询问、审查报告、起诉书、法庭讯问、法庭举证质证、法庭答辩等环节如何运用公诉语言。《公诉语言学——公诉人技能提升全程指引》包括基础篇、实务篇、修炼篇、赏析篇等四篇，以公诉语言在各个诉讼阶段的运用为主线，对刑事诉讼每个阶段公诉语言的语体特征、语用要求、语音、语调、语意、语美等进行分析论证，从而探索公诉语言的原理，提出公诉语言的运用策略，同时结合公诉语言的特征与要求，根据实践需求，提供公诉语言训练的语料与方法。

此外，还有一些检察官在《中国检察官》《人民检察》《检察日报》等检察行业期刊和报纸中，从公诉实践出发，探讨了检察官在公诉实务中的各种语言技巧。张慧丽和万伟岭（2011）系统讨论了公诉人的法庭辩论技巧，结合实例分析了公诉人在法庭辩论中的各种发问方式和发问技巧。发问方式包括两难推理发问法、归谬推理发问法、利用矛盾发问法、揭示罪名内涵发问法及直接推理法、由表及里发问法、递进式发问法等，而发问技巧包括边"问"边"证"、以"证"促"问"、边"问"边"定"、以"定"立"问"，边"问"边"论"、以"论"证"问"等。董景阳和姚彩蔚（2017）同样探讨了公诉人法庭辩论的技巧，认为公诉人法庭辩论应以立论为主，破论为辅，注意法律语言的规范性、准确性、简洁性、庄重性，综合运用叙述、议论、说明等表达方式及比喻、排比、设问、反问、对偶等修辞方法。此外，还应结合同一律、不矛盾律、排中律、充足理由律等逻辑思维规律，加强法庭辩论中的心理控制等技巧，以取得良好的法庭辩论效果。

也有学者从提升话语表达效果的视角讨论检察官的语言表达艺术。曾沉（2011）讨论了公诉语言的表达艺术，指出规范公诉人话语、提高公诉人语言表达能力，是加强公诉人队伍建设、提升公诉人整体素质的一项重要而长期的任务。为此，公诉语言的表达应力求：言树公信，把握原则性；言表法意，注重准确性；言简意赅，突出目标性；言顺民情，凸显和谐性。与此类似，冯祖兴（2017）讨论了公诉人即席答辩的语言艺术，指出公诉人即席答辩事关指控成效，其语言艺术应当受到高度重视，即席答辩应当有理（做到言须有据、语须合法）、有力（辩须生动、答须有力）、有节（论须严密、惊须顺变）。

如上研究者均为检察官，结合自身的公诉实践，讨论检察官的话语技巧和话语效果。此外，一些法律语言学学者也对检察官话语作了系统分析。我国法律话语研究的奠基人廖美珍（2009）在其《法庭语言技巧》一书中全面分析了检察官的语言技巧，具体包括：（1）要以理服人，不能以势压人；（2）忌出言不逊；（3）准确掌握概念，仔细斟酌措辞；（4）忌无中生有（把小罪往大罪说）；（5）忌夸大其词，无限上纲（避免大而空的套话）；（6）不要一上来就问对方认不认罪；（7）举证符合逻辑顺序，条理清晰；（8）避免废话；（9）要适当控制答话；（10）一次问一个问题；（11）善于针锋相对；（12）巧用预设；（13）不一定要说出监督职能；（14）审判不等于惩罚。

与检察官话语技巧相关的一个主题是有关检察官话语策略的探讨，此方面的代表性研究为法律语言研究学者李立和赵洪芳（2009）在其著作《法律语言实证研究》中对公诉人话语策略的系统分析，基于转写的庭审语料，结合大量的话语实例，深入阐释了反对、打断、对比、元话语评论、称谓、词语感情色彩的应用、问话形式、再阐述等检察官话语策略。

此外，吕万英（2011）在《法庭话语权力研究》中系统探讨了公诉人话语中的权力控制与支配策略，包括：（1）主导信息流向的话题控制策略，具体包括引导话题、转换话题、对照话题等；（2）控制答话指向的预设策略，包括犯罪动机预设、犯罪过程预设、犯罪合谋预设等；（3）控制话语行为的指令性言语行为，包括直接指令（直接祈使和要求性指令）和间接指令（表达愿望和询问能力）两个方面。

2）检察官的语言问题及其规范化

检察官话语研究的一个重要动机是规范司法实践中检察官话语体系，提升话语表达效果。此类研究通常基于司法实践，总结检察官话语本身存在的问题，分析其原因，并提出规范化的建议。桑涛在《公诉语言艺术与运用》和《公诉语言学——公诉人技能提升全程指引》两本专著中对此进行了全面而深入的讨论。

此外，还有一些检察官结合自身公诉实践作了此方面的讨论。王春风等（2015）从客观义务视角讨论了检察官起诉书语言规范化问题，指出起诉书语言规范化是"无罪推定"理念的必然要求，是"以庭审为中心"的应有之义，也是规范司法行为的重要内容。但在当前的司法实践中，起诉书普遍存在使用带有强烈感情色彩或政治色彩的词语、以法律评价代替客观表述、以结论代替罪状概述等语言失范现象。究其根源，主要有刑法条文及司法解释非客观性表述的引导、检察官角色定位的偏差、"有罪推定"理念的影响等方面的原因。作者建议应借鉴域外经验，通过增强"无罪推定"意识、严格履行检察官客观义务、制定常用罪名规范化表述手册、严格起诉书审批等途径，推动起诉书语言规范化。

郭艳春等（2016）以法庭实质化为视角系统讨论了法庭辩论话语的规范化问题，指出在法庭辩论环节，许多公诉人驾驭庭审的能力不足，主要表现为公诉语言运用不规范（如不作回应、被动作答、模糊焦点、欠缺灵活、咄咄逼人等）、表达能力不强等，其原因主要包括思想观念问题、庭前准备不足、辩论技巧匮乏、语言运用不当等。鉴于此，作者倡导以庭审辩论实践为基点，从公诉人的庭前准备、语言规范、技巧策略等多维度出发，来建构提升公诉语言综合运用能力的立体化对策，包括：庭审辩论前的准备工作应全面、细致且突出重点，辩论技巧的运用应缜密、熟练而不失灵活，公诉语言的运用应专业、精准且兼具艺术性，书面公诉语言的撰写应客观、严谨而不晦涩，口头公诉语言的表达应理性、规范而不失情感。

　　总之，检察官的语言能力和语言艺术是检察官工作的基石，良好的语言驾驭能力是检察官的基本要求和重要素能。检察官话语既需要专业化，也需要通俗化（庄永廉，2013）；既需要规范，也需要艺术，且最终在规范与艺术中达到语言效果的升华（郑烁，2013）。

2. 检察官话语的微观分析

　　检察官话语的微观分析主要关注检察官话语的一些具体层面，包括两方面的研究成果，一是检察官话语具体特征和策略的分析，二是结合其他学科视角对检察官话语的较为深入的分析。

1）检察官话语具体特征和策略的分析

　　除了如上对检察官话语较为宏观的讨论之外，也有学者从某一具体的层面对其话语进行了较为细致、深入的分析，主要包括预设、语调特征、话语停顿、身份构建等。

　　首先是预设。预设作为控制和引导答话人的一种重要手段，在检察官话语中经常出现，成为公诉人在刑事庭审中控制答话人，尤其是犯罪嫌疑人的重要语言机制。如上有关检察官话语的宏观分析中已有学者对预设作了讨论（如廖美珍，2009；吕万英，2011；李立、赵洪芳，2009）。此外，还有学者专门对检察官预设现象作了深入分析。

　　姜培茹（2013）分析了公诉人在法庭问答中的预设，结果表明，在庭审问答中，公诉人通常使用预设策略询问证人，以获得对控方有利的推理，这种预设通常蕴含在一般疑问句、附加疑问句、信息疑问句和陈述疑问句等问话中。

　　向波阳和李桂芳（2016）专门分析了刑事审判话语中的预设现象，结果表明，刑事法庭审判话语中的预设现象十分普遍，而公诉人的话语预设频度最高，且法庭调查阶段预设出现最频繁。作者指出，适当的预设可以策略性地帮助预设主体实现自己的目的，但不恰当的预设不但不能达到预期目的，反而会令自己落入尴尬的境地，且大量使用预设有悖无罪推定思想。

　　邢鹤文（2019）对刑事庭审中公诉人的各种语用预设进行了深入分析，首先将语用预设分成真实语用预设和虚假语用预设，真实语用预设可再分成动机预设、悔意预设、危害预设和身份预设，虚假语用预设可再分为失误性虚假语用预设和存在性虚假语用预设。作者指出，真实语用预设的预设信息都是定罪和量刑的重要因素，所以公诉人应善加利用，但滥用虚假语用预设会导致冤假错案，所以公诉人要谨慎使用。此外，语用预设具有可撤销性，面对公诉人的不合理问题时，当事人可适当进行反预设，为自己赢得主动。

其次是语调特征。根据多模态理论，语言文字是最重要的模态资源，但除了语言文字本身之外，语音、语调、手势、表情、姿态等其他模态资源同样是实现交流的重要手段。其中，语调指语句中一组综合的语音表现，包括声音的高低、强弱、长短、快慢等，这些声学概念是判定重音、调核以及焦点位置的重要参数。语调是一种重要的模态资源，借助语调，可以表达字面意义之外的隐含意义，以此揭示庭审话语中的权力关系（刘文婕、张睿，2018）。

以陈海庆为首的一些学者基于 2015 年的国家社科基金项目"中国当代庭审话语语调表征及其信息效果研究"，对不同诉讼参与人的庭审话语的语调特征进行了系统分析，包括公诉人话语的语调特征。刘文婕和张睿（2018）分析了庭审话轮转换中的语调特征以及话语权力的实现，分析表明，语调特征可以直接反映出庭审各参与者话语权力的不平等：审判长（员）和公诉人在庭审话语中的语调在声谱波动幅度、音高、音强上整体高于庭审其他参与者，因此占据绝对的话轮优势，拥有更多的话语权力。

此外，有学者基于检察官特定话语的语调特征分析，研究了检察官话语的语用修辞功能以及语用身份构建。陈海庆和孙润好（2020a）借助 PRATT 软件，通过分析检察官反问句的语调特征，讨论了公诉人反问句的语用修辞功能。马泽军和郭雅倩（2021）借助 PRATT 软件对公诉人转述话语的语调特征进行了分析，并借此讨论了庭审中公诉人的身份构建。

然后是话语停顿。在人们的日常交流中，停顿也是重要的交际资源，可以反映说话者的交际意图和权势地位，实现特定的语用效果。言语行为中的停顿现象也成为学者关注的一个领域，包括对庭审话语中的停顿现象的研究。

陈海庆和刘亭亭（2018）系统研究了庭审语境中公诉人话语停顿的动态属性及修辞功能，结果表明，作为公诉人话语表达的一种重要形式，停顿实际上是表达意义、显示权力的现实性过程。具体来讲，停顿在公诉人话语中主要分布在句中，出现频繁且停延时间长，此类停顿具有五大修辞功能：提醒、强调、对立、严肃及疑问。其中，强调功能和提醒功能使用频率最高且主要以小停顿的方式出现。此外，公诉人多选择在短语与短语之间或词与词之间进行长时间的无声停顿，这种停顿多属于非自然停顿，是公诉人建构和表达自己立场的一种语言手段。同时，停顿通过适当语气的表达可以表现出公诉人话语的果断和气势逼人，从而强化其绝对强势者地位。

最后是身份构建。话语与身份密切关联，一方面，不同话语的选择可以塑造特定的身份；另一方面，预先存在的身份又会影响说话人的话语方式（陈新仁，2018）。说话人的固有身份会影响其话语的选择，反过来，说话人又可以通过不同层面的语言选择来策略性地构建其动态的语用身份（马泽军、郭雅倩，2021）。

马泽军和郭雅倩（2021）以转述话语为切入点，系统分析了庭审中公诉人语用身份的构建。分析结果表明，公诉人依据其预先设定的国家辩护人、检察官以及讯问者等的身份特征，选择性使用转述策略，在话轮中通过不同话语选择强调预先设定的身份。在具体的庭审话语中，公诉人策略性地使用转述话语及韵律特征可以构建法律从业者、总结陈述者、信息确认者及话题引导者的语用身份，借此动态地实现其交际目的。

2）基于其他学科视角的检察官话语分析

也有学者结合其他学科视角对检察官话语进行了微观层面的较为深入的分析，包括功能语言学、修辞、叙事、多模态等。

首先是功能语言学。功能语言学关注社会实践中的语言应用，这种研究取向契合了法律话语研究的初衷，因此功能语言学成为法律话语研究的重要理论基础。从功能语言学相关理论出发，尤其是马丁的评价理论，系统分析检察官话语的特征成为检察官话语研究的重要方面。

施光（2016）对法庭审判话语的态度系统进行深入分析，认为态度是法庭审判话语实现人际功能的重要资源，分析结果表明，法庭审判话语的态度表达具有层级性，数量最多的态度表达是判断，其次是鉴赏，最少的是情感。就检察官话语而言，在刑事审判的辩论阶段，公诉人主要通过合法性及能力判断，以及判断引发型鉴赏来表明态度。

郭静思等（2019）从系统功能语言学的人际意义理论出发，从情态、环境性因素、态度三个方面，系统探讨了公诉人在庭审中指控犯罪的话语特征。分析结果表明，公诉人采用去情态化的话语策略，使用附加环境性因素的问题以及隐性或显性的态度评价资源，用于控制庭审问答，实现既定的公诉指控目的。此外，合理使用去情态化以及采用附加环境性因素的语言策略有助于法庭厘清证据事实，提高庭审效率，但使用过多带有强烈评价色彩的语言资源会削弱自身的权威性，对法庭的公正判决产生不利影响。

此外，许多有关检察官话语特征的分析也多采用功能语言学理论或视角，如石春煦（2019）有关公诉人身份建构的研究是基于马丁的个体化理论，陈海庆和孙润好（2020a）对公诉人反问句的语调特征及其语用修辞功能的研究是基于马丁的评价理论。

其次是修辞分析。现代意义上的"修辞"主要取源于古希腊的西方修辞学理念，在西方修辞学传统下，修辞成为一种与逻辑相应的研究范式，是一种以说服和论证为目的的研究方法和思维方式。修辞是一种理性说服的手段，是说明"何为正当"的论证问题，而不是简单的提升语言表达效果的手段。在此理念下，修辞方法便能很好地契合法律话语研究的旨趣，法律修辞学的兴盛也源于此。

法律修辞的研究也涉及检察官话语。除了系统探讨法律话语修辞的研究（如刘燕的《法庭上的修辞：案件事实叙事研究》）涉及检察官话语的修辞分析之外，也有学者专门针对检察官话语进行修辞分析，如王翠（2015）在亚里士多德修辞学视野下对公诉意见书进行了系统分析，针对公诉意见书中存在的词语混用误用、词不达意、逻辑不清、论证不足、说服力不强等问题，提出在亚里士多德修辞思想指导下于觅材取材、布局谋篇、文体风格三个层面完善和改进公诉意见书。

此外，也有学者从语言功能表达出发，系统分析了检察官特定话语的修辞功能，如陈海庆和刘亭亭（2018）对庭审语境中公诉人话语停顿修辞功能的研究，陈海庆和孙润好（2020a）对公诉人反问句的语用修辞功能的研究。

再者是叙事分析。随着叙事学的日渐完善，尤其是拉波夫对叙事学的发展，法律语言学者开始将叙事学引入法律话语领域，进行跨学科叙事研究，如美国的彭宁顿和哈斯汀（Pennington & Hastie, 1991, 1992）提出并分析案件裁决的"故事模型"，我国学者余素青所著的《法庭审判中事实构建的叙事理论研究》、刘燕的《法庭上的修辞：案件事实叙事研究》等均是法律叙事研究的力作，当中也涉及检察官话语的相关分析。

崔玉珍（2015）采用叙事学视角对检察官话语进行了系统分析，认为庭审讯问实际上就是一种叙事，公诉人通过控制被讯问者的回答来构建自己的叙事。庭审询问的叙事特征具有认知性（以公诉人的认知为核心）和信息互动性（通过问答互动建构)，也具有明确的主题（围绕犯罪构成要件进行）以及语法、语义、语用三位一体的语言形式。公诉人对被讯问者的控制是以自身的认知为核心进行的信息互动，而信息互动应该围绕犯罪构成要件进行，并通过语法、语义、语用为一体的语言形式来实现。公诉人的认知决定其讯问的主题，进而选择特定的语言结构进行信息互动，获得被讯问者的回答，该回答会进一步更新公诉人的认知状态，从而开始新一轮的讯问叙事构建，如此往复，直至完成庭审叙事。

最后是多模态分析。多模态研究在西方兴起于 20 世纪 90 年代，经过多年的发展，多模态分析已成为研究社会文化现象的全新视角和有效方法。近年来，法律语言学者开始尝试将多模态分析引入法律话语研究。但相比其他领域，有关检察官话语的多模态分析较少。

现有研究只有石春煦（2019）基于多模态设计原则（框定、选择、前景化和配置）和个体化讨论视角，提出了个体化视角下身份建构的多模态设计框架，研究了起诉书宣读者如何使用多模态资源实现其作为司法人员的身份及其建构的多模态策略。研究发现，从框定、选择原则上看，起诉书宣读者基于多模态资源所表达的交际意义，对多模态资源进行选择、配置，从而传递身份信息；从前景化原则上看，语言是价值观协商的前景化资源，其他非语言模态则提供背景信息，促进其身份的建构；从配置原则上看，多模态资源配置的连贯性促进价值观的协商，共同建构身份的话语意义。

6.2 检察官话语的话语特征和话语策略

6.2.1 检察官话语特征

检察官的职业特点和角色定位决定了其话语的总体特征。检察官是国家权力机构的代表，代表国家检察机关行使检察权，并在刑事案件中作为公诉人承担审查起诉工作。在刑事庭审中，检察官代表国家公诉机关询问被告，其目的是要证明被告有罪或罪重，询问被告时常有有罪推定的思维趋向，往往带有预设被告有罪的前提，是在"已经设定被告有罪的基础上来讯问嫌疑人如何犯罪，判定罪行大小"（廖美珍，2003：492）。

基于其职业特点和角色定位，从语言表达内容和语言表达效果两方面考量，检察官话语具有两大方面的特征：表达内容的规范性和表达手段的艺术性。

1. 表达内容的规范性

司法话语是一种高度机构化的语言，有严格的规约性和程序性，要按照严格的法律规定和既定的诉讼程序来展开。检察官以原告身份参与刑事诉讼，作为国家检察机构的代表，检察官话语首先体现为规范性。具体来讲，规范性特征包含合规性、准确性、严谨性、庄重性等方面。

1）合规性

合规性体现了法律语言的规约性，此处的"规"主要指法律规定以及与之密切相关的法律事实、案件证据等。"合规"指检察官的话语应基于法律规范，提起公诉的任何案件都必须做到事实清楚，证据确实、充分。作为公诉人在庭审中的话语应基于案件证据，符合法律事实，不可无中生有，信口开河；此外，检察官的话语要以理服人，而不能以势压人。无论是从检察官客观义务的角度，还是从"以审判为中心"的角度，都应以规范性的语言客观表述有证据证明的事实（王春风等，2015）。

2）准确性

准确无误是法律语言的生命，作为国家检察机关的职业法律人，检察官语言的使用自然应当准确无误。准确性既包括用词的准确，也包括语法、标点等的规范。准确掌握词语的内涵和概念意义是检察官的一个基本素质，用词的准确除了一般词汇的准确使用外，尤为重要的是法律术语的准确使用，即恰当使用法言法语；此外，还要注意词序、句法、标点等的准确使用。

3）严谨性

与准确性密切相关的是严谨性，严谨周密代表了法律语言的科学性。作为国家检察机构的代表，检察官话语应力求严谨周密。具体来讲，语言表述应符合逻辑，条理清晰，词语的使用要名实相符、概念具体明晰，语词间互相搭配，语句表述严密明确，防止矛盾和疏漏，结构相对集中紧密，布局疏密有致（潘庆云，2017）。这是对法律从业者的基本要求，作为国家机构代表的检察官尤为如此。

4）庄重性

庄重肃穆体现了法律语言的权威性。首先要注意用词的庄重，不宜使用"黑话"、脏话、恶毒诽谤言论以及引用过多犯罪细节；此外，还要注意检察官本身的语言修养，作为国家机构的代表，检察官应崇尚儒雅，远离脏话，不逞强斗嘴，言语宽厚，不要动辄训人，慎用"罚言罚语"（曾沉，2011）。

2. 表达手段的艺术性

司法话语是以辩论为主线、以说服为目的的机构性话语。作为刑事案件的公诉方，检察官需要注重语言艺术，提升语言表达效果，以更好地实现说服听众（既包括案件裁决者的法官这一特定听众，也包括法律职业群体以及社会公众等广泛听众）的目的。此外，司法话语是有明确目的导向的话语，其一切话语活动都是有准备的，是为实现既定的目的而展开的。为了实现既定的目的，庭审各诉讼主体会斗智斗勇，利用既定的话语权力和一切可能的话语资源，采取各种策略来实现既定的诉讼目的。具体来讲，艺术性特征包括技巧性、策略性、生动性、情感性等。

1）技巧性

检察官话语是以说服为目的的机构性话语，为了更好地说服法庭采纳公诉方的意见，实现既定的诉讼目的，需要公诉人灵活使用各种话语技巧，如综合使用叙述、议论、说明等表达方式，适当使用比喻、排比、设问、反问、对偶等修辞方法，灵活使用语音、语调、语速、语气、表情、手势等副语言特征，巧妙使用停顿、打断、重复、沉默等语用技巧。

2）策略性

与技巧性密切相关的另一个特征是策略性，相比而言，技巧性侧重提升语言的表达效果，而策略性旨在实现对话语的控制。为了实现既定的诉讼目的，检察官需要综合使用对比 [1]、预设、重述[2]、元话语评论[3] 等话

---

1 该术语在国内有不同的称谓，余素青使用"对照"，参见余素青. 2010. 法庭言语研究. 北京：北京大学出版社，第 153–154 页；李立、赵洪芳使用"对比"，参见李立、赵洪芳. 2009. 法律语言实证研究. 北京：群众出版社，第 330–331 页；程朝阳等也使用"对比"，参见 [美] 约翰·吉本斯. 2007. 法律语言学导论. 程朝阳等译. 北京：法律出版社，第 137 页。

2 该术语的使用在国内不尽相同，程朝阳等和余素青使用"重述"，参见 [美] 约翰·吉本斯. 2007. 法律语言学导论. 程朝阳等译. 北京：法律出版社，第 142–146 页；余素青. 2010. 法庭言语研究. 北京：北京大学出版社，第 155–156 页；曾范敬使用"简要综述"，参见曾范敬. 2016. 侦查讯问话语实证研究. 北京：中国政法大学出版社，第 202–206 页；李立、赵洪芳使用"再阐述"，参见李立、赵洪芳. 2009. 法律语言实证研究. 北京：群众出版社，第 186–201 页。

3 该术语在国内也有不同的称谓，曾范敬使用"元话语评论"，参见曾范敬. 2016. 侦查讯问话语实证研究. 北京：中国政法大学出版社，第 206–207 页；程朝阳等使用"评价性的第三步"，参见 [美] 约翰·吉本斯. 2007. 法律语言学导论. 程朝阳等译. 北京：法律出版社，第 148 页；余素青使用"第三话轮添加"，参见余素青. 2010. 法庭言语研究. 北京：北京大学出版社，第 160 页；李立、赵洪芳使用"第三部分评论"，参见李立、赵洪芳. 2009. 法律语言实证研究. 北京：群众出版社，第 201–209 页。

语策略，以实现对答话人的控制与支配，引导庭审话语朝着有利于自己的方向发展。

3）生动性

为了提升表达效果，实现说服受众的目的，检察官话语应当生动、鲜明，富有吸引力和说服力，而不宜平铺直叙、枯燥乏味，否则很难为受众所接受。具体来讲，一方面，检察官话语应抑扬顿挫，活泼生动，富有变化，熟练使用各种语言表达技巧；另一方面，也要巧妙使用语调、语速、语气、节奏、表情、手势等非语言特征。

4）情感性

法律是无情的，但人性是共通的，作为机构性法律话语，检察官话语应基于法律规范，以"理"服人；但作为以说服为目的的语言表达，为了更好地说服受众，除了以"理"服人之外，检察官还需要以"情"动人，言顺民情，凸显和谐，增加说话的感染力和共鸣感。具体来讲，一是要富有感情色彩，以饱满热情的情绪和富有感染力的话语来提升话语的可接受性；二是要有人性色彩，语气中要富于关爱、怜悯；三是要有仁道色彩，尊重人格，以宽厚仁德之言，带动社会风气的转变与和谐社会建设（曾沉，2011）。

总之，检察官话语是以说服为目的的机构性话语，有明显的权力表征，也有明确的目的导向。为了取得良好的表达效果，实现既定目的，检察官话语的运用应兼顾内容的规范性和表达手段的艺术性，做到缜密、熟练而不失灵活，专业、精准且兼具艺术，客观、严谨而不晦涩，理性、规范而不失情感（郭艳春等 2016），最终在规范性与艺术性相互融合中实现语言运用效果的升华（郑烁，2013）。

6.2.2 **检察官话语策略**

司法实践以冲突与矛盾为主题，对抗是主旋律，对于原被告双方而言，庭审便是一场基于证据、以辩论为主线的博弈。为了胜诉，不同诉讼参与人会利用一切资源和手段表达自己的主张并控制和反驳对方，以实现既定的诉讼目的。

　　作为刑事诉讼中的原告方，检察官的目的是要证明被告人有罪或罪重，而从庭审话语权力和地位来讲，法官是庭审的主导者和组织者，其地位和权力最高，检察官作为国家检察机关的代表，其权力和地位仅次于法官，但又明显高于证人，且在一定程度上高于辩护律师。作为机构性权力的代表，检察官对自身的角色定位和权力地位有明确的认知，在诉讼实践中，检察官会使用各种话语策略，设法控制和支配答话人，以实现既定的诉讼目的。

1. 预设

　　在刑事案件中，作为代表国家检察机构的公诉人，检察官询问被告时常有有罪推定的思维趋向，往往带有预设被告有罪的前提，因此，检察官经常会以有罪推定的思路来设法证明和指控被告的罪行，而预设因其隐蔽性、灵活性、动态性等特性会成为其一种有效的策略。研究表明，刑事法庭审判话语中的预设现象十分普遍，而检察官或公诉人的话语预设频度最高。

　　公诉人通常对被告人进行有罪预设，以客观的事实和充分的证据说服合议庭相信被告有罪或者罪重（向波阳、李桂芳，2016）。公诉人通常从有罪推定出发，在确信被告人有罪的基础上，来询问其如何犯罪、罪行大小（廖美珍，2009）。如：

　　公诉人：<u>你非法卖给他人房屋</u>，给他人开具的收据是哪儿来的？
　　被告人：收据是公司开的。（廖美珍，2009：183）

　　该例中，公诉人从被告有罪出发，"非法"一词便预设了被告有罪，如果被告不能及时指出并反驳问话中的预设，无论其怎样回答该问题，其有罪的事实已在不知不觉中得以确认。这种预设往往具有隐蔽性，该例中，问答的焦点是收据的出处，"非法"预设作为修饰语，如果不仔细辨听，很难被识别出来。而在法庭询问中，公诉人和被告的话语权、专业知识、心理状况等存在明显的差距，因此，很容易会陷入公诉人有罪预设的圈套。再如：

公诉人：*你在这些合同诈骗当中总共骗取了多少钱?*

被告人：经我手的，大概是 110 余万元。（廖美珍，2009：183）

该例中，公诉人问题的焦点是钱的数量，但前面使用了"诈骗""骗取"两词，预设了被告有罪，被告关注的重心在钱数上，因此，只要回答该问题，则其有罪的预设便已经实现，而被告的回答也证实了预设的成功。

作为非法律专业人士的被告人，无论是其法律知识，还是话语权力，均远不及检察官，因此，他们往往对检察官的预设不设防，会在潜意识中默认预设命题，从而接受说话人的信息。这样，公诉人能成功引导或操纵被告人思维，使其在毫无防备的情况下说出公诉人尚未掌控的或被告尚未亲口承认的信息（吕万英，2011）。预设是公诉人控制被告、从而实现既定诉讼目的重要手段，但其预设必须要基于现有证据及事实支撑，否则很容易走向极端，有悖现代法治理念和无罪推定思想。

2. 重述

重述指问话人对答话人的答话进行某种形式的概括、总结或阐释。重述根据其性质可以再分为支持型和对抗型。支持型重述主要为对己方当事人和证人的重述，可以帮助其改进表述或产生符合法律框架的措辞；对抗型重述则主要针对对方当事人和证人，其目的主要是通过总结、阐释敌对证人的证言，强调和突出有利于己方的信息（李立、赵洪芳，2009）。

重述通常以一种有别于之前话语表达形式的新的语言形式呈现，这一新的语言形式可以是之前答话的转述，意义不变，这种语言策略具有确认和强调的功能（余素青，2010）。但新的语言形式可能（且经常）已对之前答话内容作了一定程度的修改，从而不知不觉地改变了答话人陈述的具体内容。公诉人在法庭询问中，经常会通过"就是说""也就是说""那就是说"等话语标记语，朝着有利于公诉方的主张概括、总结或阐释被告的答话，并寻求被告的认可，如果被告没有及时提出异议，则其重述的策略性目的便已达成。例如：

公诉人：那他有没有向你表示过他恨他舅舅?

> 被告人：他说他舅舅逼他，说挺有钱的跟他要钱，他说的还在乎我这
> 　　　　欠他两万块钱，非跟我要，我现在没钱，意思说他舅舅好像
> 　　　　逼他要钱这回事。
> 公诉人：就是说，史某某曾经向你流露过他对他舅舅催他还钱表示
> 　　　　不满，对吗？
> 被告人：对。（李立、赵洪芳，2009：340）

该例中，公诉人旨在获得史某某有犯罪动机这一要点，面对被告琐碎而不着重点的回答，公诉人用自己的话对其进行诠释，使其更符合犯罪动机的要件，并得到被告的认可，从而实现了问话目的。

这种策略在公诉人询问被告过程中非常普遍。公诉人利用这一话语策略，通过忽略、添加和改变被告以前话语内容的方法来构建公诉人的事实版本。更加微妙的是，这种改变是悄无声息的，好多答话人根本就没有意识到或者没有及时提出异议从而得到认可。重述可以制造一种假象，即问话人只是对答话人故事的概括，只是使用了一种更加容易理解、更加优化的语言表达方式，但其实在改变语言表达方式的同时已经悄无声息地改变了内容本身。

在诉讼这一机构性话语中，当事人和证人等非法律专业人士往往难以有效使用法言法语，答话时通常难以说到要点，因此，法官、公诉人、辩护律师等法律专业人士通过适当的概括、总结、阐释等，引导非法律人士得出既定的法言法语，是推动诉讼有效进行的必要措施。但是，如同预设一样，如果重述不够准确，或是公诉人有意改变或误导被告，则其重述会产生灾难性的后果，会极大地损害司法公正。

3. 元话语评论

元话语评论指就话语本身进行的评论，即在问答互动中对问答内容本身进行的评价。根据其性质，可以分为肯定性的和否定性的，肯定性元话语评论用以支持答话，而否定性元话语评论用于质疑答话。根据评论对象，可以分为对人的元话语评论和对观点的元话语评论。就对人的元话语评论而言，肯定性元话语评论主要针对友好证人，通常通过"地位支持"（status support）的方式来实现，即突出证人的专业性和证词

的可信度；否定性元话语评论主要针对敌对证人，通常通过"地位贬低"（status degradation）的方式来实现，即质疑证人本身的人格或证言的可信度。而以观点为对象的元话语评论注重的不是对抗，更多的是对对方话语的控制，这种语言手段是问话人实现对答话人话语控制和权力控制的一个有效策略（李立、赵洪芳，2009）。

在刑事庭审中，公诉人利用其话语权力，基于既定的诉讼目的，会对答话人话语进行必要的评论，尤其是面对被告或敌对证人，通过元话语评论，可以很好地实现对答话人的控制，或起到震慑对方的作用。从语用学的礼貌理论和面子理论来看，这种负面的元话语评论是一种不礼貌策略和面子威胁行为。例如：

公诉人：你当时在什么地方？

证　人：我在玉环。

公诉人：<u>那么你的眼睛是怎么看到兰化去的？你自己的问题要当心点，好好考虑考虑</u>！

辩护人：审判长，我认为公诉人在询问证人的时候，应该保证证人有客观作证的条件，刚才有些话是不恰当的。

公诉人：<u>本公诉人依法执行职责，任何人不得加以干涉</u>！（廖美珍，2009：170）

该例中，公诉人在询问证人时，由于没有得到想要的回答，便使用其机构赋予的裸权力，通过元话语评论表达自己的不满，并对其施压。当辩护律师意识到问题的不妥时，便意欲介入干涉，但公诉人再次进行元话语评论，使用公权力进一步发出威胁："本公诉人依法执行职责，任何人不得加以干涉！"，将其威胁行为表现得淋漓尽致。

同样，公诉人的元话语评论有助于推动庭审的顺利进行，但是如果使用不当，或动辄以其公权力进行威胁，则有违检察官的职业规范和职业伦理，也和诉讼当事人主义和审判中义主义等现代司法理念背道而驰。

4. 对照

对照即将答话人的不同话语放到一起，进行比较、对照，以实现特定目的的话语策略。对照通常是交叉询问中使用的一种策略，目的是通过把答话人前后两种不同话语进行对比，揭示其话语内容的矛盾或不一致，从而达到质疑答话人及其言语效力的目的。

对照策略往往由掌控话语权的法律专业人士使用。公诉人运用对比策略，把被告以前的话语同现在的话语进行对比，揭示被告答话中所存在的内在矛盾和不一致，从而质疑被告在庭审中的答话。通过对比策略，公诉人不仅在话语上控制了被告，而且使整个庭审朝着有利于控方的方向发展（李立、赵洪芳，2009）。例如：

> 公诉人：那么你生下来的女婴有没有哭？
> 被告人：没有。
> 公诉人：自始至终都没有哭，是不是？
> 被告人：是。
> 公诉人：你的意思是自始至终都没有哭过？
> 被告人：没有，我真的没有听到她哭。
> 公诉人：<u>那你在 2004 年 11 月 13 日 17 时至 20 时 40 分本案的侦查人员对你讯问"你讲一讲女婴生下来以后有没有哭过"，你的回答是"是哭了一两声"。这是供述，里面有你亲自按印，你今天为什么要改变供词？</u>

该例中，被告若承认女婴哭过，则能证明其是故意杀死女婴，将有可能被判故意杀人。对此，被告一反之前的供词，断然否定。面对被告的不合作，公诉人有效地将其之前的供词和当下的答话形成了对照，对被告的遁词以沉重一击。可见，公诉人对照策略的恰当使用，有助于其有力回应答话人的闪烁其词和推诿抵赖，有助于实现公诉人的既定诉讼目的，有效提升庭审效率。

5. 话题控制

话题控制指通过控制庭审过程中话题的提出、保持、转换、结束等，从而实现控制答话人、实现既定诉讼目的的策略。刑事案件的审判过程中，公诉人对被告的询问过程就是一个公诉人以提问的方式给出话题，被告回答与该话题相关内容的过程（余素青，2010）。话题推进包括话题的提出、话题的保持、话题的转换、话题的结束等几个阶段。

在刑事案件庭审过程中，作为机构性权力代表的公诉人凭借其绝对的话语权，掌控了话题推进的各个阶段，从而实现对庭审话题的绝对控制。为了弄清案件真相，清楚地向法庭再现犯罪过程，并让被告心服口服地接受指控，公诉人经常通过控制话题来主导信息流向，使之最终汇集成犯罪指控。这种控制包括引导话题、变换话题、突然结束话题、返回旧话题等，而公诉人对这些话题推进的各个阶段都有绝对的控制权（吕万英，2011）。

在庭审实践中，公诉人通常通过引导和发起话题、突然变换话题、对照原有话题等话题控制策略，引导被告人围绕犯罪事实或作案过程展开陈述。例如：

公诉人：在此之前，有没有其他的人向你汇报过有关成立经发公司的事情？

被告人：没有。

公诉人：那么在此之后呢？

被告人：也没有。

公诉人：你自己对这件事情事后有没有过问？

被告人：没有过问。

……

公诉人：你刚才当庭也说过，在事前和事后没有任何企管处的人向你提出过成立经发公司这样的事情，是不是这样？

被告人：是的。

公诉人：那么，对于这么一个明显违反程序的事情，违反规定的事情，你当时为什么没有过问？（吕万英，2011：141）

该例中，公诉人意欲证明被告"玩忽职守"，但并没有开门见山提出该话题，而是首先对被告任职期间的工作细节进行询问，引导和发起话题"有没有人向你汇报过"，通过一系列的话轮转换，层层推进，让被告人不知不觉中说出一些公诉人意欲得到的证言，并在后来的询问中通过"你刚才当庭也说过"这一话语标记语对照被告最初的原话题，使其不能收回之前的陈述，等公诉人收集完成指控所需的证据之后，突然反戈一击，使被告彻底就范。

6. 指令性言语行为

矛盾与冲突永远是庭审的主旋律，尤其是在刑事诉讼中，败诉往往意味着被告需要付出惨重代价，甚至性命攸关。根据廖美珍（2011），在这种特殊话语情境中，不合作或不礼貌成为刑事诉讼的必然特征，集中表现在如下几方面：（1）不给面子是规则，给面子是例外。为了有效打击对方，实现自己的诉讼目的，控辩双方通常会抓住一切可能的机会让对方丢面子、丢脸，常见的手段包括当众揭短、让对方无话可说、抓住机会教训对方等。（2）威胁面子的言语行为多，如要求行为、指责行为、嘲讽行为、希望行为、打断行为和训斥行为等。（3）赤裸裸的面子威胁行为多，主要表现在先入为主的有罪预设行为中，如"交代"问题、坦白从宽、珍惜机会等。

在刑事诉讼中，公诉人凭借其机构性权力掌控话语权，使用各种不礼貌策略来控制和支配答话人，其中一种重要的手段便是使用各种威胁面子的指令性言语行为，包括要求行为、希望行为、指责行为、嘲讽行为、打断行为、威胁、警告或训斥行为等。从言语行为理论视角来看，公诉人对被告人的控制表现在大量使用直接指令，驱使被告人按要求行事；同时，为了加强话语指令的驱使力，公诉人还会使用各种诉讼称呼语，明确提醒被告人的身份及其答话义务，以强制被告人服从机构权力（吕万英，2011）。例如：

> 公诉人：等会儿啊，张某某，刚才我跟你说了，<u>我希望你珍惜今天的机会</u>。（希望语）
> 被告人：是。
> 公诉人：<u>这种机会不多</u>。（警示语）
> 被告人：是。
> 公诉人：<u>让你实事求是讲</u>。（指示语）
> 被告人：是实事求是。（廖美珍，2003：289）

该例中，公诉人利用其机构性话语权，使用"希望"一词，明确提出了自己的要求，体现了一种裸话语权力，警告"机会不多"，并指示被告要"实事求是"，提醒被告人的答话和"合作"义务，以迫使被告人服从其机构权力。再如：

> 公诉人：今天在法庭上要<u>如实陈述</u>，听清楚了没有？
> 被告人：听清楚了。
> 公诉人：用过吗？
> 被告人：做完以后没用过好像是……
> 公诉人：<u>你别好像！</u>
> 被告人：啊。（吕万英，2011：164）

该例中，公诉人首先使用"要如实陈述"这一指令性行为，提醒被告的答话和"合作"义务，起到一种警告作用，体现出对话语权的掌控和对被告的控制；随后，在听到被告的遁词"好像"时，公诉人断然提出："你别好像"，是一种讽刺和训斥行为，同时也是一种警告行为，迫使被告"合作"，说出公诉人意欲得到的结果。

总之，在刑事诉讼中，公诉人凭借其国家机构赋予的权力，并使用预设、重述、元话语评论、对照、话题控制、指令性言语行为等策略掌控话语权，在有效推动庭审顺利进行的前提下，实施对被告的有效控制，实现其既定的诉讼目的。此外，公诉人也会有效使用打断、重叠、反对、重复、停顿等交际策略以及语音、用词、称谓等语言策略，[1] 实现对答话人的控制。由此可见，话语既是检察官权力的表现形式，也是其实现权力控制的重要手段和工具。

6.3　检察官话语研究范例

此部分我们将结合一段完整的语料，来全面展示和分析检察官话语的特征与策略。

1　限于篇幅此处不再赘述这些策略的使用，相关论述请参见：[美]约翰·吉本斯. 2007. 法律语言学导论. 程朝阳等译. 北京：法律出版社，第 132–152 页；李立、赵洪芳. 2009. 法律语言实证研究. 北京：群众出版社，第 328–339 页；廖美珍. 2003. 法庭问答及其互动研究. 北京：法律出版社，第 287–295 页；余素青. 2010. 法庭言语研究. 北京：北京大学出版社，第 144–161 页，等。

[1] 审判长：下面由公外人询问被告人。

[2] 公诉人：被告人吴××。3s [1]

[3] 被告人：到。

[4] 公诉人：今天的法庭公开审理你玩忽职守案，希望你如实回答本公诉人的提问，你听清楚没有？

[5] 被告人：听清楚了。

[6] 公诉人：本院起诉书指控的事实是否属实？ 5s

[7] 被告人：指控的事实这两件事情确有此事。

[8] 公诉人：确有此事？

[9] 被告人：确有此事。

[10] 公诉人：那么你在检察机关的交代是否属实？ 4s

[11] 被告人：在检察机关交代的我已经从开始 2s 在纪委▲

[12] 公诉人：　　　　　　　　　　　　　　　　　　▼直接回答我，你是否属实？

[13] 被告人：我要说明一个情况，有几处 2s ▲

[14] 公诉人：　　　　　　　　　　　　　　　▼你是什么时候担任省航空局局长、党委书记？ 3s

[15] 被告人：1989 年。

[16] 公诉人：1989 年。一直到什么时候？

[17] 被告人：一直到 4.5s 一直到 1997 年的 6 月份。

[18] 公诉人：一直到 1997 年的 6 月份？

[19] 被告人：是。

[20] 公诉人：你在任省航空局党委书记期间，你的主要职责是什么？ 6s

[21] 被告人：我的主要职责是局长，统在党委书记的职责，负责党的总的领导。具体的有 2s 专职副书记负责常务工作。

[22] 公诉人：那么你分管哪些部门？ 3s

[23] 被告人：我分管的是 5s 财务处，2s 人劳处，4s 这是我的主要职责。

1　语料中的 Ns 表示明显的停顿，▲表示被对方打断，▼表示打断对方，"‖ ‖"表示两人话语开始重叠。

[24] 公诉人：财处和企管处是否归你管？

[25] 被告人：企管处也属于我分管。财务处就是原来的计财处，计划和财务处。

[26] 公诉人：也就是说财务处也是属于你分管的？

[27] 被告人：是的。

[28] 公诉人：省航空局的最高决策机构是什么？ 1.5s

[29] 被告人：是省局常委会。

[30] 公诉人：省局常委会。4s 在你任局长期间，省航空局是和外单位合办过其他的企业或公司？ 6s 被告人吴 ×× 回答问题。2s

[31] 被告人：跟其他的企业没有搞过什么公司。

[32] 公诉人：湖北航空经济发展有限责任公司 2s 是不是省航空局和其他的单位合办的？ 6s

[33] 被告人：这个 1s 开始 2s 五环公司没有跟我们谈这个合办经济发展公司这个事情。3s 只是我们的有一天办公室拿来了个产业合同，是我们的副局长统管的三产，赵 ××，熊 ×× 到我办公室汇报，提到 2s 五环公司想与航空公司，想与航空成立一个经济发展公司，但这个公司只要航空出两个字，不出钱，不出人。

[34] 公诉人：要航空出哪两个字？

[35] 被告人：出航空两个字。

[36] 公诉人：出航空两个字？

[37] 被告人：对，不出钱，不出人，一切经济责任与航空无关。每年给航空一定的管理费给航空。这就是副局长赵 XX 和熊 XX 两个人给我汇报的。2s 事后，汇报以后，当时我说，如果说航空什么都不出，这个问题可以考虑，是不，可以每年给几十万块钱，还可以给职工办点福利。出于这种思想，我说这个问题可以考虑。

[38] 公诉人：你同意成立这个公司没有？

[39] 被告人：这个公司当时 ▲

[40] 公诉人： ▼你直接回答这个问题，当时你同意了没有？

[41] 被告人：只是个意向，我同意了。

[42] 公诉人：同意了，‖那么

[43] 被告人： ‖同意

[44] 公诉人：你签署了什么文件没有？ 2s

[45] 被告人：这个作为我当时，我是记不清，副局长他记得很清楚，他说他看了这个文件，熊××叫他签字，他没签，说是还是拿给一把手签。他们在汇报完这个情况以后，是吧，我当时记不到我签字了没有，我没有印象签字，没看到这个东西，但是他说，他看到我签的字，而且签的是意向书，所以从此以后我就签了意向书。其他的合同，什么章程，▲

[46] 公诉人： ▼没有问你其他的问题，等一下▲

[47] 被告人： ▼我先▲

[48] 公诉人： ▼你现在不说，对于是否签订这个意向书，这个——没有印象还是记不清楚？

[49] 被告人：我 2s 我记不清楚。‖问题是赵××他看到我签的，他证明，所以我▲

[50] 公诉人： ‖记不清楚？
▼被告人吴×× ▲

[51] 辩护人： ▼公诉人，稍微打断一下，（让他）3s

[52] 公诉人：被告人吴××，关于签署联合意向书这一个环节，你在检察机关有多次供述，你自己书写了交代材料，对于这一点你能记得起来吗？

[53] 被告人：记得。

[54] 公诉人：那么你当时自己书写交代材料对于这个环节怎么说的？

[55] 被告人：我就是说，我签了一个意向书，因为就是这个副局长

他认为的，他才四十来岁，他说这个看到我签的，因为他记忆比较好，我就相信他，从此，我就说我只签了一个意向书，但是这个意向书至今我还没有看到。我还想，应该说签这个意向书应该有，应该拿出来看一看。但是里面绝没有合之类的东西。

[56] 公诉人：根据你刚才的供述，也就是说当时，赵××和熊××向你汇报五环提出想和航空局成立一个经发公司，是不是这样？你当时交代说，如果不由省航空局承担什么责任，可以同意，是不是这样？

[57] 被告人：（是我）

[58] 公诉人：也就是说你当时表态同意的，那么你当时表态同意这件事的时候，有没有想过将这个事情，提交局党委讨论一下？

[59] 被告人：没有，因为是，当时只是个意向。

[60] 公诉人：没有？5s 在此之前，有没有其他的人向你汇报过有关成立经发公司的事情？

[61] 被告人：没有。

[62] 公诉人：那么在此之后呢？

[63] 被告人：也没有。

[64] 公诉人：你自己对这件事情事后有没有过问？

[65] 被告人：没有过问。

[66] 公诉人：没有过问？

[67] 被告人：因为没有来谈合同，我就没有过问。按照规定成立这么大个公司 3 000 多万，应该在局党委、企管处分管的局长以及有关的单位来参加，共同商定。5s

[68] 公诉人：在这之后，你还签署过有关成立经发公司的材料没有？

[69] 被告人：我的印象当中，没有。

[70] 公诉人：没有？5s 你刚才说，1s 在赵××和熊××在向你汇报之后提出五环想成立航空经济发展有限责任公司，那么只用航空两个字，那么你当时有没有考虑五环为什么要用这两个字？3s

[71] 被告人：他提出来，提出来就是用航空，打航空的牌子，因为航空比较好做生意一些。3s

[72] 公诉人：也，也就是说当时你知道他们要打航空的牌子，那你当时有没有想过航空这两个字的无形资产是多少？

[73] 被告人：这个当时没有想到。

[74] 公诉人：没有想到 2s 在当时谈这个事情的时候，省航空局是否有有关成立附属企业的暂行办法和一些规定？ 3s

[75] 被告人：这个他们两个看了，当时我签了。就是说，当时成立公司比较多，我们呢讨论了一个规定，成立公司等级，这个什么等级有关的规定，我们根据等级来挂钩。

[76] 公诉人：也就是说，在当时省航空局有这样一个关于成立不同企业的暂行办法，而且是由你亲自签发的？

[77] 被告人：是这样，对。

[78] 公诉人：那么这个暂行的办法你应该很清楚 2s 是不是这样？ 3s

[79] 被告人：应该说过目了 2s

[80] 公诉人：这个暂行办法已经规定成立附属企业必须由企管处负责管理，向分管的局长汇报，重大事项由分管局长提交 – 起讨论，那么，熊 × × 是什么部门的人？

[81] 被告人：他是财务处的。

[82] 公诉人：他是财务处副处长，是不是这样？

[83] 被告人：对。

[84] 公诉人：你刚才当庭也说过，在事前和事后没有任何企管处的人向你提出过成立经发公司这样的事情，是不是这样？

[85] 被告人：是的。

[86] 公诉人：那么对于这么一个明显违反程序的事情，违反规定的事情你当时为什么没有过问？ 2s

[87] 被告人：因为只是个意向，我▲

[88] 公诉人：　　　　　　　　　▼虽然只是个意向，但你已经同意了 2s

[89] 被告人：我说可以考虑。

……

[90] 公诉人：那么当时这些事情有没有向局党委常委会汇报？

[91] 被告人：这个事没有。

[92] 公诉人：也就是说在贷款到期以后，你也没有将这件事情向局
党委汇报？

[93] 被告人：没有。

[94] 公诉人：那么鲁×× 有没有提出将这个事情向局党委汇报？ 3s

[95] 被告人：他没有提出来。

[96] 公诉人：他没有提出来吗？

[97] 被告人：他没有提出来。‖ 1s

[98] 公诉人：　　　　　　　　　‖‖一直到

[99] 被告人：　　　　　　　　　　‖‖我本来说了，他们五环可以马上
还款，先暂时看一看再汇报。

[100] 公诉人：也就是说还是没有提出来这个问题，只不过你是你说
现在五环有可能会还，看一看再说，暂缓汇报‖

[101] 被告人：　　　　　　　　　　　　　　　　　　　　　‖是的。

[102] 公诉人：　　　　　　　　　　　　　　　　　　　　　‖是不是
这样？

[103] 被告人：是这样。

[104] 公诉人：当时你还是没有汇报，那么一直到你退休以后，有
没有向新的一届领导班子交代这个情况？

[105] 被告人：没有。3s

[106] 公诉人：审判长，询问完毕。（吕万英，2011：303–315）

该段材料是有关被告人吴某被控玩忽职守一案的庭审询问实录语
料。根据《中华人民共和国刑法》第三百九十七条规定，玩忽职守罪是
指国家机关工作人员严重不负责任，不履行或不认真履行自己的工作职
责，致使国家、公共财产、国家和人民利益遭受重大损失的行为。该罪
的构成要件包括：主观上出于行为人职务上的过失（如疏忽大意、过于
自信、擅离职守等），客观上表现为因行为人不履行或不正确履行应负
的职责，致使公共财产、国家和人民利益造成重大损失。因此，本段询
问语料中，诉辩双方围绕被告吴某就成立经济发展公司一事是否存在玩
忽职守情形展开，具体来讲，问答的重点在于吴某作为航空局领导，在

由航空局和其他单位合办湖北航空经济发展有限责任公司一事中是否存在相关的领导审批和监管过失。我们结合该段语料详细分析该段语料中所体现的检察官话语的特征及其策略。

1. 规范性分析

如前所述，作为机构性话语代表，检察官话语体现了表达内容的规范性和表达手段的艺术性两个方面的显著特征。其中，规范性包括合规性、准确性、严谨性、庄重性等方面，艺术性包括技巧性、策略性、生动性、情感性等方面。

就规范性而言，本段语料的问答围绕被告吴某是否在成立经济发展公司一事中存在玩忽职守情形（包括签署相关的文件、听取下级人员的汇报以及向相关上级管理部门汇报等）展开。可以看出，公诉人做了充分的准备，在询问过程中基于相关证据和被告人之前的供述，基于玩忽职守罪的主客观要件发问，循循善诱，层次推进，体现了明显的合规性。

此外，这段语料也充分体现了公诉人话语的准确、严谨、庄重等特性。虽然指控玩忽职守，但公诉人在询问过程中并没有泛泛而谈玩忽职守，而是从被告主观过失要件出发，详细询问被告在签署成立经发公司相关文件、听取下级人员的相关汇报以及向相关上级管理部门汇报等方面的"明知故犯"，使用的语言总体为比较规范的标准书面语体，且没有特别晦涩难懂的专业术语，问答互动推进比较顺利，没有出现明显的误解或解释性话语，也没有出现公诉人的威胁性或指责性话语，呈现出表面的"合作"情形。这种目的冲突的"合作"很大程度上源于掌控话语权的公诉人的语言能力。总体而言，公诉人的语言表述条理清晰，富有逻辑性，词语的使用概念具体明晰，语句的表述严密明确，语言风格庄重肃穆，较好地体现了检察官话语准确、严谨、庄重的特点。

2. 艺术性分析

就语言表达的艺术性而言，由于没有记录语音、语调、语速、语气、表情、手势等副语言特征，难以对这些方面作较为详尽的描述，而这些副语言特征是语言表达艺术性的重要方面。就转写的语料本身而言，该段语料充分体现了公诉人话语的技巧性和策略性。首先，从宏观话语结构来看，公诉人旨在证明被告玩忽职守，但并没有开门见山提出该话题，而是对被告任职期间的工作细节进行询问，通过一系列的话轮转换，层层推进，使问答互动朝着既定的方向发展，让被告人不知不觉中说出一些公诉人意欲得到的证言。

此外，在微观话语表述层面，公诉人大量使用重复、停顿和打断等语言策略以及重述、对照等话语策略，充分体现了其话语的技巧性和策略性。相对而言，该段语料中语言的生动性和情感性体现得不是很明显，究其原因，主要是该案涉及职务犯罪（玩忽职守罪），被告是具有较高素质的国家公务人员，是一种高层次、高智商的犯罪，且这种犯罪日益呈现出犯罪主体特殊性、犯罪手段隐蔽性、追求犯罪安全性、犯罪形式智能化等多元化特点，相比其他刑事案件，这类案件的侦破和公诉难度更大。在我国，这种犯罪的侦查主体主要为检察官，体现了高度的专业化（何家弘，2017）。这些特性决定了该案的诉讼应以专业为本，以"理"服人，而不宜以"情"动人。

因此，总体而言，该段语料中公诉人的语言以正式语体的专业性语言为主，问话充分体现了技巧性和策略性，但生动性和情感性特征不明显，这也是职务犯罪诉讼的性质所要求的。另外，从无罪推定和审判中心主义等现代法治思想来看，诉讼，尤其是职务犯罪这种高度专业化的诉讼，不宜过多涉及情感因素或巧言令色，而应以事实为依据，以专业性的问答论辩为主线，通过有效的语言技巧和专业化的语言指控犯罪。

3. 控制性话语策略分析

该段语料充分体现了检察官话语的策略性，主要表现在大量使用话题控制、重述、对照、指令性言语行为等控制性话语策略。

1）话题控制

公诉人自始至终对话题进行了严格的掌控。从语料分析可知，整段材料围绕被告是否在成立经发公司过程中存在渎职行为，语料可以分为三个部分：[1]—[29] 是第一部分，公诉人主要核实被告的身份、职务以及权力；[30]—[89] 为第二部分，主要询问被告对成立经发公司一事是否知情、同意；[90]—[106] 为第三部分，主要询问被告对成立经发公司一事是否向上级汇报、请示。

整个问答过程中，话题的提出、推进和转换始终由作为问话人的公诉人掌控。比如，以"那么"或"那"一词作为转换话题的标记语，在本段语料中共出现 15 处，全部为公诉人使用。

2）重述和对照

在具体问话过程中，公诉人大量使用了重述和对照策略，用以实现对答话人更好的控制。在短短一百来个问答话语中，公诉人 7 处使用了"也就是说"（见 [26]、[56]、[58]、[72]、[76]、[92]、[100]）这一话语标记语为标志的重述策略，用以及时总结和强化对控方有利的被告话语。

此外，公诉人 6 处使用了"是不是这样"（见 [56]、[78]、[82]、[84]、[102]）这一确认性问话，用以转述被告的答话，并要求其确认（6 处问话最后全部得到被告的肯定性确认），其功能相当于重述，用于实现对答话人和整个诉讼问答的控制。

另外，公诉人在一开始询问被告相关工作细节后，在随后的询问中不断使用"根据你刚才的供述"（[56]）、"你刚才说"（[70]）、"你刚才当庭也说过"（[84]）等话语标记语对照被告最初的原话题，使其不能收回之前的陈述，待完成指控所需证据之后，再进行致命一击，使被告彻底就范。

3）指令性言语行为

公诉人问话出现了大量的指令性言语行为：第 [4] 句的"希望你如实回答"是典型间接指令性言语行为（希望行为），第 [12] 句的"直接回答我"、第 [30] 句的"被告人吴 XX 回答问题"、第 [40] 句的"你直接回答这个问题"、第 [46] 句的"没有问你其他的问题，等一下"等，是典型的祈使性的直接指令性言语行为。

这些指令性言语行为是公诉人控制被告人的话语指示器，通过对这种言语行为的大量使用，公诉人实现对被告的严格控制，驱使被告按照其预定的目标答话，实现既定的庭审目的。

4）预设

相比较而言，本段语料中很少出现明显的预设（第 [10] 句中的"交待"这一有罪预设性词语除外）和元话语评论这两种策略。如前所述，虽然预设和元话语评论是控制答话人并推动庭审朝着有利于自己方向发展的有效策略，但其过多使用或使用不当有违检察官的职业规范和职业伦理，也和无罪推定思想、诉讼当事人主义和审判中义主义等现代司法理念背道而驰。这也从另一个侧面表明该案例中公诉人话语的有效性和规范性。

4. 非语言控制策略分析

除了如上话语控制策略外，公诉人还大量使用重复、打断、停顿和重叠等非言语控制策略，实施对被告的有效控制，实现其既定的诉讼目的。根据吉本斯（Gibbons，2003），重复、打断、无声的停顿是有力话语风格的典型特征，是话语权力的语言指针。

1）重复

重复在司法话语中比较普遍，如果使用得当，可以强化证词中的某些内容。此外，在许多情况下，律师对证词中与事实不符的部分进行重复并加以强调，用来给证人施加压力，凸显对其回答的质疑，用以降低证人的可信度（Gibbons，2003）。本段语料中，公诉人大量使用重复（如 [8]、[36]、[50]、[60]、[66]、[70]、[96] 等），这种重复的使用具有两方面的语用功能，一是强调和确认，二是质疑。例如：

> 公诉人：本院起诉书指控的事实是否属实？
> 被告人：指控的事头这两件事情确有此事。
> 公诉人：确有此事？
> 被告人：确有此事。

该例中公诉人重复"确有此事"是为了确认，也是为了强调，突出对己有利的信息，提醒法官注意。

> 公诉人：在这之后，你还签署过有关成立经发公司的材料没有？
> 被告人：我的印象当中，没有。

> 公诉人：<u>没有</u>？你刚才说，在赵××和熊××在向你汇报之后提出五环想成立航空经济发展有限责任公司，那么只用航空两个字，那么你当时有没有考虑五环为什么要用这两个字？

该例中，公诉人对"没有"一词的重复不仅仅是强调和确认，而更主要是质疑和反诘，质疑被告答话的可信度，用以给被告施压，以最终实现对被告的控制。

2）打断

打断是司法话语的典型特征，是司法话语冲突和话语权力不对等的集中体现。根据廖美珍（2003），话语打断者往往拥有更大的话语权，且打断的位置往往具有不同的内涵：话语中间的打断往往反映了打断者控制被打断者的企图，可称之为冲突性打断；而话语尾端的打断则体现了打断者对话语的积极参与和合作，可称之为合作性打断。

该段语料中共出现了9次打断行为（[12]、[14]、[40]、[46]、[47]、[48]、[50]、[51]、[88]），其中公诉人打断被告7次，辩护人打断公诉人1次（[51]），被告打断公诉人1次（[47]），但被告唯一的一次打断公诉人又被公诉人及时反打断（[48]）。此外，公诉人打断被告话语基本都发生在话语中间或答话的一开始，表现了公诉人绝对的话语权和极强的控制力。

3）重叠

与打断相似，<u>重叠</u>也反映了话语的冲突与控制企图，重叠实际上是另外一个说话人企图打断当前说话人的尝试，只不过当前说话人继续往下说而已。另外，与打断类似，重叠也可以分为合作性重叠和冲突性重叠（廖美珍，2003）。

本段语料中出现了四处重叠（如[42]/[43]、[49]/[50]、[97]/[98]/[99]、[100]/[101]/[102]），其中第一次（[42]/[43]）和第四次（[100]/[101]/[102]）是被告主动重叠公诉人的话语，属于合作性重叠，是被告赞同公诉人问话，及时进行确认，主动表示友好和合作。第二次重叠（[49]/[50]）是典型的冲突性重叠，实际是公诉人企图打断被告话语，只不过被告没有放弃话轮，继续辩解（[49]），此时公诉人再一次明确打断被告（[50]）。第三次重叠（[97]/[98]/[99]）是由于被告话语出现了短暂停顿，公诉人以为被告答话完成，便打算接过话轮，结果被告继续陈述，因为没有利害关系，所以公诉人放弃话轮，让被告继续陈述。

可以看出，合作性重叠主要出现在被告话语中，表示友好和合作；而冲突性重叠则出现在公诉人话语中，表示反对或争夺话语权。相比打断，虽然重叠的冲突性（尤其是合作性重叠）不是很明显，但仍然表现了公诉人的强势地位和对话语的控制。

4）停顿

停顿既是正常的话语表达需要，也可以是策略性的。前者主要出现在不同话语之间，出于区分话语交替的需要而出现的停顿，以及话语中间出于思考或回忆的需要而出现的必要停顿；策略性停顿主要在话语表述当中，出于特定的表达目的而有意为之。话语表述中恰当的停顿和节奏变换可以突出特定内容，提升语言表达效果，达到既定的目的。研究表明，证人在每次陈述后留下的时间长度可以影响到陈述的效果，而律师通常会大声重复他们认为特别重要的证人回答，然后留下一段时间的沉默，让回答在法庭中回荡。这种富有含义的停顿和充满技巧的沉默表明了停顿或沉默在司法话语中的语用价值（Gibbons，2003）。

本段语料中，无论是公诉人还是被告都有大量的停顿，既包括正常的话语停顿，也包括话语内的策略性停顿。被告的停顿主要是为了思考和回忆，而公诉人更有可能使用策略性停顿，如在第 [60] 和 [70] 句中，公诉人在质疑性重复"没有"一词之后，有意停顿一会儿，然后再详细阐述自己对被告的质疑内容，是典型的策略性停顿。

6.4　检察官话语研究新发展

总体而言，相比于律师、法官、证人等其他司法参与主体，检察官话语的研究相对较少，且研究还不够深入，具体表现在：

（1）宏观思辨性讨论较多，微观实体性分析较少。纵观现有的研究可知，检察官话语研究者主要包括检察官本体以及一些法律语言学者。检察官本体的研究志趣主要为规范检察官话语表述、提升话语表达效果，因此，其研究内容主要为检察官话语技巧和策略以及话语表述的规范性等，主要为宏观的思辨性讨论或经验式总结。

（2）研究内容有限，研究手段不够丰富。相比而言，法律语言学者的研究多为微观层面的分析，但其研究内容和研究方法都有待提升。一方面，相比其他司法参与主体，有关检察官话语的较为深入的实体分析研究比较少；另一方面，相比于法律话语研究较为丰富的研究手段，检察官话语的研究方法较为有限。

（3）只关注公诉人身份，缺少法律监督者身份的话语研究。检察官有两个基本的身份，一为代表国家机构执行法律监督职能的法律监督者，二为刑事案件中代表国家追诉刑事犯罪的公诉人，但纵观现有研究，仅关注其作为公诉人身份的话语，没有有关其作为法律监督者身份的研究。

鉴于此，未来的检察官话语研究应开阔研究视野，拓宽研究范畴，更新研究理念，创新研究方法，系统开展检察官话语体系研究。具体来讲，检察官话语研究新发展以及未来研究可从如下方面展开：

（1）开阔研究视野，拓宽研究范畴，全方位深入开展检察官话语体系研究。现有研究多关注庭审辩论话语，起诉书和公诉意见书的研究也应得到足够的重视。法庭辩论话语应成为研究的重点，但应不断深入，包括：①进一步研究举证、质证、询问、控诉、总结等不同阶段的检察官话语特征和策略；②分析检察官话语中陈述、转述、反问、设问等不同话语类型的分布及其功能、特点；③进一步研究检察官话语中预设、重述、元话语评论、对照、话题控制、指令性言语行为等话语策略的使用；④研究庭审辩论中的动作、手势、表情、眼神、语音、语调等非语言模态资源及其与语言模态资源的协同；⑤研究停顿、打断、重叠、重复、沉默等语用策略的使用。此外，还应探讨检察官作为法律监督者角色的话语体系。

（2）更新研究理念，创新研究方法，多视角开展检察官话语体系研究。基于司法实践中收集的各种语料，可采用功能语言分析、叙事分析、修辞分析、多模态分析、语料库分析、语篇信息分析、批评话语分析、语用分析等不同研究视角和方法，系统研究起诉书、公诉意见书、法庭辩论等各种检察官话语类型。近些年检察官话语分析出现了功能语言学、叙事、修辞、多模态、语用等研究视角，但研究成果极为有限，还应不断深入。此外，尚缺乏语料库分析、语篇信息分析、批评话语分析等视角的研究。

　　总之，检察官话语研究应与时俱进，及时关注法律语言学研究新进展，不断开阔研究视野和领域，不断更新研究理念和方法，全方位、多视角构建检察官话语体系。

第 7 章
律师话语研究

　　国内外对律师话语研究的文献及成果很多，这是因为律师在法庭话语乃至整个司法环境中都占据着至关重要的地位。在法庭话语中，为了达成辩护目的，律师巧妙地运用话语作为武器，采用多样的策略传递有利于己方当事人的信息，从而实现说服辩护的目的。因此，对律师的话语研究大有可为，对深刻理解庭审话语、把握律师话语策略意义重大。

7.1　近十年律师话语研究综述

　　近年来，国内外律师话语的研究存在重合的领域，也有不同的研究热点。在中国律师话语研究中，许多学者选择话语策略、语用分析、语言学分析等作为研究主题。这些研究主题在外国律师话语研究文献中同样常见。而不同之处在于，国内话语研究对庭审辩论、修辞学研究和律师话语特点有所涉猎，而国外研究者倾向于研究话语特征、权力控制、儿童证人、案例分析和法律文化等方面。可以看出，国外律师话语的相关研究领域外延更广泛，研究内容分支更加明确。

7.1.1　国外律师话语研究综述

　　外国律师话语研究与国内研究领域的主要交叉点在于律师话语技巧和策略研究以及语言学分析上，但对于法庭交叉询问的应用研究，外国学者有着得天独厚的法律制度背景和丰富的语料。因此，法庭交叉询问中的律师话语研究也是本小节的研究重点之一。

1. 律师话语在法庭交叉询问中的应用

在普通法系国家，法庭交叉询问是辩证双方博弈的重要环节，话语即是武器。因此，分析交叉询问中的律师话语更能洞悉其话语的整体布局，从而了解律师是如何以话语步步为营实现辩护目的的。阿彻（Archer，2011）认为在交叉询问中，律师的话语策略处在戈夫曼提出的有意或偶然的水平上。阿彻（Archer，2011）又提出一个新的领域——战略矛盾领域，这一领域位于有意的和偶然的水平之间，便于理解和定位律师话语策略的语用意义。特卡丘科娃（Tkačuková，2010）从一个单独的案例研究入手，详细探讨了当事人在法庭上进行交叉询问时所遇到的语言问题以及律师询问话语的表现，生动直观地展现了律师在交叉询问中采用的巧妙技巧，隐而不漏但目的明确。综上所述，国外法庭交叉询问中律师话语的研究趋向实务中的话语分析，具备丰富的研究语料，该领域的研究也成果丰硕。

2. 律师话语技巧与策略研究

国外对律师话语策略和技巧的研究较为分散，学者们提出的话语策略具有多样性、分散性的特点。例如，巴尔查（Balcha，2015）提出，陈述式问句、附加式问句和投射式问句是辩护律师控制和支配证人语言常用的话语策略；乌文（Uwen，2020）探讨了尼日利亚的克里斯河州律师事务所中的律师与客户的正式和社会互动角色中，礼貌策略在英语人际对话中的应用。

3. 律师话语语言学分析

律师话语的语言学分析也不再只是局限于语篇本身，而是探讨新的时代背景下律师话语面临的语言学难题。例如胡萨（Husa，2012）认为当今欧洲的法律文本不再局限于某一特定国家的法律体系，因此，对于语言比较敏感的律师来说，多元语言的挑战或同时理解多种法律语言的需要迫在眉睫；斯内德（Sneijder，2014）选择从对话分析和话语心理学的视角来探讨直接引语是如何被用来表达观点的。

7.1.2　国内律师话语研究综述

本小节主要归纳总结国内律师话语的研究成果。根据笔者的统计，最热门的三大研究主题是律师话语策略、语用分析和话语权的研究。接下来，本节将从这三大主题入手，归纳近十年来国内的律师话语研究成果。

1. 律师话语策略研究

国内学者对律师话语的研究多依赖于国外语言学理论，由理论分析到话语解析，从而归纳出律师话语的常用策略。赵小红和方晓梅（2008）提出从问话方面对民事庭审中律师的话语进行研究，结合三场民事庭审的录音转写语料，分析民事庭审中律师在直接询问和交叉询问时的问话形式及其成因，以期揭示民事庭审中律师如何巧妙地运用问话策略去实现自己的目的。如郑洁（2013）提出从"对话扩展"和"对话紧缩"两方面探析律师代理词中的隐性说服方式及其语言实现手段，结果发现，"对话扩展"的使用体现了律师协商的态度，以避免与其他观点的正面冲突，增强了代理词的说服力；而律师通过"对话紧缩"增强话语客观性，紧缩了其他观点"辩驳"的空间。此后，郑洁（2014a）又在元话语视野下分析了律师辩护词中的劝说方式和语言实现手段，得出了如下结论：过渡语、态度标记、自称语"我们"、介入标记的使用可以体现律师协商的态度，减轻听话人对律师话语的排斥和反感，维持正常的人际关系，增强律师辩护词的说服力；框架标记、言据标记、增强语、自称语"辩护人"的使用可以增强律师观点的客观性和公正性，说明律师话语是基于法律法规、律师的职业角色或者是逻辑推理的结果，而不是律师自由抒发的个人观点。

李立和赵洪芳（2009）通过对中国庭审语料的分析，提出了中国律师的行之有效的话语策略：打断、反对、元话语评论、人称代词策略、问话的形式、词语的情感色彩运用、再阐述策略、允许回答的言语风格、强迫性清晰策略和对比策略。

此外还有学者开辟出新的研究角度，张清（2013b）从艺术性语言的角度对刑事辩护词进行分析，发现在法律实践中，辩护词中常使用对比、排比、反问、设问、引用、比喻等修辞手段，而且往往和其他的修辞格、情感手段、劝说手段结合使用，以便收到很好的辩护效果。陈文玲（2011）认为中国律师使用了三种礼貌策略，即积极礼貌策略、消极礼貌策略和非公开的礼貌策略。为了实现这些礼貌策略，律师使用了各种语言形式，最常见的依次是：限制语、将言者和听者非个人化、提供原因、尊重对方、设问以及包括言者和听者等。吴红军（2013）基于真实的庭审话语预料分析，提出被告律师的消极语用距离话语策略主要有反对、再阐述、对比、打断等；还提出了"有理""有利""有节""有礼"的庭审四原则。

基于丰富的庭审语料分析，国内对于律师话语的研究较为充分，但大多局限于语篇之内和庭审话语之内，对庭外律师话语的探讨较少。

2. 律师话语语用分析研究

律师话语的语用分析主要指对庭审中律师话语的语用剖析及辩论话语的应用及其效果；也指对庭外律师话语的研究，涉及庭外言论的限制以及公正审判等问题。施光（2016）通过法庭审判话语的态度系统研究，发现在刑事审判的辩论阶段，公诉人与辩护律师主要通过"合法性"及"能力"判断，以及"判断引发型鉴赏"来表明态度。"判断引发型鉴赏"在对证据等进行评价的同时，也引导出实质性陈述，在法庭辩论中发挥着承上启下的作用。袁传有和胡锦芬（2011）将评价理论与顺应论结合，建立了一个介入资源顺应分析模式，用来分析律师代理词中介入资源的使用规律。该研究发现代理词中使用较多的介入资源有否定、反驳、背书、接纳、承认等。而这些介入资源是律师为了顺应法官和听众的接受心理、律师自己的心理动机、法庭言语规范、庭审各方权力关系而作出的语言选择。

彭洁（2014）提出律师在控制证人和被告时，使用预设这一语用策略作为其实现既定目的的有效手段。律师常利用预设来引导和操纵对方当事人和证人的思维，使其在毫无防备的情况下说出未掌握的信息或已经心中有数但并未亲口承认的证据信息。

在律师庭外言论的研究上，也有学者提出律师应恪守谨慎义务的观点。在《论刑事司法中律师庭外言论的规制》一文中，陈实（2014）提出律师庭外言论可能损害当事人及其他诉讼参与者的权益，并危及公正审判；应在借鉴国际相关规则经验的基础上构建律师庭外言论规则，还应配套建立相应的对违反律师庭外言论规则的调查和惩戒制度，保证司法公正。

3. 律师话语权的研究

律师话语权研究经历了从不充分研究到获得重视的转变。如吕万英（2011）在《法庭话语权力研究》中，分析了权力支配方控制和支配权力受支配方以及后者抵制和消解权力主体控制与支配的言语策略。这本书对法律从业人士更好地实施言语策略应对参与法庭诉讼的案件当事人和证人，以及如何沉着应对权力支配方的提问都有极大的指导意义。还有从事事务工作的律师揭露当下律师行业面临的话语困境并提出对策，张斌（2016）认为律师的法治话语权是律师的生命线，律师要敢说话，会说话，要能够就法治话语权保障与行使问题发表意见，从而促进社会正义、推动司法公正进程。律师话语权的研究虽然受到了重视，但该领域仍有很大的空间供学者探索发现新观点、新理念。孟涛（2017）认为我国早期律师的职能仅仅局限于诉讼庭审中，而且在这个狭小的领域中，律师的话语权还时常会受到来自法官、检察官甚至法学家的猛烈抨击。因此，在庭审这个环境中，与法律的裁判者、代表国家行使控诉权的"官"和高校法学权威相比较，律师几乎不可能有平等的话语权。

7.2　律师话语的话语特征与话语策略

在众多法律职业工作者中，律师承担着特殊的角色。在法庭上，律师的角色主要是辩护者，这也不可避免地决定了律师的职业特性就是用话语作为辩护的主要工具。在法庭话语中，律师因辩护目的不同，会采取多样的辩护策略达成目的。如原告的辩护律师目的是证明原告受到侵害和伤害，而被告律师的目的则是证明被告轻罪或无罪（彭洁，2014）。

7.2.1 律师话语特征

由于律师在法庭上承担角色的特殊性，律师话语的特点鲜明，为实现其辩护目的而服务。如尚思江（2015）认为律师语言具有规范性、严谨性和策略性的特点；肖宝华（2006）则认为律师语言有四性，包括规范性、准确性、严谨性和平和性；龚韶和花靖超（2012）主张律师作为当事人的辩护人，其语言首先呈现出针锋相对、得理不饶人、迅速敏捷的整体气势，也就是指律师语言的攻击性和针对性，并且庭审中律师的语言是个人情感的表达，即律师语言的情感性。结合以上研究者的成果，笔者发现律师语言有以下共性的特征：规范性、严谨性、针对性、策略性。

1. 规范性

律师语言的规范性来源于法律文化的要求和职业的特殊性，具体体现在法律术语准确、措辞严密。规范性是法律的核心要素，法律本身意味着人们的行为在某种意义上是非任意性的，而且还是义务性的（范立波，2010）。

法律文化对规范性的要求是基础，这也要求法律工作者在工作环境中使用规范的语言。律师作为法律从业者，不可避免地使用法言法语为当事人进行辩护，一方面规范的语言保证话语表达意思的准确性，减少歧义，另一方面法言法语也体现了律师的专业素养。比如律师必须深刻地理解不同法律术语的含义以及相似术语之间的差别，在法律活动中才能准确地运用法律术语，避免因用错术语或自造术语而贻笑大方。肖宝华（2006）曾在《律师的"四性"》中举过在这样两个例子，一是"第三人"这一术语看似简单，但在民法中的第三人问题和诉讼法中的第三人问题含义不同，在司法使用中也有不同的含义；二是自造术语，有的律师在民事侵权的无过错辩论中使用了"无过错受益人责任"，其本意是指公平责任或无过错责任，但辩论中出现的术语则是自己编造出来的。以上两个例子说明法律文化的规范对律师的用语和职业素养有着高标准的要求，而使用的法言法语是否规范也是律师专业度最直观的体现。

2. 严谨性

法庭的语言涉及原告与被告双方当事人的切身利益，辩论中话语产生的歧义差之毫厘却失之千里。因此，律师为实现其辩护目的，必须先保证其话语的严谨性。律师话语的严谨性主要体现在用词、语句严谨上。例如，律师话语中极少出现"你""我""他"等日常用语中频繁出现的人称代词，取而代之的是"原告""被告""第三人""受害人""证人"等专门的指称。尽管这样的名词频繁出现可能显得冗余，但也是为了避免出现指代不明、混淆人物的现象（尚思江，2015）。比如在汉语中"他"和"她"两个指称代词写法不同但读音相同，如果律师辩护时频繁使用这两个字，难以避免产生歧义，而且有损律师的专业度。

3. 攻击性

律师为其代理人发言，以争取权益或开脱罪名为目的进行辩论，需要首先呈现出针锋相对、具有攻击性的气势。这种攻击性也是律师话语的典型特征之一。不过，律师话语的攻击性又不同于日常生活中的谩骂或侮辱，律师的语言以法律为基础，以事实为支撑，言之有物，针对性地发言或反驳（龚韶、花靖超，2012）。例如：

> 律师：王欣，我来问你第一个问题。先搞清一个问题，快播是不是属于互联网信息服务企业？也就是今天你坐在审判席上，最后针对审判的事实是不是基于你对公众提供的互联网的信息服务，还是一个软件技术上的服务？
>
> 王欣：快播是软件技术提供商，是互联网软件技术提供商。而且作

为播放器软件，如果它自身不带内容，不制作内容，它就不能算内容平台，或者内容网站。

律师：你提供内容给广大网民吗？

王欣：我们不提供内容。

律师：但我看你给的资料中似乎也有（提供）互联网信息的资质，但与本案无关，对吧？

王欣：对。

上述对话是快播案庭审上王欣与其辩护律师的一段对话。从这段对话中可以看出，辩护律师的话题中心一直围绕"快播是技术提供商还是内容服务商"这一话题进行。根据"技术中立原则"，又称"技术无罪原则"，技术仅仅是工具，而工具可以产生不同的结果，究其根本工具只是手段，因此技术对于各种结果而言都是中性的。在本案中，辩护人希望以技术中立原则为其当事人寻求从轻量刑。由此可以看出，辩护律师的语言极具针对性，紧紧围绕"技术"与"内容"发问，每一个问题都将快播公司的服务范围逐步缩小在"技术服务商"之内，语言简洁有力，步步为营。

4. 策略性

律师话语中常使用策略性的语言来表达较为隐晦的信息，或是通过语言策略来激发受话人说出律师希望获得的信息。律师为实现辩护目的，为当事人争取最大权益，经常采用多种话语策略进行辩护。例如在以下对话中，律师与其当事人之间的对话体现出策略性语言的运用。

律师：再问你几个关于程序上的问题。第一个，这四台服务器是2013年11月18号被海淀文化委员会查封的，查封的时候是否通知了你或者在案的这几个被告人，或者快播公司其他工作人员到场？

王欣：我想应该没有。

律师：没有是吧？那么北京市版权局开启这四台服务器，并且提取里面的数据的时候，是否通知过你们诸位到场？

王欣：没有。

律师：是否告知过你们相关权利义务？

王欣：没有。

以上对话看似简洁，仅有三个问话，但每一个问话都有精准的指向，辩护律师通过提问以及当事人的应答配合明确指出有关部门取证中的程序漏洞，如服务器查封时没有快播公司人员到场，开启服务器取证也没有通知快播人员到场，因此也无从告知相关权利义务。由以上策略性语言可以看出，律师对语言的运用把控极其娴熟，在一句句问答间引导得出自己希望获得的信息，以备后续辩护之用，其语言平缓自然，言简意赅但坚定有力，极具张力。

7.2.2　律师话语策略

律师在庭审中的直接询问和交叉询问环节中，会根据自己与答话者的目的选择问话形式，每种问话形式实际上都代表着一种文化策略。因此，律师的问话形式最终取决于双方的目的关系。出于不同的辩护目的，律师利用不同的话语策略营造期望的效果。下文将对律师辩护中常见的话语策略逐一进行分析。律师常采用的策略包括迂回策略、礼貌策略、预设策略、打断策略等。

1. 迂回策略

迂回策略指律师从看似与案件无关的问题入手，引发证人的兴趣，然后逐步切入正题，获取希望得知的信息。这样步步为营的提问策略不仅可以缓解证人的紧张感，还补充了与案情有关的细节，增加证言的可信度。下一案例可以体现出迂回提问策略的特点。例如：

律师：你熟悉回归路和昌盛路的十字口？

证人：是的。

律师：事实上，过去十年里，你经常开车路过那个十字路口，对吗？

证人：对。

> 律师：你通常路过那个十字路口是在上下班的路上？
>
> 证人：是的。
>
> 律师：过去十年里，这个十字路口你走了数千次？
>
> 证人：有可能。
>
> 律师：那么以前你从来没有在那儿看见行人被汽车撞倒过，是吗？
>
> 证人：是。
>
> 律师：2009 年 10 月 23 日，天气是晴朗干燥？
>
> 证人：是的。
>
> 律师：那时的交通状况跟平常是不是差不多？
>
> 证人：是。
>
> 律师：那么那天早晨，对你而言，第一件不寻常的事是你听到了撞车的声音，对不对？
>
> 证人：对。
>
> 律师：所以说那个时候你看见有人被车撞倒了？
>
> 证人：对。

这是一起交通事故案件中律师和证人的对话（尚思江，2015）。可以看出该律师的提问以一个看似与案件不相关的问题开始，以迂回深入的方式引导证人说出对自己有利的证言，同时引导证人丰富了案件细节，使证人证言更加丰满，可信度大大提升。

2. 礼貌策略

在法庭辩论中，律师都希望有效地传递信息，向法官呈现案件的真相，获得认可与肯定，从而为当事人最大限度地争取权益。为实现辩论目的，律师常会使用礼貌策略来暗示共同的立场，表达合作的意愿，说服法官肯定自己的观点。根据布朗和莱文森（Brown & Levinson，1987）的面子保全理论五种礼貌策略分析，律师话语中常出现的有积极礼貌策略、消极礼貌策略和非公开的礼貌策略。这三者的区别在于，积极礼貌策略是满足听者的面子需求，言者通过表达自己与听者在观点立场上的相同之处，满足对方的需求以寻求合作；消极礼貌策略则通常以满足听者的消极面子需求为目的，即言者通过不干涉听者的行动来维护听者在私人领域自我决策的权利；非公开的礼貌策略指的是言者的话语行为不直接接触听者的面子，从而避免对听者的面子造成威胁。由于律师对法官陈述案情事实并说服法官认可的过程通常以十分含蓄隐晦的方式进行，因此法庭辩论中消极礼貌策略最频繁出现在律师话语中（陈文玲，2011）。

消极礼貌策略常见的实现形式之一是限制语的使用与将言者和听者非个人化。限制语的使用一方面表明律师的观点是有理有据的，不会对法官的面子造成威胁；另一方面暗示律师的话语留有回旋的余地，减弱了面子威胁行为的影响（陈文玲，2011）。如下实例中可以看出。

1）根据已经查明的事实，本案认定为抢劫是定性不准、适用法律有误。

2）我们认为被告人根本不可能预见到他的行为会导致被害人死亡的后果。（陈文玲，2011）

在例 1 中，律师使用限定语（根据已经查明的事实）表示其主张是有事实支撑而非凭空得来的，增强了该观点的客观性，从而更容易被法官接受。例 2 的限定语（我们认为）将其观点限制为主观看法，强调其主观性，为法官提供一个可接受也可拒绝的主张，维护法官自我决策的权利，从而维护了法官的消极面子。

3. 预设策略

预设策略指律师常利用预设来引导和操纵对方当事人或证人在没有防备的情况下说出对律师有利的答案（彭洁，2014）。预设常出现在律师提问的话语中，律师提问的目的不在于表面的求证，而是问题成立的前提条件得到对方当事人或证人的默许。而提问成立的前提才是律师真正希望得到证实的信息。

从语义学的角度来说，如果 A、B 两个句子要构成预设关系，必须满足以下两个条件：

1）如果 A 真实，B 也真实；

2）如果 A 不真实，B 仍然真实。

举例来分析以上条件。在一起谋杀案的审理过程中，为证明被告的罪行，必须先证明其拥有假发，同时被告方证人对相关问题十分警惕。为了获取有效的信息，控方律师这样提问："你可以告诉我约翰先生（被告）的假发是什么颜色？"证人回答："是蓝色。"如果将上述问答中的条件剥离出来，可以得出：A. 约翰先生的假发是蓝色；B. 约翰先生拥有假发。如果 A 成立，那么 B 必然成立，如果 A 不成立，只是被告证人编造的事实，但从侧面也证明 B 成立。事实上，被告约翰先生的假发为棕色，蓝色的假发只是其证人以为提供一个错误答案就可以帮被告洗清嫌疑，然而证人的回答间接提供了约翰先生拥有假发的关键证据（栾瑞琪，2012）。因此，控方律师运用预设的话语策略，巧妙地从被告证人口中获取到关键信息，在证人没有察觉的情况下向法庭提供了被告犯罪的事实。

4. 打断策略

打断策略是指话语一方在另一方说话结束前开始说话，也就是其中一方为了取得话语控制权争抢话轮。打断策略发生在律师与证人询问环节时也有可能产生对询问者不利的影响。这是因为打断本是应答者的回答不相关时询问者才可以使用的策略。但在英美法系国家，法庭交叉询问环节中常出现毫无根据的打断，其背后的原因很可能是询问者发现应答者，如证人的话语与其试图构建的故事相矛盾，因而律师通过打断争取话语的控制权，避免证人说出对自己不利的证言（Gibbons，2003）。不过，频繁打断证人又会被认为是不公正不明智的举动，没有给证人充足的机会陈述证言。因此，打断策略也是一把"双刃剑"，需要律师把握衡量使用的尺度。

7.3　律师话语研究范例

本节以快播案的庭审语言为研究语料，深入探索律师话语的策略运用。其中又以对抗型再阐述和支持型再阐述的运用最为典型，下文将分别进行分析。

1. 律师对抗型再阐述的运用

律师的对抗型再阐述包括律师对对方当事人、代理人和证人的话语的再阐述，其目的是通过总结对方的话语中所包含的有利于律师当事人一方的信息，并加以强调，以构成有利于律师当事人一方的事实陈述。在以下案例中，被告代理律师运用对抗再阐述为其代理人争取了几点有利的事实。例如：

> 律师：那么第三个问题，从所有服务器所存储的链接的特征码，是不是可以判断出对应的视频的内容？
>
> 王欣：不可能。
>
> 律师：也就是说，存在你的网站服务器中，也就是 QSI 工具发布的是个链接码，只是个类似条形码（的编码）？
>
> 王欣：对，唯一编号。
>
> 律师：从这个编号看不出内容的？
>
> 王欣：看不出来。[1]

在这段对话中，律师看似三次发问，但其核心观点是服务器所储存链接的特征码看不出视频内容。为了加强法官和听众对这一观点的印象，辩护律师对这一观点进行反复强调，如"也就是说"，从另一角度解读上述核心观点，或者重复发问"从这个编号看不出内容的？"通过反复的强调确认给法官留下深刻印象。这样的对抗型再阐述对话使得律师希望法官记住的事实或观点更加凸显醒目。

2. 律师支持型再阐述的运用

支持型再阐述包括律师对己方当事人和证人的话语再阐述，是为了帮助己方当事人和证人改进其表述，或产生符合法律框架的措辞。这往往涉及把原来的语言转换到标准语言，或者更高的语域中（李立、赵洪芳，2009）。在下文的律师话语中，律师运用支持型再陈述强调并改进己方阐述中的有利事实，从而有利于构建其代理人的事实陈述。

1　参见录像视频《经典庭审对决——王欣案无罪辩护》。来自哔哩哔哩网站。

2016 年王欣快播涉黄案在北京海淀区人民法院开庭审理。在这一场经典的庭审记录中，被告方律师的表现将一场原本看似证据确凿的案件扭转趋势，最终王欣被判无罪释放。以下是该案件中一段律师向被告提问的话语记录：

律师：王欣，我来问你第一个问题。先搞清一个问题，快播是不是属于互联网信息服务企业？也就是今天你坐在审判席上，最后针对审判的事实是不是基于你对公众提供的互联网的信息服务，还是一个软件技术上的服务？

王欣：快播是软件技术提供商，是互联网软件技术提供商。而且作为播放器软件，如果它自身不带内容，不制作内容，它就不能算内容平台，或者内容网站。

律师：你提供内容给广大网民吗？

王欣：我们不提供内容。

律师：但我看你给的资料中似乎也有（提供）互联网信息的资质，但与本案无关，对吧？

王欣：对。

律师：第二个问题，快播公司是不是知道使用 QSI 发布视频链接的站长的身份？

王欣：我们不知道。

律师：那么第三个问题，从所有服务器所存储的链接的特征码，是不是可以判断出对应的视频的内容？

王欣：不可能。

律师：也就是说，存在你的网站服务器中，也就是 QSI 工具发布的是个链接码，只是个类似条形码（的编码）？

王欣：对，唯一编号。

律师：从这个编号看不出内容的？

王欣：看不出来。

律师：好，再问你一个，这个缓存服务器，记住原理不解释了，自动下载的这个缓存服务器，涉案这四台是不是就是缓存服务器？

王欣：对。

律师：缓存服务器内存储的文件是电子数据形式的还是视频形式的？

王欣：电子数据。

律师：是 101010 这样电子数据形式的，对吗？

王欣：对，计算机语言的。而且我们还做了唯一标识，这种文件就叫 data 文件，而不是叫原来的名字。

律师：也就是说不可能用肉眼直接判断它叫什么东西，是吗？

王欣：不可能。

律师：也就是说，这四台服务器的维修管理人员他也是无法得知里面视频的内容？

法官：辩护人请注意你的发问方式。

律师：好的。再问一个关于知道的问题。刚才你回答公诉人提问的时候，你说了，知道有人会用快播的工具上传链接，那你知道的程度是明确地知道了谁在发布、什么时候发布、发布在何处、发布视频的内容，这种明知，还是一种可能有，可能会有？

王欣：是一种猜测，可能有，可能会有。因为这是我们在互联网工作这么多年的经验▲

律师：　　　　　　　　▼行了，咱们不多说，简单一些。下面一个问题，刚才公诉人也问到你了，2012 年深圳王井，2013 年深圳南山的广播电视局都对你做过行政处罚，这两次处罚都对快播这种播放工具有关系吗？

王欣：没有关系。

律师：也就是说从来没有行政机关对快播的播放器服务作出过处罚或者要求整改？

王欣：对。

律师：没有过是吧？

王欣：没有过。

律师：好，下一个问题。你们可以做到从技术上提前区别淫秽视频和健康视频，然后阻止这些淫秽视频自动下载到缓存服务器中吗？

王欣：我们目前没有这个技术。

律师：哪个公司有这个技术？

王欣：全世界都没有。

律师：全世界都没有这个技术？

王欣：对。

律师：再问你几个关于程序上的问题。第一个，这四台服务器是2013年11月18号被海淀文化委员会查封的，查封的时候是否通知了你或者在案的这几个被告人，或者快播公司其他工作人员到场？

王欣：我想应该没有。

律师：没有是吧？那么北京市版权局开启这四台服务器，并且提取里面的数据的时候，是否通知过你们诸位到场？

王欣：没有。

律师：是否告知过你们相关权利义务？

王欣：没有。

律师：我再问你，涉案有三次鉴定，第一次三千多，第二次一万七，这次是两万一，那么第一次鉴定作出之后是否给你看过？

王欣：没有。

律师：公安机关、侦查机关没有给你看过？

王欣：没有。

律师：好，那么从来就没看过这第一次的鉴定是吗？

王欣：对。

律师：那么第二次的鉴定给你看过吗？

王欣：啊……起诉书上有。

律师：在侦查起诉阶段是不是向你出示过？

王欣：没有出示过。

律师：也没有？

王欣：对。

律师：也没交代你拥有的权利？

王欣：没有。

律师：也就是说，你从来没有对这个一万七提出过重新鉴定，对吧？

王欣：没有。

律师：行了，审判长，发问完毕。[1]

在上述案例中，律师的发问主要目的是为被告减轻罪责甚至脱罪，其提出的问题形成了一个逻辑严密的闭环。首先，庭审中涉及的主要罪名是传播淫秽物品非法牟利罪，争议的焦点在于以下几点：（1）快播公司是否是淫秽物品的提供者，或者是技术提供者；（2）快播公司是否"明知"传播淫秽视频的行为；（3）控方收集证据的过程是否符合程序正义。可以看出，在上述律师询问话语中精准地针对以上焦点进行提问，引出被告王欣的陈述，这一段问答话语的目的就是最大限度地将争议中的天平移向被告一方。详细分析如下。

律师与被告的问答有针对性地对被告可能被指认的罪名进行有策略、有目的的反驳。一开始，律师提出一个看似与案件争议焦点不相关的问题，即涉案企业提供的是信息服务还是技术服务，这一轮问答通过迂回原则达到律师的辩护目的。这一提问的目的有两点，一来确定涉案企业主要是一家技术提供商，二来根据"技术中立"的责任豁免原则，也称技术无罪原则，在信息网络传播权保护领域，技术的提供者需要尽到合理的注意义务，从而产生所谓的"避风港"规则，行为人只要即时停止侵权便免除侵权责任。具体来说，在本案中，"技术服务"和"信息服务"就从最根本上奠定该案件的基础。如果涉案公司经庭审讨论是一家技术服务公司，或者其涉案行为是提供技术服务，基于技术中立原则，被告承担的刑事责任将大大减轻，甚至有可能被判处无罪；反过来说，如果涉案公司承担提供信息服务的责任，且该案中的淫秽视频是该公司及其工作人员在明知的情况下，参与或间接参与传播，则被告以及涉案公司都将面临严重的刑事责任。因此，为了使问答环节呈现出更多有利于被告的信息，可以发现律师的提问极具针对性，精准定位在"技术服务""明知或可能知道""程序上的问题"等字眼，通过一个个看似零散的提问构建出一个逻辑缜密的故事体系，并着重强调了控方在收集证据中的程序漏洞，为后续的辩护埋下伏笔。因此，从庭审询问环节可

1　参见录像视频《经典庭审对决——王欣案无罪辩护》。来自哔哩哔哩网站。

以看出律师的话语具有鲜明的特点，简练有力，十分具有针对性，逻辑严谨，通过迂回的方式，从侧面呈现出律师希望展现的故事，很好地为后续的辩护打下基础。

律师在庭审中还灵活使用话语策略来帮助被告规避短处和潜在漏洞。在以上案例中，律师使用打断策略变相提醒被询问者减少论述，精简回答。一方面是提示被询问者多说多错，另一方面也给审判长留下节奏快、不拖沓的印象，加强询问中展现的信息的可信度。例如，律师向被告提问是否明知用户利用快播上传视频以及详细情况时，被告否认并希望以行业工作经验来举例时，律师打断了被告的陈述。这样的打断使被询问者的发言尽量简短，压缩了询问的整体时长，并且是对被告的潜在保护，避免其回答涉及更多的案件细节而出现漏洞，或者说是一种对被询问者的保护。

打断策略还应用在法庭辩论环节，律师通过打断对方的话语争夺话语权，从而营造出一种可信可靠的形象，为其当事人争取更多的利益。还以上述案件举例，在法庭辩论环节，律师对控方收集证据过程中的程序漏洞提出质疑，希望削弱所收集证据的可信度甚至排除某些不合法收集的证据。控辩双方的争论话语如下：

律　师：我补充一点。刚才公诉人提到了，如果物证不便于搬送，这种情况下可以提供照片，可以提供这个复制件，首先这个服务器不是搬不动的不动产。另外说这个照片问题，我现在要的照片不是你做侦查试验在你的实验室把现在你用作检验的服务器拍个照片就算有照片了。我要的照片是你在行政执法查封这个服务器的时候，你要拍下这个服务器在机房里摆着的时候，连接着电源网线的时候是什么样子的。这个服务器断开电网线你再给我拍一张照片。每个服务器都差不多，你怎么能确定用作检验的服务器是原来的那四台服务器呢？所以我要的是那个时候的照片。▲

审判长：　　　　　　　　　　　　　　　　　　　　　　▼好了
好了，还有别的意见吗？

律　师：好，这是第一个意见，第二个您说了您的这份鉴定是临时鉴定，不作为证据。既然如此，那也就意味着在检察院逮

捕、批捕到捕后侦查一年多的时间里，是没有任何证据证
明，被告人涉嫌了传播淫秽物品的犯罪，对吗？你不要再
说临时鉴定。临时鉴定也是要盖章的，对吗？所以这段时
间里，这几位被告人都是非法关押的，是吗？

公诉人：这个鉴定▲

律　师：　　　　▼你要拿临时鉴定举例子，那批捕之前是不是就
应该把证据拿出来了？证据出不来能捕人家吗，对吧。所
以我说的还是程序问题。

　　这段对话中出现两处打断，第一处是审判长对律师话语的打断，第
二处是律师打断了公诉人的解释。在庭审话语中，审判长在律师和公诉
人的讯问、辩论等环节有权通过打断策略，提醒其问题或者陈述中存在
不合理或不合规定的现象。具体来说，在上一案例中，审判长打断律师
的陈述就是为了提醒律师进入下一个话题，不必在原本的一个话题上赘
述。第二处使用打断策略则是律师打断公诉人试图解释的话语，律师在
此处是为了保证自己论述的完整性和流畅性，并且避免公诉人在论述中
占有话语权。因此，律师运用一整段完整的论述，突出强调控方在没收
检查四台涉案服务器时缺少照片，且公诉人所提出的临时证据程序不合
法，通过富有气势、逻辑缜密、论述完整的发言，力求削弱控方举证的
可信度，为其代理人争取权益。

7.4　律师话语研究新发展

　　2014 年，党的十八届四中全会作出"推进以审判为中心的诉讼制
度改革"的重大决定，推动了我国的诉讼制度改革。"以审判为中心"
的诉讼制度改革强调控辩双方的对抗，强调审判主体的地位，确保庭审
实质化的落实。而在庭审实质化的刑事诉讼审判中，法庭调查和辩论
环节发挥着更为重要的作用，律师的辩护意见受到法官的重视。因此，
"以审判为中心"的诉讼制度有利于确保被告及其辩护律师的辩护权得
以充分行使，从而推动刑事辩护制度的改革和完善。从某种意义上说，
"以审判为中心"的诉讼制度就是充分保障辩护权的诉讼制度（段贞锋，

岳梦晓，2019）。

随着"以审判为中心"的诉讼制度改革的逐步推进，刑事辩护制度也得到进一步完善，刑事辩护的辩护率与辩护效果不断提高。以往的刑事诉讼实践中存在轻庭审、重侦查等问题，在"以审判为中心"和"庭审实质化"的改革背景下，庭审发挥着越来越重要的作用，包含事实证据调查、定罪量刑辩论与产生裁判结果在内的所有环节都在法庭上进行，并确保直接言词原则与排除非法证据制度的切实执行（热娜古·阿帕尔，2021）。

在这一背景下，律师在庭审中的地位得以进一步提高，由以往的劣势、被动地位上升到与公诉人平等对抗的地位。并且，律师的辩护权在法庭调查和法庭辩论环节得到充分的保障。律师地位的提升和辩护权的有效保障无疑是通过律师在庭审中的话语显现出来的。因此，律师话语研究应注重分析诉讼制度改革以来律师话语的新特征。

具体而言，未来的律师话语研究可以从纵向对比、横向对比和规范性几个维度展开。

1."以审判为中心"的诉讼制度改革前后的律师话语对比研究

研究者可以分析"以审判为中心"和"庭审实质化"的诉讼制度改革对律师辩护权的影响，对改革前和改革后的律师话语进行对比研究，分析律师话语在不同阶段所表现出的不同特征，揭示律师在庭审中的地位变化和权势变化。

2. 中外律师话语对比研究

研究者可以以中外庭审制度的差异为切入点，对中外律师话语进行对比分析，包括中外律师话语的结构、特征、策略、规范等，从而揭示中外律师在庭审中的地位、角色和话语策略的异同。

3. 律师话语与公诉人话语对比研究

在"以审判为中心"和"庭审实质化"的改革背景下，刑事辩护制度进一步完善，律师的辩护权得到了有效保障，地位也得到了提升。律师和公诉人可以有效对抗，充分举证、质证。然而，在刑事诉讼中，律师和公诉人扮演着不同的角色，追求不同的话语目的，因此，其话语结构、话语特征和话语策略会有很大的差异。对律师话语与公诉人话语进行对比研究，可以揭示其权势关系以及不同的话语目的对话语策略的影响，并对律师完善己方的话语策略提出可行性建议。

4. 律师话语失范实证研究

以往的研究大多关注有效的律师话语策略。然而，在实际庭审过程中，律师话语可能存在一些需要改进的问题，即律师话语失范问题，诸如诱导性问题、话语策略不恰当等问题。研究者可以对庭审中的律师话语失范问题进行实证研究，从而对律师规范自己的法庭话语、提高辩护效果提供借鉴。

本章节对于律师话语的研究主要集中在律师的语用策略和律师话语的特点，立足丰富的语料深入分析了律师话语在现实场景中的应用。文中选的场景多为律师在法庭庭审上所使用的话语。这部分语料作为律师话语的重要部分颇具特点，由此案例中的分析都以庭审中的律师话语作为基础。

律师话语研究也正呈现出宏观化、多样化的研究趋势。律师话语特点和语用策略的分析主要是从微观层面对律师话语进行分析。除此之外，宏观层面上对律师话语权的研究成果也层出不穷。许多学者逐渐开始关注律师话语权领域，律师群里也发出更多声音呼吁对律师话语权的关注。因此，未来的律师话语研究将不仅仅局限于话语分析层面的研究，还将有更加丰硕的研究成果聚焦于律师话语领域的方方面面。

第 8 章
证人话语研究

证人话语，或称为证人证言，是司法活动中最为重要的话语种类之一。证人证言作为案件审理的有力证据之一，其话语研究也十分引人关注。本章节将提供近十年国内与国外证人话语研究的概览，分析证人话语的特征与策略，并提出未来证人话语研究的新关注点。

8.1　近十年证人话语研究综述

证人话语研究在国内和国外具有不同的研究重点。国内的证人话语研究多为语用学、语篇分析和证言可靠性的研究；而国外证人话语的研究则以专家证人话语、语言学分析以及未成年证人为中心。虽然两者有些交集，但更大程度上各有侧重。

8.1.1　国外证人话语研究综述

国外证人话语的研究因英美法系独特的法律背景而催生出不同的研究重点。本节将从外国专家证人话语研究、外国证人话语的语言学分析和外国未成年证人话语分析三个方向展示研究成果。

1. 专家证人话语研究

在专家证人提供证词时，如何定义专家证人是至关重要的一环，不仅关系到专家证人的作证资格是否成立，还关乎证词的可靠性与合法性。如苏纳里奥等（Sunaryo et al., 2014）在其文章中谈道，在医疗事故案件中，医生经常被聘请作为专家证人作证。如何定义在这种情况下的专家一直是一个有争议的领域。为原告和被告作证的泌尿科医生平均都有超过 30 年的经验，后者的经验略少一些。然而，被告证人具有更大的学术影响力，更有可能在学术环境中实践。美国泌尿学会等组织可能希望重新评估专家证人证词的指导方针，特别是那些经常作证的人。

除了专家证人的资格之外，给陪审团留下的第一印象也会影响到证词的可信度。蒂特科姆（Titcomb, 2010）考察了陪审员对专家证人的第一印象可能对两种结果的影响：证人的可信度判断和刑事案件中涉及精神错乱无罪辩护的判决决定。本研究还考察了这些印象对陪审员意见与陪审团决策之间关系的影响程度。

专家证人的证词也会影响审判结果。道恩和萨克斯（Dawn & Saks, 2009）以一起谋杀案为例进行实验，该案中关键证词是法医专家提供的毛发对比结果。在对照实验中，专家就关于根据毛发认定的身份以及在庭审中是否就法医学科存在局限性进行了不同的表达。实验结果表明，相较于定量证词，定性证词更加不利于被告。当调查结果被定量呈现时，结论证词可能会增加被告的罪责等级；而表达法医学科存在局限性不会对审判结果有明显的影响。

此外，也有学者对专家证人所面临的伦理问题展开了研究。安斯沃思（Ainsworth, 2022）认为专家证人缺乏一套可执行的专业伦理规则，而且专家证人会忠实地代表他们的科学，因此专家往往不能充分适应诉讼过程中出现的伦理问题。安斯沃思（Ainsworth, 2022）归纳了可能引起专家证人伦理问题的七个方面：（1）聘请律师为当事人辩护所涉及的伦理问题；（2）拒绝参与案件所涉及的伦理问题；（3）专家证人赔偿所涉及的伦理问题；（4）分析案件所涉及的伦理问题，包括专家的确认偏差和动机偏差；（5）准备宣誓作证所涉及的伦理问题；（6）起草专家报告所涉及的伦理问题；（7）审判过程中沟通所涉及的伦理问题。研究这些潜在的专家证人伦理问题有利于公平可靠地利用循证科学为司法服务。

2. 证人话语的语言学分析

　　语言学的分析回归到证言本身，对证言的深刻把握能够为证人证言的研究成果提供证据支持。有学者提出对话分析与话语分析结合的研究办法。学者温尼茨基（Winiecki，2008）指出，他的研究以涉及专家证人的实际法庭诉讼中的言语互动为对象，采用对话分析和话语分析相结合的方法，集中调查律师、法官和专家证人在法庭诉讼过程中根据法律规则和相关科学使用分类的具体情况，以及这些分类在随后的法庭活动和判决中使用的方式。

3. 未成年证人话语分析

　　未成年人是否具备作证资格？能否良好地完成提供证言的程序？这些一直是富有争议的问题。埃亨等（Ahern et al.，2015）研究调查了168 名在儿童性侵案中作证的 5~12 岁儿童，在对性侵指控进行明确询问之前，检察官提供了访谈指导和性侵辅导。由于缺乏指导和高质量的培训，又处在封闭式的提问中，这些都预示着审判过程中，孩子们可能没有作好充分的准备，无法尽其所能提供长篇可靠的报告。

　　对于其他影响儿童证言的因素，科恩和霍瓦思（Cohen & Horváth，2012）有了新的思考。在历史研究的背景和语境下，二人对两个证言语料进行了深入的分析，通过对 Aschau DP 儿童营中两个孩子的证词的分析，证明了探究证词所处的直接背景是至关重要的，因为它对证词的内容和结构有很大的影响。事实上，该研究表明，当代语境进入了证词的结构中。在宗教国家，比如以色列，宗教信仰也会影响到未成年人的法庭证词。亨迪等（Hindi et al.，2022）对以色列三个有关宗教团体的儿童进行了 234 次法律访谈（分别为世俗派、宗教派和极端正统派）。鉴于在大多数儿童性虐待事件中，除了儿童之外没有其他物证或证人，他们的证词至关重要。因此，儿童需提供具有丰富细节的详细证词。研究结果表明，儿童的宗教信仰与所提供证词的丰富性之间存在相关性，世俗派宗教团体的儿童提供的证词更丰富，而极端正统派宗教团体的儿童提供的相关细节最少，并且在访谈过程中直接使用性词汇会与儿童的宗教身份产生冲突。因此，对于未成年人证词的采证要适应未成年人的生活背景，以避免对未成年人产生不利影响。

8.1.2　国内证人话语研究综述

当前，在中国的庭审制度下，证人到场作证的概率并不高，大多是提供书面证言，这也决定了多数证人证言研究是立足于书面证言的话语。本节从中国证人话语的语用分析、语篇分析和证言可靠性三个研究重点展开论述。

1. 证人话语的语用分析研究

关于证人话语的语用分析多从证人话语本身的概念、特征深入到证人话语的应用之上。例如李磊（2016）在《民事诉讼中的证人证言研究》中指出了证人证言的定义、特点以及影响证人证言真实性的因素。这些因素主要有两类：第一类是主体性因素，如证人的年龄、性别、情绪、记忆、自信度等；第二类是主体外的因素，如光线、距离、暗示、询问人员的提问方式、辨认的环境、事后的信息等。作者还提出对证人证言的审查判断，要注意审查证人的主体资格、证人的品行及能力等主观因素、证人与当事人的利害关系、证人证言的形成过程、证人证言与其他证据之间的关系等。王宁（2017）也提出了研究成果，在《论刑事诉讼中证人证言的审查判断》一文中阐明了证人证言的特点、影响证人证言可信度的因素和证人证言的审查内容。王进喜（2002）在其著作中提供了完善的研究成果，内容包括证人的适格性、证人的义务与权利、职业特权——以律师职业特权为中心、反对被迫自我归罪的特权、亲属关系特权等。此外，模糊语在庭审证人证言中普遍存在。崔凤娟（2018）认为，大量模糊语在特定语境下发挥着重要的三大语用功能：信息功能、交际功能和语篇功能。其中，模糊语的信息功能有助于证人准确恰当地陈述事实真相，避免承担可能的责任；交际功能能够使证人证言听起来更适切，更容易被听者接受；语篇功能则使证人证言更加连贯自然。

2. 证人话语的语篇分析研究

　　语篇分析这一较为传统的视角为证人话语研究提供了基础性的研究成果。余新兵（2019）提出，从语篇信息分析的角度，运用实证的、量化的方法，初步证明语篇信息分析可以将真实证人证言与虚构的证人证言区分开，为综合性证人证言可信度评价机制开辟新的途径。他认为，语篇信息是与词汇语法特征有联系但不一样的独立维度，语篇信息分析为语篇信息提供了非常有操作性的分析手段，可以将文本的语篇信息量化，进而为证人证言可信度的量化评价奠定基础。

　　何占磊（2020）在语言评价系统的框架下，在研究警察讯问语篇的同时研究证人证言语篇，建立态度取向模型，以优化司法询问机制模型。作者认为，可以从以下几方面来完善讯问机制：运用依据评价，还原案件情节、案情定性；运用责任系统，剔除"听说"等低信度证人证言，确保证人证言信度；运用程度系统，在高信度证人证言印证下，重点关注程度评价的次数、力度、"损坏程度""损害程度""破坏程度"等词汇，从询问笔录中进行定性分析、定量统计，开展程度评价；违法轻重、量刑轻重，为法院定罪量刑及宣判提供客观理性参考。

3. 证人证言可靠性的讨论

　　关于证人证言可靠性的讨论从未停息，国内有关证言可靠性的研究也逐渐从证言本身特点的分析走向其他影响证言可靠性的因素。王洪用（2017）认为，证人做伪证的原因大体可分为四类，即世俗文化的困扰和道德判官的心态；制度保障的缺位和实践理性的异化；不当利益的引诱和正当激励的匮乏；伪证法律责任较轻与博弈思维下的侥幸。因此，必须从建立证人出庭宣誓制度着手，完善证言审查机制与伪证追责制度，同时引入民事诉讼免证特权制度，优化证人信息保密措施。龙浩（2015）提出，鉴于刑事证言的主观性和不稳定性等特征，司法人员应当更多地立足于认知能力的发挥及自然科学方法的运用对刑事证言的证明力进行评价。法官在具体案件的审查判断中，要重视矛盾法则、经验法则以及辅助证据的运用。对于证人当庭证言与庭前书面证言存在矛盾以及证人当庭无法完整回忆案件事实等问题，法官要注意如何使用和评价刑事证言。同时，为了提高证人证言的可靠性与客观性，常青华（2021）认为需要做好证人思想工作，消除证人的思想顾虑；充分保障证人权利；真实反映事实全貌；运用同步录音录像；加强对证人证言的补强。

对于刑事诉讼中证人证言的甄别，路长明（2020）认为一般须从侦察和审判阶段两部分进行判断，其中就包括对可靠性的判断。在侦察阶段对于证人证言进行可靠性分析主要是分析证人证言是否是恶意的伪证，而在审判阶段对证人证言的甄别不仅要甄别证人证言是否为恶意的伪证，更要甄别证人证言在形成过程中是否存在一些主观再造的内容。对于民事诉讼证人证言是否可信，许妙环（2021）立足于证人证言采信机制，认为目前证人证言采信存在法官排斥、采信依据单一以及采信程序不规范的问题，就此提出构建采信制度的新思路：重建法官对证人证言的信任；证人证言的采信纳入第三人意见检验模式；严格书面证言的采信条件；严格规定使用庭外调查程序的条件。在审查证人的话语是否合理可信时，于辉（2021）提出在宏观上引入图尔敏模型，从主张、证据事实、保证、支持、模态量词、可能的反驳六个要素进行判断；从微观上设置批判性问题来检验证人的合法性、相关性和可信性。

8.2 证人话语的话语特征与话语策略

目前，我国证人出庭作证率并不高，不论在刑事诉讼还是民事诉讼中，证人出庭作证率都不足 5%，大量证人话语以书面形式由检察机关和当事人提交至法庭。这一现象的主要原因是我国证人作证法律制度与英美法系国家的制度大相径庭。在英美法系国家，证人在开庭或其他诉讼过程中提供口头证词，证人分为专家证人和非专家证人两类，分别提供意见证言与感知证言，证人证言作为重要的证据为法官和陪审团提供判断依据（李磊，2016）。在我国，证人是了解案件事实并应当事人的要求以及法院传唤到庭作证的人（常怡，1999）。根据《民事诉讼法》以及最高人民法院颁布的相关规定，证人有困难不能出庭的，可以提交书面证言当庭宣读。如果证人选择以书面语言作证，也就意味着证人不必亲自到庭接受当事人或法官的询问。

8.2.1　证人话语特征

证人的话语不同于日常话语。在日常话语中，当被问到一个问题时，话语一方会问"你为什么想要知道这些?"或者说"你不能问我那个问题"。我们还可以选择拒绝回答，改变话题，或在回答时谈论相关话题。但是，对于法律话语中的非专家证人而言，这些都是被禁止的（Stygall，1994）。

另外，法律话语的规则也使律师在话语上优越于证人。例如，如果一个证人在回答问题时出现偏离，律师有充足的话语权来打断他，并使他回到所问的问题上来。如果证人还是不回答，律师可以要求法官指示证人回答。然而，证人却没有这种权力要求律师问那些他们认为与争议事实有关的问题。

奥巴尔和孔莱（O'Barr & Conley，1990）提到在大部分美国正式庭审中，证人在法庭上的话语都会受到如下的种种限制：

（1）一般地，证人不能重复他人已经陈述过的对案件的描述；

（2）证人不能猜测其他人对被陈述情形或事件的看法或别的视角；

（3）证人一般不能评论他或她自己对所陈述事件的反应或感情和信念；

（4）在回答问题时，证人一般都受到限制，不能离开被询问的主题而引入自己认为是关键的介绍性部分或条件的信息；

（5）证人一般不能在其陈述中包括任何关于涉案人员的思想精神状况的假设；

（6）非专家证人所作出的价值判断或意见一般是不被赞成的；

（7）通过重复信息而强调是受到限制的；

（8）主要信息不能只通过手势传达；

（9）证人一般都被禁止对被问的问题或作证本身作出评论。

布伦南（Brennan，1994）认为交叉询问从整体上讲是不利于证人的。因为交叉询问中的问题具有以下特点：

（1）把简单问题用一种复杂的方式来问，使得听者很难应付。

（2）在交叉询问中，话语是不关联的，这需要证人不断地调整自己，使用新的话语。

（3）交叉询问中问话的量足以使得证人默认，并有可能以最简单的方式回答。

（4）在交叉询问中，证人只有一种回答方式，并且严格地受庭审程序所制约，这使得很多信息都未被说出。

从上面交叉询问中问话的四个特征我们可以看出，交叉询问的形式和本质是不利于证人的，使证人在与律师对抗的过程中处于一种劣势。

莫里尔（Morrill，1971）总结出了与证人的影响力有关的一些语言特征：

（1）明显的健谈的证人不太有说服力；

（2）叙述型回答比片段型回答更具有说服力；

（3）夸张会弱化证人的证言；

（4）生气的、敌对的证人的说服力差一些；

（5）明显戏剧性的证人可能会给人不诚实的感觉；

（6）在回答问题时过于缓慢没有说服力；

（7）对回答的过多限制不太好；

（8）使用不熟悉的词语以给人以印象可能反而会被认为是不真诚；

（9）新的、独创的或个人的描述和类比比那些传统的、老套的更具有说服力。

总的来说，我们可以将证人话语特征概括为以下几个方面：主观性与不稳定性、弱势言语风格（powerless mode of speech）、叙述型与片段型证言风格。

1. 主观性与不稳定性

证人话语的主观性是指证人将亲身经历或了解的相关事实向法院主观陈述，其证言不一定与客观事实相符。这是因为证人的主观反应会受到多种因素的制约，包括年龄、性别、记忆、表达等，所以即使是同一时间经历同一事件的两个人，提供的证言也会有出入。这就是证人证言主观性的体现之一（李磊，2016）。

同时，证人话语不同于书证、物证的特点之一就是不稳定性。证人随着时间的推移，记忆的消减，或者心理因素的变化，其证言也会变动，甚至前后矛盾，得出完全相反的结果（李磊，2016）。

2. 弱势言语风格

"弱势言语风格"这一术语是奥巴尔（O'Barr, 1982）与其同事总结证人证言的风格时提出的，包括礼貌用语（Mr., Madam, please）、模糊限制语（hedges, 如"sort of","a little"）、犹豫用语（停顿语, 如"uh""um"）和无意义的语气词（如"oh""well""you see"），是那些具有较低社会经济地位的说话者所共有的特征。O'Barr（1982）等人的研究表明，那些具有弱势言语风格的证人往往被模拟陪审员认为不如具有强势言语风格（powerful mode of speech）的人那样具有可信性、真实性、机智性和能力。然而，伯克 – 塞利格森（Berk-Seligson, 1990）指出，同律师有意识地控制证人的证言相比，证人的这种言语风格是无意识的。

在关于法律语言言语风格的研究中，最显著的是 20 世纪 70 年代由杜克大学法律与语言项目组实施的研究。该项目组通过在北卡罗来纳法庭中，由法学院学生扮演陪审员来对证人的言语作出判断，得出了"弱势言语风格"与"强势言语风格"的对比，从而修正了先前学者对于"女士言语"与"男士言语"的差别（Lakoff, 1973）。

20 世纪 70 年代，杜克大学的法律与语言项目对证人的言语展开了研究，发现证人的话语风格深深地影响受话者对证人证言的评价。许多证人话语具有弱势言语风格，表现出以下几个特征（Tiersma, 2000）：

（1）大量使用模糊限制语（如"I think"或"sort of"）；

（2）犹豫性用语（如"uh"或"well"）；

（3）问题语调（用升调来回答问题，表不确定）；

（4）强化词汇（如"very"或"surely"）。

李立和赵洪芳（2009）结合中国庭审话语的实例，探讨了证人的话语特征，包括使用模糊限制语、强势副词、犹豫性用语、答话占支配性比例、重叠或打断等。在中国的法庭话语中，原告、被告或证人倾向于使用模糊限制语（如"左右""比较""几个""好像""那个样子"），这往往反映出说话者的思想具有不明确性或者有意回避，表明法庭话语中的模糊限制语更多的是行使了庭审弱势者的自我保护功能，即保护说话者自身，减轻其对所述话语或所做的结论所要负担的责任。然而，正如斯蒂格尔（Stygall, 1994）的研究所揭示的那样，广泛地应用模糊限制语会使证人处于被法官终止回答、打断或训斥的危险境地。

3. 叙述型与片段型证言风格

除了强势和弱势言语风格特征的区分外，奥巴尔（O'Barr，1982）还区分了叙述型和片段型证言风格（narrative and fragmented testimony styles）。这主要是按照对问话的回答的长度来区分的。叙述型证言一般都比较长而完整，而片段型证言则相对而言较简短。奥巴尔（O'Barr，1982）指出这种律师—证人互动模式能反映出证人的自信心和律师与证人的关系。一般而言，律师应允许己方的证人有机会作出叙述型回答，并限制对方证人作出尽可能简短的回答。叙述型证言可能被陪审员解释为反映了律师在出示证据方面主动地、部分地把控制权转让给了证人（李立、赵洪芳，2009）。

8.2.2　证人话语策略

在庭审话语互动中，相对于法官、律师或公诉人而言，证人属于弱势者，因此证人对其话语的控制力较弱。然而，这并非表明证人完全是被动的、消极的。事实上，证人也可以运用一些有效的话语策略，来实现自己呈现案件事实的话语目的。证人的话语策略包括反诱导性问话策略、他人修正策略、反预设提问策略、打断与反打断策略和反再阐述策略。

1. 反诱导性问话策略

诱导性问话是公诉人和律师常用的一种有效的话语控制策略（赵洪芳，2009）。反诱导性问话策略是指被讯问的一方摆脱提问方话语控制的策略。所谓的诱导性问话就是提问中本身包含信息，不论答话人的回答是否真实，都可以传达出律师或公诉人希望得到的信息。因此，在诱导性询问中，证人本身处于劣势，极易顺从提问的逻辑处于提问者的控制之下。根据蒂尔斯马（Tiersma，2000），诱导性问话通常有三种方式：第一种是使用否定式一般疑问句，如"你昨天没去学校吗？"，这种问话期待一个肯定回答；第二种方式是反义疑问句，如"你昨天没去学校，是吗？"或"你昨天去了学校，不是吗？"；第三种方式是使用具有疑问升调的陈述句，如"你昨天去了学校?"。在此情况下，被询问者可以采取简明坚定的话语风格回应提问，摆脱对方的话语控制。

2. 他人修正策略

修正策略有自我修正与他人修正之分。自我修正是对自己谈话中的错误进行修改，而与自我修正相对的他人修正是指说话者在另一个话轮里对他人的话语进行修正（李立、赵洪芳，2009）。需要注意的是，在法庭话语中的询问环节，证人通常处在相对劣势的位置，为修正对自己不利的印象或者观念，同时又要避免引起与法官、公诉人或律师之间的正面冲突，证人更倾向于选择提供不同的信息来修正先前的观点，而非直接以否定性的话语抵抗询问人的控制。

3. 反预设提问策略

关于预设，最著名的一个例子就是问话"你什么时候停止打老婆的?"中预设了受话者打老婆这一事实。布朗和尤尔（Brown & Yule，1983）举了一个很有趣的例子，假如说话者 A 说"我的叔叔正从加拿大回家来"，其预设是"我有一个叔叔"。然而，说话者也可能会说"我的叔叔没有正从加拿大回家来，因为我没有叔叔"。这种说法似乎是说话者否定另外一个说话者的预设的典型话语。

洛夫斯特（Loftus，1975）的研究表明了受话者对说话者的预设的接受情况。当一些受试看过一个关于汽车事故的短片后，他们被问到以下两个问题：

A. How fast was car A going when it turned right?

B. Did you see a stop sign?

我们可以看出，其中，问题 A 中的预设是 Car A turned right。而有 35% 的受试对问题 B 的回答是"Yes"。另外一些受试看过了同样的汽车事故短片，但他们被问到以下两个问题：

C. How fast was car A going when it ran the stop sign?

D. Did you see a stop sign?

很显然，问题 C 中的预设是 Car A ran the stop sign。因此有更多的受试（53%）对问题 D 的回答是"Yes"。这两组数据表明，带有预设的问题具有明显的诱导性问题的功能。受话者倾向于接受说话者话语中的预设。

在法庭话语中，反预设提问十分常见，法官、公诉人和律师的提问中经常带有预设，而这些预设通常会被答话人肯定。但被询问者对提问中包含的预设并不全是被动接受的。如果答话者清醒地意识到询问者话语中的预设，那么他可以选择否定那些对自己不利的预设，从而扭转在预设提问中的劣势（李立、赵洪芳，2009）。

4. 打断与反打断策略

证人可以运用打断策略，并积极地应对庭审。当法官发问时，证人可以用"是是、对对"等词语来打断法官的问话。这种打断的目的不是要争抢话轮，也不是对法官的藐视或挑衅，而恰恰是一种特殊的积极合作的表现（李立，赵洪芳，2009）。

反打断策略是指证人通过打断积极应对法官、公诉人或律师等强势者的话语控制。在法官提问或陈述时，证人以肯定的话语打断法官，可以营造出一种证人积极配合、争取合作的氛围，从而给法官留下积极的印象，提升证言被采信的可能。另外，在回应公诉人或律师询问时，证人积极陈述或主动回答可以占据一定的话语主导权，扰乱询问者的思路。如果这时询问者频繁打断证人陈述，反倒会留下掩盖真相或证据的嫌疑。

5. 反再阐述策略

再阐述策略是法官、公诉人和律师利用的一种话语策略，目的是通过转换另外一种话语形式，把原、被告或证人答话中已有的信息解释明白或加以强调。当法官、公诉人或律师对证人的话语进行再阐述，目的是产生或强调不利于证人的信息时，证人并不是无能为力的，他可以否定对方的再阐述（李立、赵洪芳，2009）。正如德鲁（Drew，1990）的研究所表明的那样，当律师的措辞试图构建一个不同于证人的说法时，证人有可能抵制，用自己的话语来代替律师的再阐述话语。

8.3　证人话语研究范例

证人话语研究的语料也主要集中在庭审话语中证人出庭作证的证言。以下小节将从证人对模糊限制语的使用、证人对强势副词的使用以及证人犹豫性用语的使用三个角度剖析证人话语策略的运用。

1. 证人对模糊限制语的使用

模糊性词语是人类语言主观性的体现，是相对于具有确切含义的确切词汇（如"五十公斤""十二公里""十周岁""凌晨一点"等）而言的。模糊词语的含义带有明显的模糊性，如"大约""可能""左右""大量""许多"等（华尔赓等，1995）。李立和赵洪芳（2009）指出，在庭审话语中，模糊限制词常常见于庭审弱势者的话语中，往往反映出说话者的思想具有不明确性或者有意回避，是庭审弱势者的自我保护，即保护说话者自身，减轻其对所述话语或所作的结论所要负担的责任。

1）辩护人：你感觉那个人有多高？

证　人：1 米 5 几<u>左右</u>。

2）审判长：他们为什么会住在你家里呀？

被告人：因为我家里面的房子<u>比较大</u>，现在多了，那他说一下子没有租到房子，叫<u>几个人</u>在我家里面住，我说我就不管他，我说你住就住，因为我……

3）公诉人：全某某运子弹的时间是什么时候？

被告人：2000 年，<u>好像是</u>，呃，夏天那个样子吧。

在例 1 中，证人在回答犯罪嫌疑人的辩护人询问时运用了模糊限制语"左右"，表明其对那个人的身高不是很确定，以减轻自己对这一陈述或结论所负的责任。然而，这些细节却往往容易被辩护人所利用，意思是"你对这个细节都不确定，那么证人证言的其他部分未必就具有可信性"。相对于辩护人而言，证人没有优越的法律专业知识，因此，其权势低于辩护人。而他不得已而选择运用的模糊限制语很可能被强势者所利用。例 2 中，犯罪嫌疑人易某某在辩解为什么自己家里住着其他的犯罪嫌疑人时，形容自己的房子"比较大"，意思是"他们住我家只与房子大小有关，与我参与犯罪无关"。而描述多少人在他家时，他选择用模糊限制语"几个人"，意思是强调"我只是卖给他一个人情，让他们住，我并不知道有几个人，也跟他们没有任何关系"。这样，通过模糊限制语的运用，犯罪嫌疑人将自己与犯罪事实化分得泾渭分明，显然是为了减轻责任，达到无罪辩解的目的。例3中，犯罪嫌疑人面对比自己权势强大的公诉人，回答时不是很肯定，但又不能不回答，因此，只好运用了模糊限制语"好像是"和"那个样子吧"，来帮自己完成答复询问的任务。

2. 证人对强势副词的使用

证人作为庭审中的弱势者之一，相较于法官、律师拥有的公权力较小，掌握的专业法律技能也相对薄弱，证人对案件事实的把握也不够精准，因此证人的庭审话语通常具有一些特点，其中证人对强势副词的使用尤为突出。

强势词语，是指那些用来增强表现力的词语手段，没有严格的词汇类别的区分，通常可能是副词、形容词、代词，也可能是词缀、语气词或感叹词等（赵蓉晖，2003）。在庭审话语中，证人的证词中常出现的"肯定""根本""特别"等词语就属于强势词语。例如：

辩护人：您能跟我说一下鉴定的过程吗？因为这是四台服务器，放到您这儿对其中的数据进行鉴定，也就是说交给您鉴定的是这四台服务器中的数据，是吧？

证　人：不是，给我的是硬盘。是已经导出来的，在我们这实验室里，我们的行动支队找的技术人员，他们把这个（数据）导出来的，导出来我才能看。我拿到手里的还看不了，还要架设环境。架设环境以后，我们有一个软件专门抓取文件名的，我用这个软件把所有的文件名称抓取下来，复制到 EXCEL 表，然后我开始按顺序复制名称，在电脑上搜索文件，就是这个硬盘里的文件，搜索出来以后我就审验。[1]

1　参见录像视频《经典庭审对决——王欣案无罪辩护》。来自哔哩哔哩网站。

在该案例中，证人多次使用强势副词来渲染自己亲身经历的可信度，希望以此说服审判长和辩护律师。本段问答的背景是证人作为审鉴员对网络公司四台涉案服务器中的视频进行鉴定，后发现大量淫秽视频，庭上被告网络公司代理律师对证人进行询问，希望从鉴定程序中找出漏洞为其当事人辩护。证人在回答鉴定数据是否是服务器中的数据时，叙述详尽，且多次使用"已经""才能""还要"等强势词语。可以看出，这些词语一部分是在强调整个鉴定过程的各个环节如何进行，为证人自己负责的环节划定了范围界限，且表明自己在鉴定中承担的角色，以此强调其参与的鉴定环节和鉴定责任，用细节争取审判长和律师的信任度。另外还有一些强调词语的作用是暗示案件事实，如"所有""按顺序""就是"等词语。"所有"强调证人在鉴定过程中没有遗漏某些视频文件，因为是否完全鉴定所有视频直接影响到案件中最重要的证据之一，也就是淫秽视频在所有抽检视频中所占的比例。"按顺序"是暗示鉴定过程中基本不会出现漏鉴或重复检验的情况，最后鉴定员再次肯定自己所鉴定的数据来源"就是"硬盘中的文件，而硬盘中的视频是从四台涉案服务器中拷贝出来了，间接强调了抽检数据的来源。鉴定员作为证人突出强调所检验的视频来源正当，鉴定方法适当，并且自己已经尽职尽责完成了所有参检视频的鉴定，可以看出证人希望通过强调鉴定合规合法给庭审上所有人留下深刻印象，从而极力维护其提供证据的效力。合议庭往往在庭审中掌握着对证据进行采用或排除的权力，因此上述的强势副词恰恰是庭审弱势者表现出的对其权势的服从，并试图用强势语言影响其决策。

3. 证人犹豫性用语的使用

犹豫性用语通常表明说话的人对某件事情不确定，或者有意编造、逃避某些事实，从而造成了话语表达中的犹豫和迟疑。下面一例中运用犹豫性用语的是出庭的证人。他在应对庭审强势者的律师或审判长时表现出犹豫和不确定。相反，律师和审判长在庭审中的语气通常富有气势、坚定有力，在某些利害要处甚至步步紧逼，风格凌厉，因此犹豫性用语的使用也是庭审弱势者向强势者顺从的表现之一。例如：

辩护人：根据卷宗材料显示，你曾经对淫秽视频分别做过两次鉴定，鉴定人分别是您和另一个赵警官，那么我的问题是，在这两份鉴定中，赵警官的签字都是您代签的吗？

证　人：……

辩护人：你刚才确认过，都是你代签的，对吧？

证　人：……

辩护人：这上面有两次。

证　人：就有一次我是代签的。

辩护人：哪一次是你签的？

证　人：就是额……

辩护人：是第一次还是第二次？

证　人：就第一次是我签的，第二次就得规范了。[1]

　　证人的犹豫用语有时是不确定或有失底气的表现。此处被告辩护律师明显找到一个鉴定程序中的漏洞，并以此对鉴定员追问。鉴定员证人明显意识到替另一位鉴定员在鉴定意见书上签字是严重的工作失误，因此在面对律师的追问下多有犹豫和迟疑，如停顿或语气词，这些犹豫性用语明显是给思考留出时间，在回答的空隙内思索应对方案，也展示出证人对程序漏洞心知肚明，没有足够的底气来应对提问律师的质疑。

8.4　证人话语研究新发展

　　为了全面推进依法治国，2014 年党的十八届四中全会通过的《中共中央关于全面推进依法治国若干重大问题的决定》指出："推进以审判为中心的诉讼制度改革……完善证人、鉴定人出庭制度，保证庭审在查明事实、认定证据、保护诉权、公正裁判中发挥决定性作用。"以审判为中心的诉讼制度改革就是要逐步实现庭审实质化。在这个过程中，证人出庭作证制度发挥着重要作用，有助于实现案件的公平正义。在这一背景下，有关证人话语的研究对于推动诉讼制度改革而言具有积极

1　参见录像视频《经典庭审对决——王欣案无罪辩护》。来自哔哩哔哩网站。

的借鉴意义。而近年来的证人话语研究的新发展主要表现在以下两个方面。

1. 中外证人话语对比研究

在中外证人制度方面，近年来的研究集中于从比较法的角度研究中外证人保护制度。王喜（2022）认为我国目前的证人保护存在一定的现实困境。从立法层面来看，我国目前还未建立统一的证人保护法，相关的规定多见于各个法律规定中。从司法实践来看，证人出庭作证的现状并不乐观，同时还存在保护措施不完善、证人保护机关责任划分不明确、证人保护期限不完整等问题。西方发达国家建立了比较完善的制度体系，有专门的证人保护法律，其中一些成熟的经验和做法得到了世界大多数国家的认可和遵循，中国也应该学习和吸收，以进一步完善中国证人保护制度。

吴杨泽（2017）从比较法的视角出发，将当前世界各国的证人保护制度分为三种模式：（1）以美国、意大利和澳大利亚为代表的污点证人保护模式；（2）以土耳其和我国为代表的无辜证人保护模式；（3）以德国为代表的混合模式，并阐述了不同证人保护制度的主要特点。作者据此提出了我国证人保护制度的完善重点：从无辜证人保护模式转变为混合模式；应重点保护证人及其家属的人身安全；全面细化证人保护制度，立足本国国情，借鉴国外有益经验，助推我国刑事司法程序的发展。

研究者可以在分析中外证人制度差异的基础上，对中外证人话语进行对比研究，从话语结构、话语目的和话语策略等视角进行探究，以揭示不同的法律制度下证人所具有的话语权的差异，以及权势关系的区别。

2. 专家证人话语研究

西方国家有专家证人制度，我国近年来也规定了专家辅助人制度，也有越来越多的学者参与到专家证人与专家辅助人的言语研究中。程乐和王欣（2017）基于美国的司法实践，对专家证人的言语或文字进行了分析，其中包括密语或暗语分析、商标或专利语言分析与话语或内容分析，以挖掘法庭采纳或排除专家证言的深层次原因。作者经过分析与讨论认为，出现在司法实践中的语言证据所指向的是不同载体证据中涉及的语言问题，既可指内容，也可指形式。由于案件中的语言争议点往往需要专业领域的分析，因此衍生出了语言类的专家证言。且语言类专家意见的提出主体在我国司法语境下可归属于"有专门知识的人"的范畴。我国"有专门知识的人"在司法实践中可以借鉴普通法域专家证言适用的某些规定与标准。

张鲁平和王湛铭（2022）通过分析北京奇虎科技有限公司诉王小川案的语言证据专家意见，认为专家意见在绝对的中立性和绝对的倾向性之间要把握平衡，只能在其专业领域内分析论证，避免触及案件的事实认定或最终裁判。

对于证人证言的研究以往是不被重视的领域。在庭审中，证人的话语往往不是独立存在的，而常常出现在与控辩双方律师的询问环节，且证人作为应答方，往往处于话语权较弱的地位，这也决定了证人的话语特点和话语策略不如律师话语受重视。但另一方面，证人在庭审中承担的角色尤为重要，其证言往往能够对最后的判决结果产生重大的影响，语言之间的切磋纵横可能只在细微之处，却一差千里。因此，本节对于证人证言的研究具有其独特的实践价值。

第9章
近十年法律话语研究新发展：
展望与思考

　　语言是法律的表现形式，法律是语言的具体运用，法律与语言密不可分。作为新兴的交叉学科，法律语言研究不仅是语言学理论在法律语境中的具体应用，也是从语言、社会及文化等层面为司法建设提供指导的迫切需求。法律语言主要可分为立法语言与司法话语两大类[1]，前者指制定法律所使用语言，具有静态性；后者则指法律实施过程中所使用的语言，更具动态性（熊德米，2010）。法律实施过程包括侦查、执法、立案、审判等步骤，涉及警察、律师、法官、检察官、证人等人员，司法程序中每一阶段、每一参与人员的话语都应引起法律语言学家的重视，因此司法话语研究也被称为形式最丰富、类型最多样、内容最复杂的法律语言研究（吴伟平，2002）。司法话语既包括庭审记录、判决书等书面语，也包括逮捕、传唤、庭审等司法活动过程中的口头语，因此司法话语研究不仅从语言角度关注其作为语篇的用词、句式、衔接、连贯、意义建构等特点，也从社会文化等角度聚焦司法话语作为一种机构话语所体现的权力关系、意识形态、社会结构等因素。研究司法领域中的话语为监督司法机关权力运行提供了参考，为实现司法过程的公平正义提供了帮助，为在哲学层面探讨司法过程的理性化、规范化问题提供了可操作性和实践性建议。司法领域的话语研究有助于提升大众法治意识、加快法治文化建设，助推普法进程。此外，通过对司法领域中法律

1　虽然前文将法律语言分为四个种类，即立法语言、司法语言、执法语言和普法语言，但是这里为行文方便，分为两大类，后两类暂时忽略不计。

话语的研究，进一步搭建国内外法学思想交流的重要桥梁，对司法领域中的法律话语进行研究，也可以指明未来法律翻译的发展方向，让法律语言学理论和法律翻译理论从"纸上"走向"纸下"，指导跨区域的法律实践活动，构建平稳有效的国内外法治话语体系。概言之，司法领域中的法律话语研究应时代之需，是民之所向。在科技迅猛发展的新时代，司法领域中的法律话语研究面临着更广阔的发展空间，也面临着巨大的挑战。

9.1 法律话语研究的总结与反思

法律语言学作为新兴学科，近年来吸引着国内外学者越来越多的目光与探索，其中不乏对司法领域法律话语的研究。纵观国内外的司法话语研究，可以发现国外学界对司法领域中法律话语的关注度较高，研究起步较早，研究视角较广。相较之下，国内法律语言研究起步则落后于国外，并且侧重对静态的立法语言的分析与研究，对司法语言的研究则相对较少且研究内容较为集中。换言之，虽然司法话语内容丰富、形式多样，是具有广阔前景的研究领域，但目前的司法话语研究，尤其是国内的司法话语研究在理论基础、研究方法以及研究视角方面仍然存在一些不足，在未来仍然具有广阔的发展空间。

9.1.1 理论基础

作为一门独立的学科，法律语言学强调应用性和系统性，这表明其必须建立并不断完善独立的理论框架，以指导法律语言学范围内的各类研究活动，并且将理论运用到法律语言实践中加以应用与检验。法律语言学是语言学和法学结合发展而来，其实践研究先于系统理论研究，因此不能忽视其中的系统性和应用性，否则法律语言学的研究会有失整体性（杜金榜，2000）。对于司法领域内的法律语言研究而言也是如此，只有厘清关键概念并且明确相互关系才能建立系统的理论框架，进而赋予司法话语研究以整体性，而不是分散的认识和互相独立的结论。因此，理论基础对于司法话语研究的重要性不言而喻，但现有研究表明，司法话语研究的理论基础仍不够坚实。首先，司法话语研究没有形成系统独立的理论框架，许多研究单纯依靠语言学理论，对司法话语自身的法学渊源与特点考虑不够，许多相关问题仍需要更加深入的研究，并且达成共识，形成理论体系。其次，司法话语研究理论的建设应注重理论性与实践性的统一，我们必须明确地认识到，司法话语研究具有很强的实践导向性，它最终应该是服务于司法实践的。然而现阶段的司法话语研究多停留在对司法文本的遣词造句以及语言交际的描述与分析上，脱离司法实务，缺乏法律从业者的共鸣与重视。司法话语研究理论的建立应该做到从实践中来，到实践中去，所有理论都应该被运用到司法实践活动中加以检验，理论建设的目的也应是更好地指导司法话语研究，从而为改善司法工作提供高效指导。如果仅仅从语言学理论出发对法律文本的字词句及篇章结构进行分析，就难以对司法实践起到真正的指导作用，这样的研究也无法引起法律工作者的注意与重视。

9.1.2　研究方法

科学研究方法既是一种知识体系，又是一种行为规律；既是一种理论上的方法体系，又是一种具体实践的行为策略（戴炜栋，2012）。作为社会科学范畴内的学科，法律语言研究可以采取的研究方法十分丰富多样，如内省法、问卷法、人种志、个案法、语篇分析法、文献法等，杜金榜（2004）将纷繁的研究方法归纳为文献研究法、实验研究法、调查研究法和描述研究法等四大类。目前司法话语研究多采用对文本进行描述或对语篇进行分析的研究方法，多偏向定性研究而缺少定量的分析，特别是语料库等定量研究方法在司法话语研究中的应用较少。例如，在中国知网上以"司法话语""法庭话语""律师话语""法官话语"等作为关键词检索近年相关文献，并将文献来源设定为"北大核心"和"CSSCI"，在筛除不相关文章后，可以得到 66 篇司法话语相关研究，对它们的研究方法进行统计后发现，如表 9-1 所示，国内司法话语研究绝大多数都采用分析法等描写研究法，同时存在少量的研究使用文献研究法及调查研究法，实验研究法则更难一见。

表 9-1　CNKI 司法话语主要文章研究方法统计（截至 2021 年）

	文献研究法	实验研究法	调查研究法	描述研究法	合计
数量	5	0	3	58	66
百分比（%）	7.57	0	4.55	87.88	100

同时，在语料方面，研究者多采用现成的法律文本语料，而缺少自然语境发生的语料，因此研究中也缺少对司法话语多模态资源的重视。从定性研究和定量研究的角度考虑，国内司法话语研究大部分均为定性研究，只有少量研究结合了定量的数据分析方法（陈金诗，2012；江玲，2013；廖美珍等，2015；罗桂花等，2013）。总之，从研究方法角度考虑，未来的司法话语研究应创新研究方法的使用，除了对语言现象进行描述与分析外，应更多地采取田野调查、观察法、实验法等研究方法，关注法律话语中的多模态资源、非语言符号、社会文化因素等，同时更多地采取定性与定量相结合的分析方法，借助语料库等分析手段，以实现研究方法的突破与创新。

9.1.3　研究视角

虽然司法语言研究呈现出良好态势，但研究视野还较为狭窄，仍需要研究视角上的创新与完善。首先，就国内而言，目前大多的研究都从语言学视角出发，而缺少来自法学家以及司法实务部门的关注。其实，研究成果的使用是语言学发展的标志之一，在许多国家，比如美国、英国、澳大利亚等，语言学家已经可以作为专家或语言证人参与司法实践，尤其是法庭活动，他们的专业性与权威性得到了司法界的认可（杜金榜，2003）。而我国目前的司法话语研究成果有时成了语言学家的"独角戏"，缺少在司法实践中的检验，也不能引起司法实务部门的重视。究其原因，一是我国司法话语研究尚未形成完备的理论体系，不足以为司法实践提供较为坚实的理论支撑和学理参考；二是我国庭审制度以往相对较为封闭，司法部门尚未为语言学家参与司法实践提供有利条件与机会，比如司法活动语料的收集以及庭审音像材料的获取等；三是法学学者及法律工作者对语言学知识及语言与法律的关系的忽视可能也导致了司法话语研究缺少法学视角。法学研究者也应该从法学、法哲学本身的视角对法律语言予以审视，这样才能有利于法律语言研究接近法学家以及法律从业者，使其深入理解法律语言研究的意义所在（程乐、宫明玉，2016）。

此外，在研究视角方面，国内司法话语研究同样存在研究内容过于集中，研究分布不均衡的问题。廖美珍（2004）将 20 世纪 70 年代定为国外法律语言学的研究分界点，在其之前的研究探讨法律语言的字词句、结构和语言特征，在其之后则重点关注法庭话语、法律实践互动和话语的生成和理解。然而目前国内大部分司法话语研究内容仍集中于第一阶段，即司法文本遣词用句等内容的分析上，多词汇、句法、修辞等方面的描述性研究。而更深层次的剖析，比如对司法话语背后隐藏的权力关系的关注较为匮乏，同时也倾向于聚焦微观的话语本身，很少把司法话语放在更广阔的社会文化背景下，考量其与社会政治经济制度等的相互作用与关系，以及社会文化对其产生的影响。研究对象方面，对法庭话语及法官话语的研究数量较多，而对证人话语、检察官话语的研究则较为罕见。

9.2　法律话语研究展望与思考

尽管司法话语研究目前仍处于快速发展阶段，仍然存在亟待完善的问题，但这无法否定司法话语研究的远大前景。未来的司法话语研究应夯实理论基础，均衡研究方法，实现研究视角的多样性，例如，关注司法话语中的多模态资源与权势因素，增加定量研究方法，引入语料库技术，并且将司法话语与社会文化大背景相结合，从跨文化角度审视司法话语等。

9.2.1 多模态司法话语研究

多模态话语研究在西方兴起于 20 世纪 90 年代。经过二十多年的发展，多模态分析已经超越了语言学研究领域，扩展到符号学、哲学、社会学、人类学、政治学、新闻学、心理学、法学、美学和医学等领域，研究对象也从语言文字扩展到音乐、图片、影像、网页设计和建筑风格等多种社会符号系统。就国内研究而言，自从 2003 年李战子首次引介多模态研究以来，胡壮麟、顾曰国、张德禄、李战子、朱永兴等一批国内学者的推介和研究极大地推动了多模态研究的发展，对推进国内多模态研究起到了宏观指导的作用。在近十年时间里，多模态研究在国内发展迅速，研究范围涵盖多模态理论探讨、多模态应用分析（广告、漫画、诗歌、小说、电影、课件及网络软件等）以及多模态在教学中的应用等。

作为一种新兴话语，多模态话语研究综合各种语言形式和表意手段，调动多种感官以达到互动效果（张德禄，2009）。无论何时何地，无论何种文化背景，人们的交际与信息交互似乎都并不只依赖语言，有时我们词不达意，需要借助肢体语言来辅助语言表达以表明自己的确切含义，有时我们口不应心，一个眼神或是一个停顿也许就会将内心的真实意图出卖。随着信息时代的发展，计算机技术、移动媒体、新媒体技术日新月异，人们也越来越习惯于结合图像、声音、色彩、动作、文字等多种符号资源来传递信息。凡此种种，皆为话语多模态性的体现。人们往往对此类现象司空见惯，长久以来，话语分析的理论和方法主要针对语言，但随着话语理论的发展，语言学家们发现除了话语的语言特征外，非语言因素同样影响着话语的意义建构，为了更综合、全面、深入地探讨话语的生成与内在机制，需要统筹考虑文字、声音、动作、色彩等多种模态的功能以及它们之间的相互作用。以进行话语意义的深层、多面解读，利用多模态达到交际目的（朱永生，2007）。因此，多模态话语分析逐渐成了话语分析的组成部分，广受关注。

司法话语往往涉及多种模态，具有多模态属性。在司法话语中，语言这一符号固然起着重要作用，例如司法文书仅由语言构成，但诸如图像、声音、肢体语言等其他表意资源也常常被司法活动参与者用于论证观点、实现目的，同时，数字技术的发展使得远程庭审、司法动画模拟、3D 及 VR 证据展示等成为可能，也改变了司法话语单一模态的传统局面（李文、王振华，2019）。另外，司法改革与司法公开的不断推进使得审判流程、裁判文书、执行信息等司法话语运用网络、微博、微信、移动新闻客户端等载体，以图文、微博、动画等形式公开（中华人民共和国最高人民法院，2015），也增强了司法话语的多模态属性。

多模态分析已成为研究社会文化现象的全新视角和有效方法，其分析价值得到学者的认可。近年来，法律语言学者开始尝试将多模态理论引入法律话语分析。多模态研究把法律话语中的语言与非语言符号纳入统一的分析范畴，将司法活动参与者的表情、手势、声音和相关证物等非语言模态视为与语言同样重要的表意资源，讨论司法实践中语言之外的其他表意系统及其功用，有助于更加全面、更加客观地揭示司法实践的实体运行。

法律话语多模态互动研究重点关注司法活动参与者所使用的模态资源之间的互动，尤其是语言与其他模态资源（如图像、声音、注视、身势语等）之间的互动，强调模态意义通过法律话语互动产生并随着互动而不断发展变化，是不同模态资源之间相互作用和参与者之间共同协商的结果。法律话语多模态批评性研究旨在结合批评话语分析，考察多模态资源在法律话语权力关系构建中的作用，认为法律话语中的意识形态和权力操控不仅可以通过语言来构建，还可以通过空间布局、手势和声音等模态来实现。此外，普法话语的多模态分析也逐渐兴起。普法话语的多模态分析主要源于袁传有 2012 年获批的国家社科项目"新媒体普法话语多模态研究"以及广东外语外贸大学的一些硕博士学位论文，如法律人微博的多模态普法话语分析（柴静丽，2015）、普法教育中公益广告的多模态意义构建（刘亚飞，2017）、法制漫画的多模态意义建构（刘志超，2019）、儿童普法话语的多模态意义构建（安妮，2020）等。此外，国内还有一些有关法律英语多模态教学的探讨（如徐优平，2017；袁传有，2010；赵永平，2018）。

国内的法律话语多模态研究主要关注司法实践中不同模态资源在实现特定司法目的中的作用及其协同互动过程，相当于上文所述的法律话语多模态功能研究和法律话语多模态互动研究。研究的对象主要为司法话语和普法话语，但包括不同的研究主题。司法话语的多模态研究既有较为宏观的多模态构建分析，如庭审中法律事实的多模态建构（郭万群，2014）、庭审话语的多模态意义建构（何静秋，2020）、庭审律师话语的身份建构（张荷等，2020）等，也有从微观视角分析特定话语类型的多模态特征及其实现方式，如庭审中反问句的多模态分析（陈海庆、孙润好，2019，2020b）、法庭互动话语回述现象的多模态分析（邓茜之、王晓燕，2013）、侦查讯问中打断现象的多模态分析（赵刚蕾，2016）等。此外，张丽萍和丁天会（2017）对我国古代法庭空间化的权力进行了多模态话语分析，揭示了法官话语权力在司法话语中的有限性与非中心性，是国内为数不多的法律话语多模态批评性研究。由此可见，司法话语的多模态话语分析大有可为。国外学者已经开始关注司法话语中的多模态因素，比如，霍文和基什切克（Hoven & Kišiček，2017）以一起为被判死刑的黑帮头目争取宽大处理的案件为例，通过对比传统的单一模态法律话语形式和复杂的多模态法律话语形式来分析多模态法律话语在辩护中是否具有独到优势。马托西亚和吉尔伯特（Matoesian & Gilbert，2016）以威廉·肯尼迪·史密斯强奸案审判中辩方的结案陈词为例，说明辩护律师如何通过语言、手势和实物之间的相互作用来构建法律语境，以说服陪审团实现强有力的辩护。相较之下，多模态话语研究在国内虽然也引起了众多学者的关注，但多应用于外语教学、影视作品、政务语篇等语境中，司法话语中的多模态资源却鲜有问津者，可以说仍处于初步探索阶段。针对这一问题，王振华（2019）在梳理国际上司法话语多模态研究的基础上，归纳了该领域的研究议题与研究方法，并剖析了现存问题与未来发展方向，为司法话语多模态研究在我国的本土化研究打下了坚实的基础。

法律话语的多模态研究已经取得了显著的成绩，但也存在一定的不足，主要表现在：在研究理论基础方面，多模态法律话语研究仍主要基于语言学理论，与其他学科、理论之间的融合和互动不够充分；在研究方法方面，当下的法律话语多模态研究仍然以基于个案的定性研究为主，其语料缺乏代表性，缺乏实证性的定量研究；在研究视角方面，现阶段的法律话语多模态研究仍局限于语篇创造者视角，重点关注模态间的互动及其对于意义的贡献，缺乏语篇接受者视角的分析，且关注的模态也比较有限，没有充分关照新技术模态。因此，未来的研究一是聚焦理论探索和创新，促进不同学科（如法学、语言学、社会学、认知科学和心理学等）之间的进一步融合，且尝试将更多的理论视角（如认知隐喻研究）应用到该领域研究中；二是开展多模态法律话语实证研究，如基于语料库的司法话语多模态分析、基于语篇接受者视角的实证研究、多模态资源在不同法律体系中的使用特征分析等；三是关注新技术引发的新模态资源及其对传统模态的影响（李文、王振华，2019）。

总而言之，多模态法律话语研究要与其他学科、理论进行深层次互动、融合，重点关注模态间的互动并充分关照新技术模态。因此，司法领域的多模态话语研究需要聚焦理论探索和创新，促进不同学科间的融合，且应用更多的理论视角（如认知隐喻研究），同时开展司法领域的多模态法律话语实证研究，如基于语料库的司法话语多模态分析、基于语篇接受者视角的实证研究、多模态资源在不同法律体系中的使用特征分析等。相信在未来的司法话语研究中，多模态资源会扮演越来越重要的角色，使司法话语分析实现更全面、更准确、更加深层次的话语意义解读，从而更好地服务于司法实践。

9.2.2　基于语料库的司法话语研究

随着信息技术的不断进步和语料库语言学的发展，语料库语言学得以诞生并广泛用于语言分析，成为语言学研究领域的一个热点。作为与语言密切关联的领域，语料库方法早已引入法律语言研究。早期的基于语料库方法的法律语言研究多为单维度的质性分析，即通过检索关键词、搭配等的频率来识别某一语言使用变体中特别频繁或罕见的语言程式及其分布概率。近年来，语料库方法和统计方法的进一步结合使得对法律语言的多维度量化描述和直观呈现成为可能，通过多维度和多因素方法，可以对法律语言在不同语域或语类之间的区别性参数进行系统的描述（陈蕊娜，2015）。语料库是以电子计算机为载体的自然语言数据的集合，借助语料库分析工具，研究者可以系统归纳语言特性和文本特点。与内省、自造例证或诱导询问等语料收集方法不同，语料库语料优势明显。一是语料库语料多为真实语篇，汇集自然语言和真实语料，反映语言的实际使用，提供可信的量化数据，科学地展示一些语言及其特征的使用频率，帮助人们认识到科学归纳与靠直觉归纳的区别（马博森，2009）；二是处理快速便捷，语料库语料可以广泛地借助计算机软件作为分析媒介，使用自动和互动技术对大批量数据进行快速的分析处理；此外，借助语料库数据处理，可通过定量和定性相结合的方法阐释语言的使用（钱永红、陈新仁，2014）。

基于语料库的法律文本分析主要采用语料库方法系统研究各种法律文本的特点，如程乐（2010）以收集的 90 篇上诉法院的判决书为语料库，系统研究了中国香港、台湾和大陆三地不同司法体系下判决书文本的语言差异，包括判决书各语步及其组合构型、法官的自我指称以及法律援引等。与此类似，陈伟（2013）以台湾、香港和大陆三地汉英双语法律文本为例，按照国内法和国际法、部门法、实体法和程序法等三个维度，建立库容约为 1 000 万字词的两岸三地法律文本汉 / 英双语平行语料库，从语义、语法和语用的多维视角考察了不同司法体系中施为动词的使用情况。此外，有学者基于语料库对立法文本中的一些特殊语言现象作了分析，如我国立法文本中的"但 / 但是"句（骆慧婷、王珊，2018）、我国立法文本中的情态模糊限制语（蒋婷，2012）、法律英语文本中的情态动词（胡丹，2011）、法律英语中的增强语（秦平新，2018）等。

国外法律语言的语料库研究主要包括三个方面：（1）检测各类案件中的语言证据，用以判断被记录下来的文字出自何人之口或何人之手，既包括文章作者和文艺作品的创作者，也包括版权、著作权、遗嘱、书信、口供记录等；（2）分析司法程序中的语言使用，主要包括逮捕、审讯、指控、庭审和审判等领域，尤以对刑事案件庭审语言的研究最为丰富；（3）描述书面法律文本的语言特征，主要是对不同语域的书面法律语言形式（包括转写成书面形式）的研究（陈蕊娜，2015）。

国内法律语言学界也较早开始关注语料库，有学者尝试建立法律语料库，如宋北平率先建成的我国第一个"法律语言语料库"，杜金榜根据语篇信息结构模式建立的"法律信息处理系统语料库"（Corpus for the Legal Information Processing System，CLIPS），绍兴文理学院建立的"中国法律法规汉英平行语料库"（Parallel Corpus of China's Legal Documents，PCCLD）等。在相关法律语料库的推动下，国内基于语料库的法律语言研究迅速发展起来，研究的对象主要包括三个方面：法律文本分析、法律翻译、法律语言教学。

国内语料库法律语言研究的另一个重要领域是法律翻译，基于语料库讨论特定语词的翻译，包括我国立法语言中的情态动词的翻译（蒋婷、金雯，2012）、我国立法语篇情态操作语的英译（蒋婷、杨炳钧，2013）、立法翻译文本中程式语搭配特征（宋丽珏，2015）、"律师"一词的术语探源及相关术语英译（戴拥军、魏向清，2014）等。此外，有学者基于语料库对法律翻译研究本身进行了综述与分析（徐珺、王清然，2017），还有学者基于法律双语语料库对我国法律文本英译的质量进行了分析（唐义均、杨燚，2017）。同时我们也注意到，我国法律语言学界申请到的两项国家社科重大项目（"'一带一路'沿线国家法律文本翻译、研究及数据"和"美国国会涉华法案文本整理、翻译与研究"）均涉及法律翻译，且均涉及语料库方法。此外，国内也有学者讨论基于语料库的法律语言教学，如孟超和马庆林（2019）构建了基于在线语料库的法律英语词汇教学模型，陈金诗（2011）讨论了基于"法律信息处理系统语料库"的语篇信息教学实践。

得益于大数据和语料库的发展，语料库研究方法广泛应用于多个领域，包括但不限于语言教学、话语分析、翻译研究等（何中清、彭宣维，2011）。语料库技术在司法话语研究领域同样有用武之地。在国际上，司法领域中的语料库研究已初具规模，语料库技术的发展不仅为司法语言学家提供了一种语言鉴定的重要手段，同时也为司法话语研究提供了新型的语料库语料。在司法语言鉴定中，语料库技术主要用于比对敲诈信、认罪书等文件，以确定其真伪或著作权等，这些相关文件自身可构成语料库供研究者分析，研究者也可通过将相关文件与通用语料库的比较来进行分析（马博森，2009）。库特哈德（Coulthard，2013）认为，语料库的词频统计、词语搭配、单词共现、语法选择等功能可以为司法语言学家所用，以提高司法语言鉴定的权威性和可信度，比如，在库特哈德（Coulthard，2013）给出的案例中，被告声称他获罪是由于上司篡改了他的一份报告，因为他文化水平不高，只会使用简单的词汇，而报告中的词汇复杂。在语料库的帮助下，司法语言学家对报告中被告所写部分与有改写嫌疑的部分进行了词频对比分析，分析结果显示"impasse"和"enthusiast"可能是改写时插入的，它们所出现的频率分别只有百万分之四和百万分之二点五。此外，"impasse"一词多出现在《泰晤士报》和《独立报》两份报纸上，但以被告的文化水平而言，他并不是这类报纸的读者，由此可以为鉴定报告的真实性提供司法参考意见。

除了司法语言鉴定之外，语料库也可以用于司法话语分析，帮助探讨各类体裁司法话语的语言特征。比如，海弗（Heffer，2005）从 100 多场不同的审判中收集语料建立语料库，并借助计算机软件 Wordsmith 对语料进行词频、分布、搭配、关键度等方面的分析，以得出频繁的词汇和话语模式，进而分析在陪审团刑事法庭中法律专业人员与普通人交流的方式，比如律师如何设法说服陪审团，法官如何设法向不精通法律的陪审员解释相关的法律要点等。

总体而言，西方学者主要关注司法领域，重点研究司法实践中的语言证据和话语特征；国内研究者主要关注法律文本和法律翻译，司法领域的研究还有很大的提升空间。在此，我们倡导国内学者借鉴西方语料库法律语言研究的思路与范式，开展基于我国司法实践的语料库法律话语分析。无论是语料库技术在司法语言鉴定中的应用还是基于语料库的司法话语研究在国内都并不多见，国内的法律语言研究者多运用语料库分析立法语言特点、法律翻译研究以及法律英语教学。这一现象的潜在原因之一可能是我国参与司法审判的限制较多，司法信息公开度较低。但近年来，司法改革与司法公开的推进也为基于语料库的司法话语研究提供了坚实的物质基础。党的十八届三中全会以来，我国人民法院不断推进司法公开工作。正如《中国法院的司法公开》（2015）白皮书中所记，"最高人民法院先后出台《关于推进司法公开三大平台建设的若干意见》《关于人民法院在互联网公布裁判文书的规定》《关于人民法院执行流程公开的若干意见》等文件，并指出要借助现代科技，推进审判流程、裁判文书、执行信息公开平台建设。"庭审是审判活动的中心，也是司法公开的关键，各级人民法院不断创新庭审方式，拓宽庭审公开的形式和范围。2013 年 12 月开始，中国法院庭审直播网正式开通，公民可以在线观看庭审直播和录播；最高人民法院同时修订了人民法院法庭规则，推出公民凭身份证可在庭审现场旁听、网上预约旁听等措施。各地法院也不断加强数字科技法庭建设，落实庭审同步录音录像并集中存储、长期保存的措施（中华人民共和国最高人民法院，2015）。司法公开的不断深化不仅可以促进司法公正，保障司法廉洁，提高司法工作水平，也为司法话语语料库研究提供了便利的现实条件。尽管国内外法律语言学者都关注语料库并采用语料库方法开展相关研究，但各自关注的领域和研究的内容均有所区别。

9.2.3　批评性司法话语分析

司法实践中，语言不仅仅是法律的载体，也是司法参与者身份建构的工具，体现着不同主体的地位与权力差异。基于批评话语分析视角深入剖析司法话语中的权势因素与不平等现象，能够对司法话语中的法律关系形成更深刻的理解，并进一步促进司法话语的正义性。批评话语分析以分析语言特征及其背后的社会文化探讨话语、权势和意识形态之间的关系。

20 世纪 70 年代，费尔克劳、富勒等人提出“批评话语分析”（CDA）用来揭示语言、权力和意识形态之间的关系，即通过分析话语结构揭示不同语言使用方式下所蕴含的权力关系和意识形态。费尔克劳还提出了话语分析的三框架和三模式，用以分析机构性话语。

20 世纪 90 年代以来，国内对批评话语分析的关注度呈现上升趋势，许多学者从理论出发对其相关的核心问题进行了梳理，如辛斌和高小丽（2013）对批评话语分析的研究目的、研究方法以及最新研究动态进行了归纳与论述。批评话语分析的发展也显现出跨学科研究的特点，如杨熊端和丁建新（2016）将 CDA 视角引入民族志的研究，揭示民族志语篇背后隐含的意识形态意义与权力关系，以及这些意识形态如何借由话语实践逐渐形成知识、真理，并成为公共机构所遵守的范式，甚至影响社会发展的方方面面。批评话语分析关注真实社会活动，聚焦语篇背后的社会意识形态，在揭露政治语篇或媒体语篇等背后隐含的社会权力关系与意识形态方面有着深刻而广泛的应用，它主要关注的因素有性别、权势、种族、平等等。除此以外，批评话语分析也可在司法话语中大施拳脚。主要原因有二：其一，司法实践中的参与者身份可以影响语言的使用。以英美法律体系为例，在法庭上，具有最高权威的法官可以发指令、做决定、驳请求，且受到法庭其他成员的礼貌回应；法庭中最活跃的律师可以向其他成员发问；证人一般只能回答问题，不能发问，更不能随意偏离话题（杜金榜，2004）。事实上，从警察、法官、检察官、律师等法律工作者，到证人、陪审团等普通民众，司法程序各步骤中所涉主体由于法律知识、社会背景、教育背景、语言技巧等因素均存在权利关系的不对等。其二，社会公平正义是司法事业永恒的追求，通过法律话语的研究揭示司法中的非公平、非正义现象，才能赋予司法话语研究以现实意义，促进司法活动各权利主体之间的平等对话与沟通，彰显司法程序的公正性。对司法语境中各种涉法话语现象进行科学理性的分析，可以最大限度地彰显话语权利的平等性和声张法治社会的正义性（熊德米，2010）。孔莱和奥巴尔（Conley & O'Barr，1998）所著的《法律、语言与权力》，基于批评话语分析的视角，通过对强奸案的审判等法律语言的分析揭示法律话语中的权势因素与应用过程中的不平等现象。近年来，国内学者也有对法庭话语进行批评话语分析的尝试，比如廖美珍（2003）的《法庭问答及其互动研究》及张清（2013a）的《法官庭审话语的实证研究》等。未来的司法话语研究可以进一步深化对司法话语的批评性分析，比如，在研究对象方面，除了法官之外，更多地关注司法实践中的证人、律师等不同主体；在研究方法方面，进一步结合社会学理论与研究方法，通过分析司法话语的微观语言细节，进而描述其中的话语权力和策略，揭示权力关系和意识形态，为司法改革提供参考议，促进司法公平正义。

9.2.4　跨文化视角的司法话语研究

随着世界范围内全球化的不断深入，加之我国内部长期性的社会流动与人员迁徙，司法实践涉及越来越多的来自不同文化背景的主体，下一阶段的司法话语研究应重视开展基于跨文化、文化对比角度的研究，不仅有利于引进先进的域外司法实践经验，扩展我国法律工作者国际视野，促进涉外法治人才培养；同时也能够促进司法公正，减少司法实践中因文化背景差异而产生的冲突与矛盾，提高法律工作者跨文化交际的能力。

近年来，跨文化交际能力一直是学术界关注的研究热点，许多学者都曾就跨文化交际能力的界定发表过自己的看法，胡文仲（2013）从认知、情感和行为三个层面进行了归纳，即通晓与政治经济、历史地理、人文宗教和传统习俗相关的背景文化，能认识、包容、理解且尊重其他文化，且具备语言、非语言、交际、心理调适、环境适应等方面的综合能力。

跨文化视角的司法话语研究可以为法律工作者及法学专业学生提升文化敏感度及扩展国际视野提供思路，为推进涉外法治人才培养奠定基础。2020 年 11 月召开的中央全面依法治国工作会议上，习近平总书记强调要坚持统筹推进国内法治和涉外法治。新时代，坚持以习近平法治思想为指导，全面布局对外法治建设，统筹国内法治和涉外法治，有利于提高我国在国际事务中的话语权、深化对外开放、维护国家安全和发展利益。其中，培养并补足涉外法治人才、提升涉外人才队伍能力是推进法治建设的重要环节。国家不断强调涉外法治人才培养，教育部早在 2011 年就提出要培养能参与国际法律事务和维护国家利益的涉外法律人才。但是我国涉外法治人才培养仍面临着许多挑战，例如，法学专业学生国际事务实践能力不足且外语交流能力较弱。究其原因有三，一是我国法学专业教学未与国际法律实务成功接轨，学生缺少法律实践机会，实践能力不足；二是中国法学教育重知识轻思辨、重理论轻实践，中国学生往往缺乏必要的法庭技能和法律逻辑；三是法学专业外语教学深度和广度均有限，教学方式方法也远离国际法律实务，学生的外语能力欠缺不止体现为外语听说读写能力的不足，也体现在跨文化交际能力的短缺（刘晓红，2021）。由此可见，提高法律工作者及法学专业学生跨文化交际能力有助于培养具有国际视野、通晓国际规则、善于处理国际事务的涉外法治人才。为了实现这一目的，法律语言学家们需要更多地从跨文化角度开展司法话语研究，对比不同社会文化背景对司法实践各个参与者话语使用的影响，采用对比分析的方式探讨国内外司法实践中由于文化差异而导致的不同，分析如何在涉外法律实践中克服社会文化与语言的隔阂，以帮助法律工作者掌握跨文化司法实践知识，使他们能够认识、包容并尊重文化差异和文化多样性，以实现在涉外法律实践中有效的沟通交流，成为本土情怀和国际视野兼备的法律人才。

除了涉外法律实务需要跨文化交际外，国内的司法实践也应当更多地关注地区文化差异带来的影响。我国幅员辽阔，民族众多，且人口迁移情况较为普遍，因此方言与地区文化差异也是法律工作中不可回避的问题。正所谓"十里不同音，百里不同俗"，我国方言种类纷繁复杂，风俗文化五花八门，各地方言的语音、词汇和语法句式都有所差异，方言也是体现地区风俗文化，民众性格的一面镜子。另外，社会具有不同的阶层，各阶层有自己个性的语言表达方式，从而形成了一个个带有社会属性的社区方言，例如近些年"农民工"群体因处于城市中"语言孤岛"缺少交流而引起的意外法律纠纷的事件比较多，此外，网络语言也是时代造就的一种社区语言（王东海，2019）。对于法律工作者而言，重视地区文化差异、方言差异以及不同的语言社区，才能减少司法实践中矛盾的产生，以实现真正平等地为社会各群体服务，促进司法正义与公正。因此，下一阶段的司法话语研究应当重视文化及社会因素对司法实践的影响，并开展对司法工作人员的语言培训，以化解司法实践中因文化、地域等差异而导致的矛盾，促进司法工作提高效率。

9.2.5　司法领域中的法律修辞研究

虽然我国和西方都产生并发展了修辞理念，但两者的研究重点有所不同，我国的传统修辞理念讨论如何更好地实现语言表达效果，但是在西方语境中，修辞绝非简单的语言表达问题，而更重要的是说明"何为正当"的论证问题，是一种理性说服的手段。因此，修辞是一种与逻辑相应的研究范式（焦宝乾，2014），也是一种以说服和论证为目的的研究方法和思维方式，在文学、语言学、法学等社会科学研究领域有重要的方法论价值。

我国学者开始关注并系统研究西方的修辞学，而西方修辞学引入法学领域是在 2010 年左右。从 2010 年前后伊始，法律修辞研究在国内悄然兴起，最初是以陈金钊、焦宝乾为首的一批法学学者，后来语言学界（尤其是外语界）学者也开始加入。法学界对法律修辞的关注源于其对法学方法论研究中修辞方法重要性的认知，他们将法律修辞看作是一种法律方法论和法治思维方式。陈金钊（2011）系统讨论了法律修辞方法及其对法治建设的重要意义，指出以法律修辞学为基础的法律方法是对把政治当成法律的挑战，是实现司法公正的路径，也是实现法治不可缺少的思维方式。另外，陈金钊（2012）提出了"把法律作为修辞"的重要命题，指出把法律作为修辞是法治时代的思维特征，是筹划中国未来社会进步和发展的基础性措施。鉴于我国司法过程中政治修辞、道德修辞的过度使用，作者主张在法治社会中应该把法律作为修辞来构建法治时代所需要的法律思维方式。随着法律修辞研究的不断深入，除法律修辞本体研究和法律修辞方法论研究之外，学者们逐渐拓宽研究范畴，尝试引入其他研究变量，进行法律修辞与诸如法治、公平、正义等相关理念的交叉研究。

随着法律修辞理论研究的不断成熟与深入，不少学者开始尝试将法律修辞方法运用于法律实践，尤其是司法实践，去进行应用研究，这也是外语界学者所介入的领域。根据研究领域，这些应用研究可分为立法语言修辞、司法语言修辞、执法语言修辞等。其中司法语言修辞是法律应用的主阵地，也是法律修辞研究成果最多的领域，主要包括判决修辞、庭审法律修辞和法律调解修辞等。其中，语言学界关注的重点是司法语言中的庭审法律修辞，尤其是庭审辩护修辞。

庭审中的法律论辩借助语言来论证自己观点的合理性，以此来说服听众接受其观点，其本质就是一种说服性活动，因此必然涉及法律修辞的应用。律师辩护词成为其中的一个主要研究领域。姜同玲（2002）从修辞的信息功能、情感功能、控制功能和人际功能等方面对辩护词进行具体分析，揭示了修辞对辩护词写作的重要作用。张清（2010a）研究了辩护词的语言规范与修辞，指出作为一种修辞手段，辩护词的内容和结构呈现基本的一致性，但实践中辩护词经常有一些不规范的情况，并据此对辩护词的语言规范与要达到的修辞效果作了论述。何静秋

（2012）在亚里士多德"修辞三诉诸"的理论框架下，从逻辑诉求、伦理诉求和情感诉求三方面对中国和美国的法庭论辩所运用的诉求策略进行对比研究，结果表明，中国律师比美国律师更加注重理性诉求的运用，而美国律师对伦理诉求和情感诉求的运用更加充分，不同的法庭修辞情境和修辞受众是造成这种差异的主要原因。此外，还有学者从修辞角度分析了律师辩护词中修辞疑问句的隐性说服功能（袁传有、廖泽霞，2010）和民事案件律师辩护词的信息发展（张少敏，2011）。

经过近十年的发展，法律修辞学已成为一个"显学"，作为一种新的法律方法与法治思维，法律修辞已得到学界，尤其是法学界的认可。法律修辞关注司法实践中语言的功能与作用，与法律话语研究休戚相关，但可惜的是，相比法学界，法律语言学界对法律修辞的研究远远不够，现有的研究也基本都是十年前有关庭审话语的讨论，缺乏较为系统和深入的探讨。纵观国内法律修辞研究，尚存在如下不足：

（1）理论研究缺乏体系，还未上升到学科高度。与法律解释学、法律逻辑学、法律语言学等法学方法论学科领域相比，目前国内学界从学科角度对法律修辞学所做的研究缺乏体系，还未上升到学科高度，这跟法律修辞学在国内外总体上的学科成熟度有关。将来仍需全面开展法律修辞的理论探讨，以明确其学科属性，确立其学科地位。

（2）应用研究有待进一步深入。一方面，现有的应用研究多关注司法领域，执法语言修辞和法治宣传修辞研究较少。另一方面，就司法修辞研究而言，现有的研究还不够全面深入：一是书面语的研究较多，口语研究，特别是庭审互动话语的修辞研究较少；二是思辨性论述较多，结合案例或庭审话语的实证分析较少；三是缺乏庭审过程中当事人和证人语言修辞的考察；四是缺乏对法律适用过程中法律修辞应用的研究。将来应多开展相关的应用实证研究，尤其是司法领域口头互动语言修辞和结合实际案例的修辞实证分析，以及执法语言修辞和法治宣传修辞研究。

（3）研究视野有待进一步开拓。法律修辞的研究以法律为依托，但不能将视野仅限于法律问题，因为法律问题总是跟政治、经济、社会、文化等领域密切相关。所以，法律修辞研究需要将视野拓展到各相关社会领域，探讨与法律相关的各社会领域的修辞潜势，诸如法治、公平、正义、民主、和谐等价值理念与法律修辞的关联，以及各国家职能部门在工作中的修辞潜能（如民警执法、城管执法、行政部门执法、仲裁、调解、解决上访、调研、社会服务等）。

（4）研究方法有待进一步拓展和整合。一方面，从方法论角度来看，法律修辞是和法律解释、法律逻辑、法律语言等密切相关的法律方法。任何方法都有其长处，也有不足，单一的研究视角往往难以达到有效目的，所以在将法律修辞作为一种法律方法时要注意与法律解释、法律推理、法律语言等法律方法结合，以产生整合效应。另一方面，从实体思维来看，法律修辞是一种法治思维方式，对法律修辞本身的研究，尤其是应用研究，需要结合其他具体的研究方法，诸如案例分析、对比分析、实证分析、话语分析、结合语料库的大数据分析等。

因此，未来的法律修辞应该关注司法实践中语言的功能与作用。一是将理论研究体系化，上升到学科高度，在司法话语领域全面开展法律修辞的理论探讨，以明确其学科属性，确立其学科地位。二是进一步深入研究司法领域中执法语言修辞和法治宣传修辞，不止要研究书面语、口语，还要深入研究庭审互动话语的修辞，并将研究辐射至案例或庭审话语的实证分析、当事人和证人语言修辞的考察、对法律适用过程中法律修辞的应用。总之，未来司法领域中的法律修辞应多开展相关的应用实证研究，尤其是司法领域口头互动语言修辞和结合实际案例的修辞实证分析，以及执法语言修辞和法治宣传修辞研究。三是进一步开拓研究视野，将司法领域中的法律修辞与政治、经济、社会、文化等相联系，研究与法律相关的各社会领域的修辞潜势，诸如法治、公平、正义、民主、和谐等价值理念与法律修辞的关联，以及国家各职能部门在工作中的修辞潜能。四是整合研究方法，法律修辞是一种法治思维方式，对法律修辞本身的研究，尤其是应用研究，需要结合其他具体的研究方法，诸如案例分析、对比分析、实证分析、话语分析、结合语料库的大数据分析等。最后，在司法话语研究领域中，法律修辞应该结合话语分析方法对庭审互动话语的修辞进行研究、结合案例库或法律语言语料库的修辞进行实证分析，同时注重执法语言修辞和法治宣传修辞研究等。

在法律修辞的诸多研究方向中，法律语言学界学者大有可为，尤其是法律修辞应用研究，如采用话语分析方法对庭审互动话语的修辞研究、结合案例库或法律语言语料库的修辞实证分析、执法语言修辞和法治宣传修辞研究等。

9.2.6 结语

新时代司法领域的法律话语研究，既是对司法实践中语言使用的深入洞察与思考，也是语言学研究成果在司法领域的推广与应用。毋庸置疑，司法话语研究已经取得了显著的成绩，但是该研究仍处于快速发展阶段，其理论基础、研究方法以及研究视角都存在一定的局限性，有待进一步的探索与创新。首先，在理论方面，现阶段的司法话语研究缺乏系统性、综合性的理论建设，并且，虽然司法话语研究强调结合多学科理论视角，但在实际分析过程中仍主要基于语言学理论，缺乏与其他学科理论的深入融合与互动。其次，在研究方法方面，目前的司法话语研究多定性研究，尤其以司法话语字词句及篇章结构的描述及分析为主，而缺少定量研究方法的实际运用。在研究视角上，当下的司法话语研究视角较为狭窄，缺少对司法话语社会文化背景的考察，同时多从语言学视角出发，缺少来自法学的关注。

基于现阶段司法话语研究的局限性，结合新时代法治建设的不断完善与司法改革不断推进的背景，下一阶段的司法话语研究应当与时俱进，不断完善。首先，深入司法话语的理论研究，搭建多学科协同创新的理论框架。其次，推进司法话语研究方法创新，利用大数据分析技术及语料库技术为司法话语研究提供量化分析的工具，开展基于语料库的司法话语研究。再次，扩展司法话语研究视角，重视司法实践中的多模态资源与社会文化因素，同时应当呼吁更多的法学领域人士加入司法话语的研究，以形成多学科协同发展的合力。相信在信息技术与司法改革的支持下，未来的司法话语研究能够建立起系统的理论框架与综合的研究方法，其研究成果也能用于法律从业者的语言培训、司法实践中的语言问题解决、提高司法事业工作效率等方面，为新时代法治建设作出贡献。

参考文献

安妮. 2020. 儿童普法话语的意义构建——基于《今日说法》的多模态话语分析. 广州：广东外语外贸大学硕士学位论文.

彼得·布鲁克斯. 2007. 法内叙事与法叙事. 詹姆斯·费伦，彼得·拉比诺维茨主编. 当代叙事理论指南. 陈永国译. 北京：北京大学出版社，477–489.

彼得·蒂尔斯马. 2014. 彼得论法律语言. 刘蔚铭译. 北京：法律出版社.

彼得·古德里奇. 2007. 法律话语. 赵洪芳，毛凤凡译. 北京：法律出版社.

毕惜茜. 2007. 侦查讯问过程法律控制研究. 中国人民公安大学学报（社会科学版），（1）：130–136.

曹晓宝，苏康. 2020. 大数据背景下侦查讯问的情感感化研究. 公安学刊（浙江警察学院学报），（5）：42–47.

柴静丽. 2015. 传播法治理念：法律人微博的多模态普法话语分析. 广州：广东外语外贸大学硕士学位论文.

常安，朱明新. 2003. "法学的语言学转向"及其对我国法律语言学研究的方法论启示. 琼州大学学报，（3）：63–68.

常青华. 2021. 怎样提高证人证言的客观性. 中国纪检监察报，9月8日.

常怡. 1999. 民事诉讼法学. 北京：中国政法大学出版社.

陈海庆，李雅楠. 2017a. 基于语调的庭审选择问句语用功能研究. 浙江外国语学院学报，（5）：9–18.

陈海庆，李雅楠. 2017b. 身份与权力的表征：当代庭审话语标记语的语用调节功能探析. 河南工业大学学报（社会科学版），（2）：58–64.

陈海庆，刘乐乐. 2017. 庭审话语正反问句的语用功能及其语调表征研究. 重庆科技学院学报（社会科学版），（6）：58–62，72.

陈海庆，刘亭亭. 2018. 庭审语境中公诉人话语停顿的动态属性及修辞功能. 当代修辞学，（3）：84–95.

陈海庆，刘亭亭，时真妹. 2018. 庭审话语特指问句的话语结构及信息功能. 中国矿业大学学报（社会科学版），（3）：87–98.

陈海庆，刘文婕. 2019. 从庭审宣判话语的词语选择及语调特征看法官权力的实施. 广东外语外贸大学学报，（3）：12–20.

陈海庆，孙润好. 2019. 庭审语境下辩护律师反问句语用功能及其多模态表征. 语言与法律研究，（1）：66–82.

陈海庆，孙润好. 2020a. 评价理论视阈下公诉人反问句的语用修辞功能及语调特征. 当代修辞学，（2）：82–95.

陈海庆，孙润妤. 2020b. 庭审语境下被告人反问句多模态语用分析. 天津外国语大学学报，（3）：109–125，159–160.

陈金诗. 2011a. 控辩审关系的构建——法官庭审篇处理的框架分析. 北京：科学出版社.

陈金诗. 2011b. 自主学习环境中的交互式专门用途英语阅读教学——基于语料库的语篇信息教学实践. 外语界，（5）：31–39.

陈金诗. 2012. 法官有罪推定话语的信息结构分析. 语言教学与研究，（2）：104–111.

陈金诗. 2020. 刑事庭审中法官话语立足点转换的多模态研究. 应用语言学，（1）：5–25，126.

陈金钊. 2011. 法律修辞方法与司法公正实现. 中山大学学报（社会科学版），（5）：152–160.

陈金钊. 2012. 把法律作为修辞——认真对待法律话语. 山东大学学报（哲学社会科学版），（1）：69–78.

陈炯. 1998. 法律语言学概论. 西安：陕西人民教育出版社.

陈蕊娜. 2015. 基于语料库的法律语言研究述评. 广东外语外贸大学学报，（4）：20–25.

陈实. 2014. 论刑事司法中律师庭外言论的规制. 中国法学，（1）：48–62.

陈伟. 2013. 基于语料库的汉英法律施为动词应用研究——以台湾海峡两岸三地汉英双语法律文本为例. 武汉：华中师范大学博士学位论文.

陈文玲. 2011. 法庭辩论中的礼貌策略与说服. 赤峰学院学报（哲学社会科学版），（12）：84–87.

陈新仁. 2018. 语用身份论：如何用身份话语做事. 北京：北京师范大学出版社.

陈忠诚. 1986. 从一个实例看法律条文的英译. 中国翻译，（4）：60–62.

谌洪果. 2006. 通过语言体察法律现象：哈特与日常语言分析哲学. 比较法研究，（5）：131–146.

程朝阳. 2007a. 法律权力运动的语言面相——《法律、语言与权力》导读（代译序），约翰·孔莱，威廉·奥巴尔. 法律、语言与权力. 北京：法律出版社，1–23.

程朝阳. 2007b. 一块崛起于语言学与法学之间的交叉地——《法律语言学导论》导读（代译序）. 约翰·吉本斯. 法律语言学导论. 北京：法律出版社，1–26.

程朝阳. 2015. 司法调解语言及其效用研究. 北京：中国政法大学出版社.

程乐，宫明玉. 2016. 法律语言教育与理论研究. 政法论坛，（1）：143–149.

程乐，王欣. 2017. 语言证据与专家证言：美国司法实践视域下的可采性研究及其启示. 浙江大学学报（人文社会科学版），（6）：181–196.

程乐. 2010. 语篇与司法思维——香港、台湾、中国大陆判决书以语料库为基础的研究. 香港：香港城市大学博士学位论文.

程微. 2015. 刑事庭审语篇中的态度韵律研究. 上海：上海交通大学出版社.

程伟. 2013. 论警察讯问话语及其讯问权的限制——以犯罪嫌疑人人权保障为视角. 四川警察学院学报，（2）：50–54.

崔凤娟. 2017. 庭审中的模糊语言与权力关系研究. 浙江外国语学院学报,（5）：19-25.

崔凤娟. 2018. 证人证言中模糊语的语用功能研究. 外国语文研究,（2）：109-117.

崔玉珍. 2015. 庭审讯问叙事研究初探. 中国社会语言学,（2）：83-95.

崔玉珍. 2021. 法庭自我识解与身份构建研究. 当代修辞学,（2）：71-84.

大卫·梅林科夫. 2014. 法律的语言. 廖美珍译. 北京：法律出版社.

戴炜栋. 2012. 什么是语言学. 上海：上海外语教育出版社.

戴拥军, 魏向清. 2014. "律师"的术语探源及相关术语英译探究. 西安外国语大学学报,（1）：111-114.

丹尼斯·朗. 2001. 权力论. 陆震纶, 郑明哲译. 北京：中国社会科学出版社.

邓茜之, 王晓燕. 2013. 中国刑事法庭互动话语回述现象的多模态分析. 长春理工大学学报（社会科学版）,（4）：129-131.

丁建新, 廖益清. 2001. 批评话语分析述评. 当代语言学,（4）：305-310.

董景阳, 姚彩蔚. 2017. 公诉人法庭辩论的技巧. 中国检察官,（6）：53-54.

董晓波, 于银磊. 2020. 法律翻译. 北京：北京大学出版社.

杜健荣. 2018. 论道德话语在司法判决中的功能及其实现. 法律方法,（1）：275-285.

杜金榜. 2000. 从目前的研究看法律语言学学科体系的构建. 现代外语,（1）：99-107.

杜金榜. 2002. 法律语言心理学的定位及研究状况. 现代外语,（1）：80-85.

杜金榜. 2003. 论法律语言学研究及其发展. 广东外语外贸大学学报,（1）：14-22.

杜金榜. 2004. 法律语言学. 上海：上海外语教育出版社.

杜金榜. 2007a. 法律语篇树状信息结构研究. 现代外语,（1）：40-50, 109.

杜金榜. 2007b. 中国法律语言学展望. 北京：对外经贸大学出版社.

杜金榜. 2012. 从层级性信息的处理看法庭交互中态度指向的实现. 解放军外国语学院学报,（1）：7-12, 125.

杜金榜. 2013. 语篇分析教程. 北京：人民出版社.

杜金榜. 2014. 法律语篇信息研究. 北京：人民出版社.

杜金榜, 葛云锋. 2016. 论法律语言学方法. 武汉：武汉大学出版社.

杜金榜, 罗红秀. 2013. 信息型法律语料库及其在法律语篇分析中的作用. 云梦学刊,（1）：135-140.

段贞锋, 岳梦晓. 2019. "以审判为中心"背景下有效辩护机制构建研究. 广西社会科学,（4）：122-126.

范立波. 2010. 论法律规范性的概念与来源. 法律科学（西北政法大学学报）,（4）：20-31.

冯志纯. 2006. 现代汉语. 重庆：西南师范大学出版社.

冯祖兴. 2017. 浅谈公诉人即席答辩的语言艺术. 中国检察官,（23）：57-58.

高建勋, 刘云. 2007. 刍议我国法庭口译制度的构建. 河北法学,（7）：197-200.

高思楠, 陈海庆. 2016. 从庭审有声特质看特指问句的语用功能. 语言教学与研究,（2）：103-112.

格桑次仁. 2019. 法官应不应该使用敬语——藏族语言习惯与司法研究. 法律和社会科学, (1): 159–186.

葛云锋. 2013. 语篇信息理论视角下中国民事庭审中的利益冲突解决研究. 广州: 广东外语外贸大学博士学位论文.

龚韶, 花靖超. 2012. 论庭审语言的特征. 湖南人文科技学院学报, (3): 84–87.

顾曰国. 2007. 多媒体、多模态学习剖析. 外语电化教学, (2): 3–12.

关鑫. 2015. 基于语篇系信息分析的说话人司法鉴别研究. 广州: 广东外语外贸大学博士学位论文.

郭贵春. 1990. 语义分析方法的本质. 科学技术与辩证法, (2): 1–6.

郭建成. 2020. 试论犯罪嫌疑人供述心理障碍及讯问对策. 武汉公安干部学院学报, (1): 24–28.

郭婧磊. 2013. 中国侦查讯问话语互动研究. 重庆: 西南政法大学硕士学位论文.

郭静思, 郑洁, 刘玉洁. 2019. 功能语言学视角下公诉人指控犯罪的话语分析. 信阳师范学院学报 (哲学社会科学版), (6): 36–41.

郭万群. 2013. 中国法律语言学研究: 理论与实践. 上海: 上海交通大学出版社.

郭万群. 2014. 多模态视阈下庭审话语中的法律事实建构. 广东外语外贸大学学报, (1): 53–57.

郭艳春, 郑烁, 王冷, 张冲. 2016. 庭审实质化下的公诉语言运用——以法庭辩论环节为基点. 中国检察官, (6): 38–41.

海登·怀特. 2003. 后现代历史叙事学. 陈永国, 张万娟译. 北京: 中国社会科学出版社.

海登·怀特. 2005. 形式的内容: 叙事话语与历史再现. 董立河译. 北京: 文津出版社.

韩征瑞. 2016. 体裁分析视域下的中国法律话语研究. 广州: 暨南大学出版社.

韩铮. 2020. 非对抗视角下侦查人员在讯问中的角色定位. 湖南警察学院学报, (3): 28–35.

郝玥, 陈海庆. 2018. 从庭审有声性特质看辩护人祈使句的语用功能. 外国语文研究, (2): 88–97.

何家弘. 2017. 论职务犯罪侦查的专业化. 中国法学, (5): 3–15.

何静秋. 2012. 中美法庭论辩诉求策略的对比修辞研究. 广西民族大学学报 (哲学社会科学版), (5): 168–172.

何静秋. 2020. 刑事法庭审判话语的多模态意义建构. 辽宁师范大学学报 (社会科学版), (2): 126–131.

何占磊. 2020. 警察讯问/询问语篇态度取向研究. 绥化学院学报, (6): 74–78.

何中清, 彭宣维. 2011. 英语语料库研究综述: 回顾、现状与展望. 外语教学, (1): 6–10, 15.

侯学勇, 杨颖. 2012. 法律修辞在中国兴起的背景及其在司法审判中的作用. 政法论丛, (4): 87–94.

胡朝丽. 2019. 近20年我国法律英语教学研究现状及走向. 外国语文研究,（6）: 16–23.

胡丹. 2011. 基于法律英语语料库的情态动词的研究. 山东外语教学,（1）: 23–27.

胡文仲. 2013. 跨文化交际能力在外语教学中如何定位. 外语界,（6）: 2–8.

胡向阳, 张巍. 2019. 基于大数据的侦查讯问文本数据挖掘与分析. 中国人民公安大学学报（社会科学版）,（6）: 35–43.

胡玉鸿. 2006. 法律技术的内涵及其范围. 现代法学,（5）: 50–58.

胡壮麟. 2007. 语言学教程（第三版）. 北京: 北京大学出版社.

胡壮麟. 2008. 系统功能语言学的社会语言学渊源. 北京科技大学学报（社会科学版）,（2）: 92–97.

华尔赓, 孙懿华, 周广然. 1995. 法律语言概论. 北京: 中国政法大学出版社.

黄国文, 徐珺. 2006. 语篇分析与话语分析. 外语与外语教学,（10）: 1–6.

黄萍. 2010. 中国侦查讯问话语的对应结构研究. 外语学刊,（4）: 82–86.

黄萍. 2012. 走出文学叙事: 侦查讯问叙事话语结构研究. 外语学刊,（4）: 90–95.

黄萍. 2014. 问答互动中的言语行为选择. 外语学刊,（1）: 69–77.

黄亚茜. 2020. 警务外交视阈下的话语权建设: 内涵与路径. 北京警察学院学报,（1）: 72–77.

季卫东. 2015. 法律议论的社会科学研究新范式. 中国法学,（6）: 25–41.

季卫东. 2017. 司法体制改革的目标和评价尺度. 人民法院报, 4月5日.

贾章范. 2019. 司法人工智能的话语冲突、化解路径与规范适用. 科技与法律,（6）: 59–67.

江玲. 2013. 情态与身份: 功能语言学视角下的法官语言分析. 语言文字应用,（2）: 63–71.

江玲. 2014. 再现与重构: 社会转型期庭审话语中的法官身份构建. 北京: 中国政法大学出版社.

江玲. 2016. 庭审话语中法官"介入"的人际意义. 西南政法大学学报,（6）: 123–129.

姜培茹. 2013. 公诉人与证人法庭问答中的预设研究. 哈尔滨学院学报,（7）: 69–74.

姜同玲. 2002. 律师辩护词的修辞功能初探. 广东外语外贸大学学报,（3）: 12–17.

蒋婷. 2012. 立法语言情态模糊限制语的实证研究. 暨南大学学报（哲学社会科学版）,（6）: 125–131.

蒋婷, 金雯. 2012. 语料库视野下中国立法语言中的情态动词翻译研究. 西南民族大学学报（人文社会科学版）,（1）: 195–199.

蒋婷, 杨炳钧. 2013. 基于平行语料库的中国立法语篇情态操作语的英译探析. 外国语,（3）: 86–93.

焦宝乾. 2012. 法律修辞学导论——司法视角的探讨. 济南: 山东人民出版社.

焦宝乾. 2014. 逻辑与修辞: 一对法学研究范式的中西考察. 中国法学,（6）: 69–88.

焦宝乾. 2015. 法律修辞学: 理论与应用研究. 北京: 法律出版社.

柯贤兵. 2012. 中国法庭调解话语博弈研究. 武汉：华中师范大学博士学位论文.

柯贤兵，李正林. 2014. 法庭调解法官话语角色转换研究. 湖北社会科学，（5）：153–158.

柯贤兵，孙亚迪. 2018. 法庭话语解述现象的语用功能研究. 湖北社会科学，（8）：119–125.

柯贤兵，谢睿妍. 2022. 基于介入系统的法庭调解话语博弈策略研究. 外语学刊，（3）：28–35.

莱恩·比克斯. 2007. 法律、语言与法律的确定性. 邱昭继译. 北京：法律出版社.

劳伦斯·索兰. 2007. 法官语言. 张清，王芳译. 北京：法律出版社.

雷雅敏. 2013. 微博时代公安院校应对媒体和舆论引导策略研究. 公安教育，（10）：62–66.

黎晓婷. 2013. 游走于边缘的双刃剑：刑事和解中法官暗示性话语的探究与规制. 法律适用，（2）：66–71.

李克兴. 2016. 高级合同写作与翻译. 北京：北京大学出版社.

李克兴. 2018. 法律翻译 译·注·评. 北京：清华大学出版社.

李磊. 2016. 民事诉讼中的证人证言研究. 湖南警察学院学报，（2）：101–107.

李立，官明玉. 2016. 以内容为依托的英语教学：语言与内容. 中国教育学刊，（1）：28–29，32.

李立，赵洪芳. 2009. 法律语言实证研究. 北京：群众出版社.

李文，王振华. 2019. 司法话语多模态研究的现状与未来. 上海交通大学学报（哲学社会科学版），（5）：110–119.

李文举，陈海庆. 2020. 话语权力视角的法官打断话语及其语用功能. 现代交际，（19）：85–87.

李响. 2012. 警察讯问话语目的、话语策略和话语结构. 政法学刊，（3）：96–101.

李旭东. 2008. 法律话语的概念及其意义. 法律方法与法律思维，（5）：86–96.

李旭东. 2009. 法律话语论：法律本位之研究. 济南：山东人民出版社.

李艳惠. 2008. 短语结构与语类标记："的"是中心词？当代语言学，（2）：97–108，189.

李艺. 2015. 执法语境下警察与犯罪嫌疑人权势关系的话语建构. 中国社会语言学，（1）：41–51.

李悦娥，范宏雅. 2002. 话语分析. 上海：上海外语教育出版社.

李跃凯. 2013. 庭审质证模式研究——法庭语篇信息的映射与整合. 广州：广东外语外贸大学博士学位论文.

李战子，陆丹云. 2012. 多模态符号学：理论基础，研究途径与发展前景. 外语研究，（5）：1–8.

梁译如. 2018. 法官审判裁量情境中的话语实践考察——"议论的法社会学"视角. 交大法学，（2）：50–65.

廖美珍. 2003a. 法庭问答及其互动研究. 北京：法律出版社.

廖美珍. 2003b. 中国法庭互动话语对应结构研究. 语言研究, （5）: 77–89.

廖美珍. 2004a. 答话研究——法庭答话的启示. 修辞学习, （5）: 29–34.

廖美珍. 2004b. 国外法律语言研究综述. 当代语言学, （1）: 66–76, 94.

廖美珍. 2004c. 目的原则与法庭互动话语合作问题研究. 外语学刊, （5）: 43–52.

廖美珍. 2005a. "目的原则"与目的分析（上）——语用话语分析新途径. 修辞学习, （3）: 1–10.

廖美珍. 2005b. "目的原则"与目的分析（下）——语用话语分析新途径. 修辞学习, （5）: 5–11.

廖美珍. 2005c. 目的原则与语篇连贯分析. 外语教学与研究, （5）: 351–357.

廖美珍. 2006a. 论法学的语言转向. 社会科学战线, （2）: 200–204.

廖美珍. 2006b. 中国法庭互动话语 formulation 现象研究. 外语研究, （5）: 1–8.

廖美珍. 2007a. 语言学和法学. 葛洪义主编. 法律方法与法律思维（第4辑）. 北京: 法律出版社, 45–63.

廖美珍. 2007b. 语用学和法学——合作原则在立法交际中的应用. 比较法研究, （5）: 82–90.

廖美珍. 2009. 法庭语言技巧（第三版）. 北京: 法律出版社.

廖美珍. 2011. 中国法庭话语（不）礼貌现象研究. 陈新仁主编. 语用学研究（第4辑）. 北京: 高等教育出版社, 103–118.

廖美珍. 2017. 法律语言研究. 浙江外国语学院学报, （2）: 1–2.

廖美珍, 龚进军. 2015. 法庭话语打断现象与性别研究. 当代修辞学, （1）: 43–55.

廖美珍, 彭雪. 2021. 中国刑事法庭审判话语打断现象与不礼貌研究. 语言与法律研究, （2）: 17–39.

林书武. 1996. 一种法律语言学杂志创刊. 国外语言学, （1）: 48.

林婷莉. 2016. 刑事讯问语言运用的法律规制. 哈尔滨学院学报, （10）: 57–62.

林孝文. 2015. 语言、法律与非确定性——哈特的法官自由裁量权理论研究. 中南民族大学学报（人文社会科学版）, （2）: 83–87.

林亚军. 2008. Fairclough 的话语观: 引进与诠释. 外语学刊, （5）: 69–72.

刘承宇, 汤洪波. 2021. 白话法言法语: 解包庭审话语中的名物化语言. 当代修辞学, （2）: 60–70.

刘翀. 2013. 美国制定法解释方法向文本主义的回归. 西南政法大学学报, （6）: 3–13.

刘春一. 2020. 提升国际法治话语权的国际司法考量. 人民论坛, （15）: 230–231.

刘虹. 2004. 会话结构分析. 北京: 北京大学出版社.

刘蔚铭. 2014. 中国法律语言学研究综述. 来自"刘蔚铭法律语言学研究"网站, 2021年4月30日.

刘文婕, 张睿. 2018. 庭审话轮转换中话语权力的实现及其语调特征. 外国语文研究, （2）: 98–108.

刘晓红. 2021. 以习近平法治思想为引领加强涉外法治人才培养. 法制日报, 1月20日.

刘亚飞. 2017. 促进普法教育——公益广告中态度意义的多模态构建. 广州：广东外语外贸大学硕士学位论文.

刘燕. 2011. 缺少人物形象的案件事实——邓玉娇案事实认定的修辞研究. 甘肃社会科学, （5）: 198–201.

刘燕. 2017. 法庭上的修辞：案件事实的叙事研究. 北京：中国书籍出版社.

刘永红. 2014. 自媒体环境下的警察话语权研究. 中国人民公安大学学报（社会科学版）, （1）: 91–96.

刘永红. 2020. 新时代警察话语权威略论. 中国人民公安大学学报（社会科学版）, （6）: 77–81.

刘志超. 2019. 法制漫画的态度意义建构——多模态话语分析视角. 广州：广东外语外贸大学硕士学位论文.

龙浩. 2015. 论刑事证言的证明力评价——基于具体案例的分析. 行政与法, （11）: 112–123.

路长明. 2020. 试论刑事诉讼中证人证言的甄别. 湖南警察学院学报, （6）: 22–29.

栾瑞琪. 2012. 预设策略在法庭交叉询问中的运用. 法制与社会, （10）: 129–130, 132.

罗桂花, 廖美珍. 2012. 法庭互动中的回声问研究. 现代外语, （4）: 369–376.

罗桂花, 廖美珍. 2013. 法庭话语中的言据性. 语言研究, （4）: 92–95.

罗兴, 袁传有. 2019. 社区矫正初始评估话语的语类结构和交换结构研究. 广东外语外贸大学学报, （2）: 39–47.

罗震雷, 李洋. 2017. 反社会型人格犯罪嫌疑人的犯罪与讯问. 武汉公安干部学院学报, （2）: 17–20.

骆慧婷, 王珊. 2018. 立法语言中的但书和非但书研究. 当代修辞学, （6）: 77–89.

吕万英. 2006. 法官话语的权力支配. 外语研究, （2）: 9–13.

吕万英. 2011. 法庭话语权力研究. 北京：中国社会科学出版社.

马博森. 2009. 语料库与基于语料库的话语研究. 外国语, （3）: 28–35.

马春燕. 2014. 再论"话轮"的判断标准. 语言教学与研究, （1）: 97–104.

马丁. 2012. 马丁文集（8）：法律语言研究. 上海：上海交通大学出版社.

马煜. 2005. 国内法律语言学研究状况分析综述. 山东外语教学, （6）: 34–37.

马泽军, 郭雅倩. 2021. 庭审中公诉人转述话语的语言特征及其建构的语用身份. 外国语, （3）: 60–70.

马泽军, 刘佳, 陈海庆. 2017. 庭审话语中情态动词的韵律特征及其人际功能实现. 当代修辞学, （6）: 33–41.

孟超, 马庆林. 2019. 基于在线语料库的法律英语词汇教学模型实证研究. 外语电化教学, （2）: 82–89.

孟涛. 2017. 论依法治国新形势下律师话语权的突破与法律职业共同体的构建. 中原工学院学报, （2）: 59–61.

米歇尔·福柯. 2002. 词与物——人文科学考古学. 莫伟民译. 上海：三联书店.

米歇尔·福柯. 2004. 知识考古学. 谢强，马月译. 北京：生活·读书·新知三联书店.

欧文·柯匹，卡尔·科恩. 2007. 逻辑学导论. 张建军译. 北京：人民大学出版社.

潘庆云. 1997. 跨世纪的中国法律语言. 上海：华东理工大学出版社.

潘庆云. 2004. 中国法律语言鉴衡. 上海：汉语大词典出版社.

潘庆云. 2017. 法律语言学. 北京：中国政法大学出版社.

潘小珏，杜金榜. 2011. 庭审问答过程控制中的信息流动. 外国语，（2）：56–63.

彭洁. 2014. 法庭话语中的语用预设分析. 北京政法职业学院学报，（1）：36–40.

钱永红，陈新仁. 2014. 语料库方法在语用学研究中的运用. 外语教学理论与实践，
　　（2）：15–20，26，94.

秦平新. 2018. 法律英语增强语的语义属性及词语搭配调查———一项基于法律汉英平
　　行语料库的研究. 新疆大学学报（哲学·人文社会科学版），（2）：153–156.

秦秀白. 2000. 体裁教学法述评. 外语教学与研究，（1）：42–46.

屈文生. 2018. 法律翻译研究. 上海：上海人民出版社.

冉永平. 2005. 当代语用学的发展趋势. 现代外语，（4）：403–412.

热娜古·阿帕尔. 2021. "以审判为中心"背景下我国刑事辩护制度改革存在的问题
　　及其解决. 长春大学学报，（11）：88–95.

任铄炜，张志华. 2017. 自媒体语境下警察话语技巧研究——以警务微博平台为例.
　　湖南警察学院学报，（6）：96–107.

桑涛. 2012. 公诉语言艺术与运用. 北京：中国检察出版社.

桑涛. 2016. 公诉语言学：公诉人技能提升全程指引. 北京：中国法制出版社.

尚思江. 2015. 从律师语言的特点看其体现的法律文化. 法制与社会，（8）：293–294.

生建华，陈益群. 2013. 论司法语言的竞争与互译——从法律术语和地域方言两个维
　　度. 国家法官学院科研部主编. 全国法院第 25 届学术讨论会获奖论文集：公正
　　司法与行政法实施问题研究（上册），北京：人民法院出版社，22–33.

施光. 2014. 中国法庭庭审话语的批判性分析. 北京：科学出版社.

施光. 2016. 法庭审判话语的态度系统研究. 现代外语，（2）：52–63.

石春煦. 2019. 个体化视角下公诉人身份建构的多模态设计. 现代外语，（2）：243–253.

史万森，赵丽. 2012. 双语法官巧用语言化解牧区矛盾纠纷. 法制日报，10 月 23 日.

思想道德修养与法律基础编写组. 2018. 思想道德修养与法律. 北京：高等教育出版社.

宋北平. 2008. 法律语言研究三十年回顾与展望. 北京政法职业学院学报，（4）：31–35.

宋北平. 2012. 法律语言. 北京：中国政法大学出版社.

宋冰. 1998. 程序：正义与现代化. 北京：中国政法大学出版社.

宋丽珏. 2015. 立法翻译文本中程式语搭配特征研究. 外语学刊，（4）：105–109.

苏珊·沙切维奇. 2017. 法律翻译新探. 赵军峰，何咏珂，张艳杰，区健辉，梁伟玲译.
　　北京：法律出版社.

孙国华. 1997. 中华法学大辞典·法理学卷. 北京：中国检察出版社.

孙利. 2013. 事实重构的法律语言学研究. 郑州：河南大学出版社.

孙小燕，林丹，邓浩杰，钱迎春，伍豫蓉. 2017. 女性犯罪嫌疑人非对抗性讯问策略实践与探讨. 山西警察学院学报，（2）：74–79.

孙亚迪，廖美珍. 2017. 法庭解述话语现象的生成机制研究. 湖北大学学报（哲学社会科学版），（4）：135–141.

孙亚赛. 2018. 犯罪嫌疑人的类型划分及讯问策略选择研究. 中国人民公安大学学报（社会科学版），（5）：131–136.

孙懿华，周广然. 1997. 法律语言学. 北京：中国政法大学出版社.

孙盈，姜源. 2020. 让公正听得见：法官庭审语言的规范路径研究——"逻辑语篇—目的语境—策略语用"之融合. 国家法官学院主编. 司法体制综合配套改革中重大风险防范与化解——全国法院第31届学术讨论会获奖论文集（上）. 北京：人民法院出版社，80–95.

孙佑海. 2014. 互联网：人民法院工作面临的机遇和挑战. 法律适用，（12）：87–90.

唐义均，杨燚. 2017. 从词块理论看中国法律文本英译的质量——基于法律双语语料库的研究. 中国科技翻译，（3）：41–44.

田海龙，潘艳艳. 2019. 多模态话语分析：理论探索与应用研究. 北京：北京航空航天大学出版社.

汪习根. 2014. 新一轮司法改革的理念创新与制度构建——全国深化司法体制改革高端论坛综述. 中南民族大学学报（人文社会科学版），（2）：131–135.

王彬. 2013. 裁判事实的叙事建构. 海南大学学报（人文社会科学版），（6）：85–92.

王传道. 1999. 讯问学. 北京：中国政法大学出版社.

王春风，马卉，赵晓敏. 2015. 检察官客观义务与起诉书语言规范化. 人民检察，（12）：30–34.

王翠. 2015. 亚里士多德修辞学视野下的公诉意见书分析. 北京：中国政法大学硕士学位论文.

王道春. 2018. 论侦查讯问中控制型谎言的应对. 北京警察学院学报，（4）：86–91.

王东海. 2019. 法律工作者的语言能力规划初论. 语言文字应用，（2）：2–9.

王芳. 2013. 高校法律英语教学模式探究——以案例教学为视角. 黑龙江省政法管理干部学院学报，（1）：150–152.

王凤涛. 2014. 司法沟通的语境、修辞与转换. 法律社会学评论，（1）：91–118.

王洪用. 2017. 误证与伪证：论民事诉讼中证人证言的可靠性. 时代法学，（6）：77–86.

王洁. 1997. 法律语言学教程. 北京：法律出版社.

王洁. 1999. 法律语言研究. 广州：广东教育出版社.

王进喜. 2002. 刑事证人证言论. 北京：中国人民公安大学出版社.

王娟. 2012. 警察讯问笔录中程式性话语的语用分析. 宁波：宁波大学硕士学位论文.

王宁. 2017. 论刑事诉讼中证人证言的审查判断. 法制博览，（31）：13–15.

王群. 2018. 惯犯反讯问行为及对策研究. 黑河学刊，（1）：133–135.

王喜. 2022. 证人保护的现状、困境及出路——基于比较法视角. 海峡法学,（1）：113–120.

王晓. 2005. 在规范与经验之间——法律解释语言的语用学指向研究. 浙江学刊,（5）：146–148.

王彦. 2007. 商品买卖互动话语的谈判策略研究. 北京：外语教学与研究出版社.

王莹. 2017. 论公安院校学生警察职业话语能力培养体系构建. 科技资讯,（20）：201–202.

王振华. 2020. 法律语言研究：语篇语义视角. 上海：上海交通大学出版社.

吴东镐. 2020. 我国民族地区法庭庭审中使用少数民族语言的现状与对策——以延边为例. 中国政法大学学报,（1）：127–143, 207.

吴红军. 2013. 庭审话语语用距离研究. 武汉：华中师范大学博士学位论文.

吴猛. 2004. 福柯话语理论探要. 上海：复旦大学博士学位论文.

吴淑琼, 邱欢. 2019. 警察讯问话语的对话句法分析. 浙江外国语学院学报,（1）：79–87.

吴伟平. 1994. 法律语言学：会议、机构与刊物. 国外语言学,（2）：44–50.

吴伟平. 2002. 语言与法律：司法领域的语言学研究. 上海：上海外语教育出版社.

吴杨泽. 2017. 比较法视野下的证人保护制度. 山西师大学报（社会科学版),（1）：44–48.

吴英姿. 2017. 论司法的理性化——以司法目的合规律性为核心. 政法论丛,（3）：3–15.

吴云芳, 陆俭明. 2004. 面向中文信息处理的现代汉语并列结构研究. 语言文字应用,（2）：142.

武黄岗. 2016. 警察讯问话语中的"合作原则"分析. 贵州警官职业学院学报,（3）：93–98, 103.

武哲男, 张小兵. 2022. 密切警民关系的警察话语表达技巧研究——以城南派出所为例. 辽宁行政学院学报,（3）：58–64.

夏丹. 2012. 目的原则视角中的民事法官庭审话语. 湖北社会科学,（6）：124–129.

向波阳, 李桂芳. 2016. 刑事审判话语中的预设现象研究. 学术论坛,（8）：158–161.

肖宝华. 2006. 律师语言的"四性". 中国律师,（6）：94–95.

肖继强, 魏学锋, 范林, 梁成文. 2016. 倾听的艺术：庭审中心主义视野下刑事法官情绪语言探究与规制. 全国法院学术讨论组织委员会办公室主编. 尊重司法规律与刑事法律适用研究（下）——全国法院第27届学术讨论会获奖论文集. 北京：人民法院出版社, 839–848.

谢晖. 1999. 法学范畴的矛盾辨思. 济南：山东人民出版社.

辛斌. 2006. 福柯的权力论与批评性语篇分析. 外语学刊,（2）：1–6, 112.

辛斌. 2016. 语言的建构性和话语的异质性. 现代外语,（1）：1–10, 145.

辛斌，高小丽. 2013. 批评话语分析：目标、方法与动态. 外语与外语教学，（4）：1–5，16.

邢鹤文. 2019. 刑事庭审中公诉人讯问的语用预设研究. 锦州：渤海大学硕士学位论文.

邢路. 2020. 功能与维度：法治的中国话语体系的建构策略. 重庆社会科学，（12）：119–131.

邢欣. 2004. 国内法律语言学研究述评. 语言文字应用，（4）：128–132.

熊德米. 2010. 司法话语分析——核定语言、彰显正义. 外国语文，（1）：64–69.

熊一娣. 1993. 法律专业英语的教与学. 现代法学，（3）：76–78.

徐静，陈海庆. 2012. 庭审会话语篇语调特征及其信息输出研究. 当代修辞学，（2）：57–63.

徐珺，王清然. 2017. 基于语料库的法律翻译研究现状分析：问题与对策. 外语学刊，（1）：73–79.

徐显明. 1996. 何谓司法公正. 文哲史，（6）：87–96.

徐优平. 2013. 语篇信息视角的中国法院调解说服实现研究. 北京：科学出版社.

徐优平. 2017. 法律英语听说课程多模态信息认知教学模式探索. 中原工学院学报，（2）：6–12.

许妙环. 2021. 民事诉讼证人证言采信问题探析. 法制博览，（32）：93–94.

许娜. 2004. 讯问语言特点研究. 长春：吉林大学硕士论文.

许斯威，王卉. 2021. 短视频在重构警察话语权中的作用研究. 辽宁警察学院学报，（5）：13–20.

亚瑟·考夫曼. 2003. 法律哲学. 刘幸义，林二钦，蔡振英，李振山，吴从周，郑善印，陈思馨，杨芳贤，陈慈阳，熊爱卿，郭丽珍，秦季芳，陈妙芬，刘初枝，李建良译. 北京：法律出版社.

闫霞飞. 2019. 侦查讯问话语规范化因素研究——以"证据中心"为视角. 法制与社会，（5）：19–221.

闫煜. 2021. 基于轻氛围"真实虚拟"环境机制的互联网警察话语权重塑研究. 经营与管理，（4）：122–127.

杨德祥. 2009. 法律话语权力意识的批评话语分析. 宁夏大学学报（人文社会科学版），（5）：73–78.

杨帆. 2018. 话语分析方法在司法研究中的功用——以"司法理性化"为规范目标的考察. 华东政法大学学报，（4）：159–169.

杨慧. 2017a. 警察讯问话语中信息传递的提问新型模式及其心理分析. 武汉公安干部学院学报，（2）：25–28.

杨慧. 2017b. 警察讯问话语中的提问方式对女性犯罪嫌疑人的心理影响. 湖北警官学院学报，（3）：17–22.

杨琪平. 2022. 大数据背景下侦查讯问模式研究. 网络安全技术与应用，（3）：138–139.

杨锐. 2018. 西方法庭话语中的权力研究. 法制博览，（33）：36–38.

杨小虎, 甘霞. 2008. 法律语言研究的历史转型: 从建设到颠覆. 重庆大学学报 (社会科学版), (3): 93.

杨熊端, 丁建新. 2016. 批评话语分析视角下的民族志研究. 外语与外语教学, (2): 19–24, 144.

杨絮. 2018. 话语分析方法综述: 开辟 LIS 研究新视野. 数字图书馆论坛, (3): 59–67.

杨永林. 2001. 社会语言学四十年. 外语教学与研究, (6): 402–460.

叶洪, 段敏. 2019. 中外法律语言学研究: 十年回顾与展望. 外语与翻译, (2): 38–45.

叶宁. 2010. 警察讯问话语. 杭州: 浙江大学博士学位论文.

易花萍. 2012. 涉诉信访法官权势语言征显. 理论月刊, (11): 96–99.

易锦海, 李晓玲. 2004. 交际心理学. 武汉: 华中科技大学出版社.

殷杰. 2003. 论 "语用学转向" 及其意义. 中国社会科学, (3): 53–64.

于辉. 2021. 言词证据语用审查方法研究. 政法论丛, (4): 139–150.

于梅欣. 2018. 国内刑事庭审话语意义发生模式研究. 上海: 上海交通大学博士学位论文.

余素青. 2010. 法庭言语研究. 北京: 北京大学出版社.

余素青. 2013. 法庭审判中事实构建的叙事理论研究. 北京: 北京大学出版社.

余新兵. 2019. 证人证言可信度评价的语篇信息成分分析途径——一项前导性研究. 重庆交通大学学报 (社会科学版), (3): 125–130.

袁传有. 2010a. 避免二次伤害: 警察讯问言语研究. 北京: 外语教学与研究出版社.

袁传有. 2010b. "多模态信息认知教—学模式" 初探——复合型课程 "法律英语" 教学改革. 山东外语教学, (4): 10–18.

袁传有, 胡锦芬. 2011. 律师代理词中介入资源的顺应性分析. 语言教学与研究, (3): 87–94.

袁传有, 廖泽霞. 2010. 律师辩护词中修辞疑问句的隐性说服力. 当代修辞学, (4): 24–30.

约翰·吉本斯. 2007. 法律语言学导论. 程朝阳, 毛凤凡, 秦明译. 北京: 法律出版社.

约翰·孔莱, 威廉·奥巴尔. 2007. 法律、语言与权力. 程朝阳译. 北京: 法律出版社.

云山城. 2004. 侦察讯问学原理. 北京: 中国人民公安大学出版社.

曾沉. 2011. 公诉语言的表达艺术. 人民检察, (2): 94.

曾范敬. 2011. 警察讯问话语批评分析. 北京: 中国政法大学博士毕业论文.

曾范敬. 2012. 中外警察讯问话语研究综述. 北京政法职业学院学报, (1): 12–16.

曾范敬. 2016. 侦查讯问话语实证研究. 北京: 中国政法大学出版社.

詹王镇, 谷元元. 2019. 司改语境下法官庭审话语权研究. 山东法官培训学院学报, (3): 162–168.

詹王镇, 张荷, 丁永财. 2019. 司法改革语境下法官庭审话语规范化研究. 兰州文理学院学报 (社会科学版), (3): 40–45.

张斌. 2016. 法治背景下律师的法治话语权之保障. 深圳特区报, 11月1日.

张斌峰. 2014. 法律的语用分析：法学方法论的语用学转向. 北京：中国政法大学出版社.

张纯辉. 2012. 法律文本的语言转向探析. 东北师大学报（哲学社会科学版），（1）：224–225.

张德禄. 2004. 系统功能语言学的新发展. 当代语言学，（1）：57–65.

张德禄. 2009. 多模态话语分析综合理论框架探索. 中国外语，（1）：24–30.

张法连. 2014. 法律语言研究：法律英语翻译. 济南：山东大学出版社.

张法连. 2017. 中西法律语言与文化对比研究. 北京：北京大学出版社.

张法连. 2018a. 新时代法律英语复合型人才培养机制探究. 外语教学，（3）：44–47.

张法连. 2018b. "一带一路"背景下法律翻译教学与人才培养问题探究. 中国翻译，（1）：31–35.

张法连. 2019. 法律英语学科定位研究. 中国外语，（2）：4–9.

张海龙. 2017. 涉警网络舆情中的公安话语介入研究. 山西警察学院学报，（1）：14–18.

张荷，杨静，詹王镇. 2020. 多模态视域下我国庭审律师话语的身份建构. 青岛科技大学学报（社会科学版），（2）：70–74.

张鸿绪. 2021. 论我国远程作证中情态证据的程序保障——兼评《人民法院在线诉讼规则》. 政法论丛，（4）：152–153.

张慧丽，万伟岭. 2011. 公诉人出庭辩论技巧探讨. 中国检察官，（11）：26–29.

张凯存. 2014. 涉外警务口语交际中的权力话语研究. 读书文摘，（20）：81–82.

张立. 2020. 审判中心主义视角下侦查讯问语言规范. 法治与社会，11（下）：79–80.

张丽萍，丁天会. 2017. 法庭话语权力的空间配置与法官话语的非中心化——对内乡县衙大堂法庭空间的多模态话语分析. 语言学研究，（2）：5–16.

张莉，熊信之. 2017. 论警察网络话语权的提升对涉警舆情处置带来的挑战. 公安研究，（2）：69–74.

张鲁平，王湛铭. 2022. 基于语言证据的专家意见规范化研究. 中国司法鉴定，（1）：100–104.

张清. 2009. 法官庭审话语的规范化与司法公正. 教育理论与实践，（12）：46–48.

张清. 2010a. 论辩护词的语言规范与修辞. 山西财经大学学报，（1）：212–213.

张清. 2010b. 庭审话语中的目的关系分析. 山西大学学报（哲学社会科学版），（6）：130–133.

张清. 2013a. 法官庭审话语的实证研究. 北京：中国人民大学出版社.

张清. 2013b. 艺术性语言在辩护词中的体现. 政法论坛，（2）：116–120.

张清. 2019. 以内容为依托的法律英语教学探究——以美国合同法为例. 中国外语，（2）：13–17.

张清，段敏. 2019. 法律话语：一种特殊的话语体系. 外语教学，（6）：14–18.

张少敏. 2011. 从修辞角度看民事案件律师代理人辩论词的信息发展. 广东外语外贸大学学报，（5）：76–80.

张少敏. 2014. 基于语篇信息分析的中文文本作者鉴别研究. 广州：广东外语外贸大学博士学位论文.

张文显, 于莹. 1991. 法学研究中的语义分析方法. 法学, （10）：4-6.

张新红. 2000. 汉语立法语篇的言语行为分析. 现代外语, （3）：283-295.

张应林. 2006. 语篇分析学. 武汉：华中师范大学出版社.

章建荣, 冯娇雯. 2015. 民事法官与律师庭审语言的检讨与规范——以构筑双方谐调关系为视角. 湖北行政学院学报, （1）：69-73.

赵刚蕾. 2016. 侦查讯问中打断现象的多模态研究. 哈尔滨：黑龙江大学硕士学位论文.

赵洪芳. 2009. 法庭话语、权力与策略研究. 北京：中国政法大学博士学位毕业论文.

赵健杉, 徐猛. 2017. 大数据时代下的侦查审讯. 云南社会科学, （4）：15-19.

赵军峰. 2011. 法律语篇信息结构及语言实现研究. 北京：科学出版社.

赵琪. 2012. 案例教学法在民族高等院校法律英语教学中的运用. 西南民族大学学报（人文社会科学版）, （1）：313-316

赵蓉晖. 2003. 社会语言学的历史与现状. 外语研究, （1）：13-19.

赵蓉晖. 2003. 语言与性别：口语的社会语言学研究. 上海：上海外语教育出版社.

赵小红, 方晓梅. 2008. 民事庭审中律师的问话分析. 理论界, （6）：77-78.

赵永平. 2014. 法庭话语中的语用模糊分析. 北京政法职业学院学报, （2）：59-64.

赵永平. 2015a. 论法律语言研究的语用学转向. 齐齐哈尔大学学报（哲学社会科学版）, （1）：132-135.

赵永平. 2015b. 论庭审"合作"——基于语用学视角. 湖南工业大学学报（社会科学版）, （3）：60-64.

赵永平. 2018. 多模态法律英语教学实践探究——以模拟法庭为例. 黑龙江工业学院学报（综合版）, （6）：89-92.

赵永平. 2019. 法律语义分析探究——以"王老吉诉加多宝广告语纠纷案"为例. 太原城市职业技术学院学报, （9）：193-195.

赵永平. 2021. 案件事实语言建构研究. 北京：中国政法大学博士学位论文.

郑东升. 2011. 法庭调解语言的合法性研究. 北京：中国政法大学博士学位论文.

郑东升. 2018. 中国法庭语用学研究. 北京：中国政法大学出版社.

郑洁. 2013. 律师代理词的隐性说服研究——以"介入系统"为视角. 西南交通大学学报（社会科学版）, （4）：128-133.

郑洁. 2014a. 元话语视野中的律师辩护词劝说策略研究. 信阳师范学院学报, （1）：63-71.

郑洁. 2014b. 中国警察讯问话语的过程控制研究. 铁道警官高等专科学校学报, （1）：40-44.

郑洁. 2019. 身份多模态话语构建的个体化研究——以社区矫正适用前调查评估为例. 西安外国语大学学报, （2）：37-42.

郑洁，袁传有. 2018. 社区矫正调查评估中被告人身份多模态话语构建. 政法学刊，（4）：62–69.

郑洁，袁传有. 2021. 社区矫正中司法社工身份的话语构建. 现代外语，（2）：183–195

郑烁. 2013. 公诉语言：在规范与艺术中升华. 检察日报，12 月 31 日.

郑文一. 2018. 从《我不是药神》及其原型事件看警察群体的话语困境. 传播与版权，（11）：104–105.

中华人民共和国最高人民法院. 2015. 中国法院的司法公开. 北京：人民法院出版社.

朱焕涛. 2019. 试论经济犯罪嫌疑人的心理特征及讯问对策. 法治与社会，6（下）：48–49.

朱涛. 2010. 法律实践中的话语竞争——读梅丽诉讼的话语. 社会学研究，（6）：223–237.

朱永生. 2007. 多模态话语分析的理论基础与研究方法. 外语学刊，（5）：82–86.

庄琴芳. 2007. 福柯后现代话语观与中国话语建构. 外语学刊，（5）：94–96.

庄永廉. 2013. 检察语言既要专业化也要通俗化. 检察日报，12 月 29 日.

邹瑜. 1991. 法学大辞典. 北京：中国政法大学出版社.

邹玉华. 2018. 法律语言学是"'法律语言'学"还是"法律'语言学'"？抑或"'法律与语言'学"？兼论法律语言学学科内涵及定位. 辽宁师范大学学报（社会科学版），（1）：8–12.

Ahern, E. C., Stolzenberg, S. N. & Lyon, T. D. 2015. Do prosecutors use interview instructions or build rapport with child witnesses? *Behavioral Sciences & the Law*, 33(4): 476–492.

Ainsworth J. 2022. Serving science and serving justice: Ethical issues faced by forensic linguists in their role as expert witnesses. In V. Guillén-Niet & D. Stein (Eds.), *Language as Evidence*. Basingstoke: Palgrave Macmillan, 35–53.

Allard-Poesi, F. & Laroche, H. 2012, June. *Unmasking spies in the corporation: When the police order of discourse erupts into managerial conversations*. Fourth International Symposium on Process Organization Studies, Kos, Greece.

Archer, D. 2011. Cross-examining lawyers, facework and the adversarial courtroom. *Journal of Pragmatics*, 43(13): 3216–3230.

Balcha, E. B. 2015. Defense lawyers' distinctive strategies of controlling the language of the witnesses: Questioning forms and functions in some critical courts of oromia regional state, Ethiopia. *Comparative Legilinguistics*, 24: 19–45.

Berk-Seligson, S. 1990. Bilingual court proceedings. In J. N. Levi & A. G. Walker (Eds.), *Language in the Judicial Process*. Boston: Springer, 155–201.

Bix, B. 1995. *Law, Language and Legal Determinacy*. Oxford: Oxford University Press.

Bornstein, B. H. & Hamm, J. A. 2012. Jury instructions on witness identification. *Court Review*, 48(1&2): 48–53.

Brennan, M. 1994. Cross examining children in criminal courts: Child welfare under attack. In J. Gibbons (Ed.), *Language and the Law*, London: Longman, 199–216.

Brown, P., Levinson, S. C. & Levinson, S. C. 1987. *Politeness: Some Universals in Language Usage* (Vol. 4). Cambridge: Cambridge University Press.

Charrow, R. P. & Charrow, V. 1979. Making legal language understandable: A psycholinguistic study of jury instructions. *Columbia Law Review, 79*: 1306–1374.

Chen, J. 2011. The reconstruction of prosecution-defense-judge relationship in China: A frame analysis of judges' discourse information processing. *International Journal of Speech, Language and the Law, 18*(2): 309–313.

Cohen, B. & Horváth, R. 2012. Young witnesses in the DP camps: Children's holocaust testimony in context. *Journal of Modern Jewish Studies, 11*(1): 103–125.

Collinge, N. E. 1990. *An Encyclopedia of Language*. London & New York: Routledge.

Conley, J. M. & O'Barr, W. M. 1998/2005. *Just Words: Law, Language and Power*. Chicago: Chicago University Press.

Cook, G. 1989. *Discourse*. Oxford: Oxford University Press.

Cook, G. 1998. Discourse analysis. In Johnson, K. & Johnson, H. (Eds.), *Encyclopedia Dictionary of Applied Linguistics: A Handbook for Language Teaching*. London: Blackwell Publishers, 99–102.

Coulthard, M. 2013. On the use of corpora in the analysis of forensic texts. *International Journal of Speech Language and the Law*, (1): 27–43.

Coulthard, M. & Johnson, A. 2010. *The Routledge Handbook of Forensic Linguistics*. New York: Routledge.

Cunningham, C. D., Levi, J. N., Green, G. & Kaplan, J. P. 1994. Plain meaning and hard cases (review of Solan 1993). *Yale Law Journal, 103*: 1561–1625.

Dawn, M. & Saks, M. J. 2009.The testimony of forensic identification science: What expert witnesses say and what fact finders hear. *Law and Human Behavior, 33*(5): 436–453.

Dong, X. B. & Hu, B. 2020. Enhancing legal cultural soft power: From the perspective of translating Chinese laws and regulations. *China Legal Science*, (1): 31–63.

Drew, P. 1990. Strategies in the contest between lawyer and witness in cross-examination. In J. N. Levi & A. G. Walker (Eds.), *Language in the Judicial Process*. Boston: Springer, 39–64.

Drew, P. & J. Heritage. 1992. *Talk at Work: Interaction in Institutional Setting*. Cambridge: Cambridge University Press.

Eades, D. 2010a. Language analysis and asylum cases. In M. Coulthard & A.

Johnson (Eds.), *The Routledge Handbook of Forensic Linguistics*. New York: Routledge, 411–422.

Eades, D. 2010b. *Sociolinguistics and the Legal Process*. Bristol: Multilingual Matters.

Eagleson, R. 1994. Forensic analysis of personal written texts: A case study. In J. Gibbons (Ed.), *Language and the Law*. Harlow: Longman, 363–373.

Elwork, A., Sales, D. & Alfini, J. 1977. *Making Jury Instructions Understandable*. Charlottesville: Michie.

Epstein, L., Landes, W. M. & Posner, R. A. 2011. Why (and when) judges dissent: A theoretical and empirical analysis. *Journal of Legal Analysis*, 3(1): 101–137.

Evans, A. D., Lee, K. & Lyon, T. D. 2009. Complex questions asked by defense lawyers but not prosecutors predicts convictions in child abuse trials. *Law Hum Behav, 33*: 258–264.

Fairclough. N. 1995. *Critical Discourse Analysis: The Critical Study of Language*. New York: Longman.

Foucault, M. 1970a. *The History of Sexuality. Vol. 1. An Introduction*. New York: Random House.

Foucault, M.1970b. *The Order Things: An Archaeology of the Human Sciences*. London: Tavistock.

Foucault, M. 1972. The *Archaeology of Knowledge and the Discourse of Language*. London: Tavistock.

Foucault, M. 1980. Two lectures. In C. Gordon (Ed.), *Power/Knowledge: Selected Interviews and Other Writings: 1972–1977*. New York: Pantheon, 78–108.

Foulkes, P. & French, P. 2012. Forensic speaker comparison: A linguistic-acoustic perspective. In P. Tiersma & L. Solan. (Eds.), *The Oxford Handbook of Language and Law*. New York: Oxford University Press, 557–572.

Fowler, R., Hodge, R., Kress, G. & Trew, T. 1979. *Language and Control*. London & New York: Routledge & Kegan Paul.

Friedman, H. & Tucker, J. 1990. Language and deception. In H. Giles & W. Robson (Eds.), *Handbook of Language and Social Psychology*. Chichester: John Wiley & Sons, 257–285.

Gales, T. 2015. Threatening stances: A corpus analysis of realized vs. non-realized threats. *Language and Law, 2*: 1–25.

Garfinkel, H. & Sacks, H. 1986. On Formal Structures of Practical Action. In H. Garfinkel (Ed.), *Ethnomethodological Studies of Work*. London & New York: Routledge & Kegan Paul.

Gibbons, J. 2003. *Forensic Linguistics: An Introduction to Language in the Justice System*. Oxford: Blackwell.

Gillian, B. & Yule, G. 1983. *Discourse Analysis*. Cambridge: Cambridge University Press.

Goodrich, P. 1987. *Legal Discourse*. London: Palgrave Macmillan.

Gruber, M. C. 2014. *"I'm Sorry for What I've Done": The Language of Courtroom Apologies*. New York: Oxford University Press.

Habermas, J. 1984. *Theory of Communicative Action. Vol. 1. Reason and Rationalization of Society*. London: Heinemann.

Halliday, M.A.K. 1985. *An Introduction to Functional Grammar*. London: Edward Arnold.

Harris, S. 1994. Ideological exchanges in British Magistrates courts. In J. Gibbons (Ed.), *Language and the Law*. New York: Longman, 163–170.

Harris, Z. 1952. Discourse analysis. *Language, 28*(4): 1–30.

Heffer, C. 2005. *The Language of Jury Trial: A Corpus-Aided Linguistic Analysis of Legal–Lay Discourse*. Basingstoke: Palgrave Macmillan.

Heffer, C., Rock, F. & Conley J. 2013. *Legal-Lay Communication: Textual Travels in the Law*. Oxford: Oxford University Press.

Henderson, Lynne.1991. Law's patriarchy. *Law & Society Review*, (25): 418.

Houwen, F. 2015. "If it doesn't make sense it's not true": How Judge Judy creates coherent stories through "common-sense" reasoning according to the neoliberal agenda. *Social Semiotics, 25*(3): 255–273.

Hoven, P. & Kišiček, G. 2017. Processing multimodal legal discourse: The case of Stanley "Tookie" Williams. In M. Manzin, F. Puppo & S. Tomasi (Eds.), *Studies on Argumentation & Legal Philosophy*. Napoli: Editoriale Scientifica, 33–62.

Hunt, A. & Wickham, G. 1994. *Faucault and Law: Towards a Sociology of Law and Governance*. London: Pluto Press.

Husa, J. 2012. Understanding legal languages-linguistic concerns of the comparative lawyer. In J. Baaij (Ed.), *The Role of Legal Translation in Legal Harmonization*. Hague: Kluwer Law International, 161–181.

Inbal, H., Hanin, M., Dafna, T. & Carmit, K. 2022. How does religiosity affect the richness of child forensic testimonies? Comparing the narratives of sexual abuse victims from three Jewish groups in Israel. *Children and Youth Services Review, 137*(2): 1–9.

Jacobi, T. & Schweers, D. 2017. Justice, interrupted: The effect of gender, ideology, and seniority at supreme court oral arguments. *Virginia Law Review, 103*(7): 1379–1485.

Jovicic, S., Jovanovic, N., Subotic, M. & Grozdic, D. 2015. Impact of mobile phone usage on speech spectral features: Some preliminary findings. *International Journal of Speech, Language and the Law*, 22(1): 111–126.

Kirchhübel, C., Howard, D. & Stedmon, A. 2011. Acoustic correlates of speech when under stress: Research, methods and future directions. *International Journal of Speech, Language and the Law*, 18(1): 75–98.

Komter, M. 1994. Accusations and defences in courtroom interaction. *Discourse & Society*, 5(2): 165–187.

Lakoff, R. 1973. Language and woman's place. *Language in Society*, 2(1): 45–79.

Land, E. & Gold, E. 2017. Speaker identification using laughter in a close social network. *International Journal of Speech, Language and the Law*, 24(2): 201–225.

Levi, J. N. & Walker, A. G. 1990. *Language in the Judicial Process*. New York: Plenum Press.

Levinson, S. C. 1983. *Pragmatics*. Cambridge: Cambridge University Press.

Licoppe, C. & Dumoulin, L. 2010. The "curious case" of an unspoken opening speech act: A video-ethnography of the use of video communication in courtroom activities. *Research on Language and Social Interaction*, 43(3): 211–231.

Lively, C. J., Fallon, J., Snook, B. & Fahmy, W. 2022. Objection, your honour: Examining the questioning practices of Canadian judges. *Psychology, Crime & Law*, published online.

Loftus, E. 1975. Leading questions and the eyewitness report. *Cognitive Psychology*, (7): 560–572.

Malphurs, R. 2013. *Rhetoric and Discourse in Supreme Court Oral Arguments: Sensemaking in Judicial Decisions*. New York: Routledge.

Maroney, T. A. 2012. Angry judges. *Vand. L. Rev.*, 65: 1207–1286.

Matoesian, G. & Gilbert, K. 2016. Multifunctionality of hand gestures and material conduct during closing argument. *Gesture*, 15(1): 79–114.

McMenamin, G. R. 2010. Theory and practice in forensic stylistics. In M. Coulthard & A. Johnson (Eds.), *The Routledge Handbook of Forensic Linguistics*. New York: Routledge, 487–507.

Mellinkoff, D. 1963. *The Language of the Law*. Boston: Little, Brown and Company.

Morrill, A. E. 1971. *Trial Diplomacy*. Chicago: Court Practice Institute.

Muslim, K. 2019. Directive speech act used by female mediator judges in divorce mediation at religious court of class 1A Padang. *Jurnal Kata*, 3(2): 299–308.

Nakane, I. 2014. *Interpreter-Mediated Police Interviews: A Discourse-Pragmatic Approach*. New York: Palgrave Macmillan.

Nolan, F. 1983. *The Phonetic Bases of Speaker Recognition*. Cambridge: Cambridge University Press.

Nuño, L. F. 2013. Police, public safety, and race—neutral discourse. *Sociology Compass, 7*(6): 471–486.

Núria, G. 2016. Individual variation in allophonic processes of /t/ in standard southern British English. *International Journal of Speech, Language and the Law, 23*(1): 43–69.

O'Barr, W. 1982. *Linguistic Evidence: Language, Power and Strategy in the Courtroom.* New York: Academic Press.

O'Barr, W. M. & Conley, J. M. 1990. Litigant satisfaction versus legal adequacy in small claims court narratives. In J. N. Levi & A. G. Walker (Eds.), *Language in the Judicial Process.* New York: Plenum Press, 101–102.

Österlind, M. & Haake, U. 2010. The leadership discourse amongst female police leaders in Sweden. *Advancing Women in Leadership Journal, 30*(16): 1–9.

Patrick, P. 2012. Language analysis for determination of origin: Objective evidence for refugee status determination. In P. Tiersma & L. Solan (Eds.), *The Oxford Handbook of Language and Law.* New York: Oxford University Press, 533–546.

Pennington, N. & Hastie, R. 1991. A cognitive theory of juror decision making: The story model. *Cardozo Law Review, 13*(2): 519–551.

Pennington, N. & Hastie, R. 1992. Explaining the evidence: Test of the story model for juror decision making. *Personality and Social Psychology, 62*(2): 189–206.

Reyes-Foster, B. M. 2014. Creating order in the bureaucratic register: An analysis of suicide crime scene investigations in southern Mexico. *Critical Discourse Studies, 11*(4): 377–396.

Rock, F. 2015. Police interview discourse. In K. Tracy, C. Ilie, T. Sandel (Eds.), *The International Encyclopedia of Language and Social Interaction.* New York: John Wiley & Sons, 1–6.

Rosulek, L. F. 2010. The creation of contrastive closing argument. In M. Coulthard & A. Johnson (Eds.), *The Routledge Handbook of Forensic Linguistics.* New York: Routledge, 218–230.

Schiel, F. & Heinrich, C. 2015. Disfluencies in the speech of intoxicated speakers. *International Journal of Speech, Language and the Law, 22*(1): 19–34.

Schiffiin. 1994. *Approaches to Discourse.* Oxford: Wiley-Blackwell.

Schmid, J. & Fiedler, K. 1998a. The backbone of closing speeches: The impact of prosecution versus defense language on judicial attributions. *Journal of Applied Social Psychology, 28*(13): 1140–1172.

Schmid, J. & Fiedler, K. 1998b. Language and implicit attributions in the Nuremberg trials: Analyzing prosecutors' and defense attorneys' closing speeches. *Human Communication Research, 22*(3): 371–398.

Shuy, R. 1993. *Language Crimes: The Use and Abuse of Language Evidence in the Courtroom*. Cambridge: Blackwell Publishers.

Shuy, R. 2002. *Linguistic Battles in Trademark Disputes*. New York: Palgrave MacMillan.

Sneijder, P. 2014. The embedding of reported speech in a rhetorical structure by prosecutors and defense lawyers in Dutch trials. *Text & Talk, 34*(4): 467–490.

Solan, L. M. 1993. *The Language of Judges*. Chicago: University of Chicago Press.

Stygall, G. 1994. *Trial Language: Differential Discourse Processing and Discursive Formation* (Vol. 26). Amsterdam: John Benjamins.

Sunaryo, P. L., Svider, P. F., Jackson-Rosario, I. & Eloy, J. A. 2014. Expert witness testimony in urology malpractice litigation. *Urology, 83*(4): 704–709.

Thorne, B. & Henley, N. 1975. *Language and Sex: Difference or Dominance*. Rowley: Newbury.

Tiersma, P. 1999. *Legal Language*. Chicago: University of Chicago Press.

Tiersma, P. & Solan, L. 2012. *The Oxford Handbook of Language and Law*. New York: Oxford University Press.

Titcomb, C. R. 2010. *First impressions from the jury box: How the length of expert witness testimony influences mock trial deliberations*. Doctoral dissertation, University of Alabama.

Tkačuková, T. 2010. Lay people as cross-examiners: A linguistic analysis of the libel case McDonald's Corporation v. Helen Steel and David Morris. *International Journal of Speech, Language and the Law, 17*(2): 307–310.

Tracy, K. 2009. How questioning constructs judge identities: Oral argument about same-sex marriage. *Discourse Studies, 11*(2): 199–221.

Tracy, K. 2016. *Discourse, Identity, and Social Change in the Marriage Equality Debates*. New York: Oxford University Press.

Tracy, K. & Caron, M. 2017. How the language style of small claims judges does ideological work. *Journal of Language and Social Psychology, 36*(3): 321–342.

Tracy, K. & Hodge, D. 2017. Judge discourse moves that enact and endanger procedural justice. *Discourse & Society, 29*(1): 63–85.

Tracy, K. & Parks, R. M. 2012. Tough questioning as enactment of ideology in judicial conduct: Marriage law appeals in seven US courts. *International Journal of Speech, Language and the Law, 19*(1): 1–25.

Uwen, G. O. 2020. Politeness strategies in lawyer-client interactions in English in selected law firms in calabar, cross river state. ResearchGate. Retrieved June 16, 2022, from ResearchGate website.

Walsh, M. 1994. Interactional styles in the courtroom. In J. Gibbons (Ed.),

Language and Law. Harlow: Longman, 217–233.

Widdowson, H. G. 2004. *Linguistics*. Shanghai: Shanghai Foreign Language Education Press.

Winiecki, D. 2008. The expert witnesses and courtroom discourse: Applying micro and macro forms of discourse analysis to study process and the "doings of doings" for individuals and for society. *Discourse & Society, 19*(6): 765–781.

Zaitseva, M. 2021. Linguistic representation of power in judicial discourse. *Scientific Journal of Polonia University, 43*(6): 158–163.

术 语 表

笔迹分析	handwriting analysis
变化分析	form variation analysis
重叠打断	overlapping interruption
次级现实	secondary reality
地位贬低	status degradation
地位支持	status support
法律与语言多文化协会	Multicultural Association of Law and Language
法律语言学	forensic linguistics
法律语音学	legal phonetics
法庭语体	courtroom genre
非重叠打断	non-overlapping interruption
福柯学派	Foucault School
个人语型	idiolect
故事模型	story model
国际法律语言学家学会	International Association of Forensic Linguists (IAFL)
合作原则	cooperative principle
话轮转换	turn-taking
话题分析	topic analysis
话题管理	topic management
话语	discourse
话语分析	discourse analysis
话语权	discursive power
话语文化学	ethnography of communication
话语语用方法	Discourses-Pragmatic Approach
话语秩序	order of discourse
会话分析	conversational analysis
简明英语运动	Plain English Movement
结案陈词	closing argument
可取结构	preference structure
礼貌原则	politeness principle
轮换系列	sequence of turn-taking

米兰达警告	Miranda Warning
模糊限制语	hedge
模态	modality
难民身份确定	refugee status determination (RSD)
内容分析	content analysis
批评话语分析	critical discourse analysis (CDA)
强势言语风格	powerful mode of speech
确定来源地语言分析	language analysis for determination of origin (LADO)
弱势言语风格	powerless mode of speech
声学分析	acoustic analysis
首要现实	primary reality
说话人识别	speaker identification
说话者司法比较	forensic speaker comparison (FSC)
司法风格学	forensic stylistics
听觉分析	auditory analysis
庭审话语	courtroom discourse
文本作者的确定	text authorship identification
相邻对	adjacency pair
修正机制	repair apparatus
叙述型和片段型证言风格	narrative and fragmented testimony styles
言语行为理论	speech act theory
英美学派	British-American School
诱导性问题	leading question
语篇信息理论	discourse information theory
语型 – 语例比	type-token-ratio (TTR)
语言法律国际学会	International Academy of Linguistic Law
语言学转向	Linguistic Turn
预设	presupposition
证人证言	witness testimony
支持性反应	supportive response
知识产权	intellectual property
中国法律语言学研究会	China Association of Forensic Linguistics (CAFL)
专家证人	expert witness